河南省社会科学院哲学社会科学创新工程试点项目

中原学术文库 · 青年丛书

民间非正式金融组织借贷行为及借贷风险控制研究

THE RESEARCH ON LENDING BEHAVIOR AND LENDING RISK CONTROL OF NON-GOVERNMENTAL INFORMAL FINANCIAL ORGANIZATIONS

石 涛 / 著

经济管理出版社
ECONOMY & MANAGEMENT PUBLISHING HOUSE

图书在版编目（CIP）数据

民间非正式金融组织借贷行为及借贷风险控制研究/石涛著．—北京：经济管理出版社，2020.11
ISBN 978－7－5096－7683－7

Ⅰ．①民…　Ⅱ．①石…　Ⅲ．①民间借贷—风险管理—研究—中国　Ⅳ．①F832.479

中国版本图书馆 CIP 数据核字（2020）第 237090 号

组稿编辑：申桂萍
责任编辑：申桂萍　丁凤珠
责任印制：赵亚荣
责任校对：张晓燕

出版发行：经济管理出版社
（北京市海淀区北蜂窝 8 号中雅大厦 A 座 11 层　100038）
网　　址：www.E－mp.com.cn
电　　话：（010）51915602
印　　刷：唐山昊达印刷有限公司
经　　销：新华书店
开　　本：720mm×1000mm/16
印　　张：15.25
字　　数：278 千字
版　　次：2020 年 12 月第 1 版　　2020 年 12 月第 1 次印刷
书　　号：ISBN 978－7－5096－7683－7
定　　价：78.00 元

联系地址：北京阜外月坛北小街 2 号
电话：（010）68022974　　邮编：100836

前 言

金融活，经济活；金融稳，经济稳。经济兴，金融兴；经济强，金融强。金融是国家重要的核心竞争力，金融制度是经济社会发展中重要的基础性制度。得益于正式金融组织的信贷配给，民间非正式金融组织成为国家金融体系的重要组成部分。当前，金融风险是最突出的系统性重大风险之一，防范化解金融风险特别是防止系统性金融风险是金融工作的根本任务，尤其是防范民间非正式金融组织借贷风险，是金融业高质量发展的关键一环，对于2020年全面建成小康社会具有十分重要的现实意义。

民间非正式金融组织自秦朝就已出现，是个人和小微企业等弱势金融群体的重要借贷途径，有力地支持了民营经济的健康发展，对推动社会经济发展发挥了巨大支撑作用。但是，近年来民间非正式金融组织借贷行为的盲目趋利性日益凸显，严重扰乱了区域金融生态环境，借贷风险成为系统性金融风险的重要来源，民间非正式金融组织逐渐成为阻碍社会经济发展的不稳定性因素之一。因此，如何合理地规范民间非正式金融组织借贷行为，有效防控借贷风险，对于化解系统性金融风险、维护社会稳定具有重要的现实意义。

伴随互联网等现代科技与金融的深度融合，民间非正式金融组织的创新边界逐渐扩大，其借贷行为及借贷风险也发生了新变化，需要系统、科学地结合理论与实践进行深入研究。由此，本书以民间非正式金融组织借贷行为及借贷风险的现状及其影响因素为基础，着力探索借贷行为规范及风险防控的有效举措。本书可分为四个部分：一是理论部分，包括第一章和第二章。在现有学者研究成果的基础上，运用空气动力学分析了民间非正式金融组织的演化路径，并结合“互联网＋”从供需角度分析了民间非正式金融组织的行为机理，系统梳理了民间非正式金融组织借贷行为及风险控制的研究背景、意义及基础理论。二是现状分析部分，主要是第三章。贴合现实热点，结合数据可得性，以网络借贷行为及风险现状为重点，对国内民间非正式金融组织借贷行为及借贷风险现状进行了总体分析。三是实证分析部分，主要是第四章至第六章。利用传统面板随机效应模型以及空间时间加权地理回归模型（GTWR）分析了民间非正式金融组织借贷行为的社会效应，基于1091个调查数据，利用Logist模型从供需角度分析了民间非正式金融组织借贷行为的影响要素，较为客观地对民间非正式金融组织借贷行为进行评价，探索了影响借贷行为的主要因素。四是对策部分，包括第七章至第九章。通过梳理国外民间非正式金融组织借贷行为规范及风险防控的典型经验，系统地提出了民间非正式金融组织行为规范和借贷风险防控的对策建议。

紧扣研究主题，贴近现实热点，基于国内外学者研究成果及实证分析结果，本书得出如下结论：

一是民间非正式金融组织创新演进的边界。民间非正式金融组织创新演变过程是否能够达到临界点，取决于变量 A、pw、g_t 以及它们之间的相互关系。只有当 $\phi>0$ 时，有 $pw>\frac{3}{A}g_t$。民间非正式金融组织的创新演进包括技术革新、政府制度红利、市场需求量大等有利因素的增加，也包括宏观经济不稳定等不利因素的减少，只有非正式金融组织的创新演进系统出现不稳定性，民间非正式金融组织才能出现分岔，并且向更为高级的层次演变。

二是国内民间借贷市场发展形势及风险控制的总体状况。总体上，国内民间借贷市场，尤其是网络借贷市场规模稳步扩大，网络借贷投资人数与借款人数逐步增加，借贷行为日趋频繁。在借贷风险形势上，民间非正式金融组织借贷风险，尤其是网络借贷风险日益严重，网络借贷问题金融组织规模逐步扩大，停业、跑路、提现困难是中国网络借贷金融组织借贷风险的主要表现形式，东部地区借贷风险明显高于中西部地区。在借贷风险控制方面，监管程度越来越严厉，区域监管越来越普遍，民间非正式金融组织借贷风险在一定程度上得到控制。但监管法律地位不高，监管组织机构、市场行为监管以及风险控制体系缺失，尤其是互联网金融风险监管法律体系不健全，互联网金融创新与金融风险监管没有适宜的调节剂，以及监管经验不足导致的互联网金融风险监管难，使民间非正式金融组织借贷风险防控监管明显乏力。

三是民间非正式金融组织借贷行为的社会效应。基于2006~2017年中国31个省区市（不含港澳台地区）的面板数据，利用传统随机效应面板模型以及空间时间地理加权模型分析认为，总体上，民间非正式金融组织借贷行为对推动社会经济发展起到较大的积极作用，有利于GDP、人均GDP以及第三产业的发展，加大民间非正式金融组织发展，对于激活民间资本、补充正式金融组织能力不足、推进经济高质量发展具有十分重要的现实作用。但是，东部地区民间非正式金融组织借贷行为对推动社会经济发展的作用效能在减弱，中部及西部地区的作用在增强。

四是民间非正式金融组织行为规范和风险防控的国际经验。基于美国、日本、新加坡以及英国等民间借贷行为规范及风险控制经验的总结，笔者认为，大部分国家对民间借贷组织给予严格的市场准入与退出，实行有限浮动的民间借贷利率管制，对敲诈性民间借贷行为课以重典；同时，混合型监管模式逐步成为大部分国家互联网金融风险监管模式的主流，普遍构建了互联网金融信息披露机制，强化对互联网金融消费者权益的保护，注重对消费者金融风险的教育。

五是民间非正式金融组织借贷风险的监测与预警。充分考虑国内 P2P 网络借贷行为的热点实际，构建以中央、地方政府为主的民间非正式金融组织借贷风险监测与预警体系，以及多级风险响应机制，突出中央与地方协同风险防控，注重风险大数据防控与响应。

六是民间非正式金融组织借贷行为规范与风险防控。提出宜采用牌照制监管模式，严惩违规借贷行为，差异化管理民间借贷利率，提高消费者权益保护的法律地位，约束民间借贷消费者行为，建立完善网络借贷消费者权益补偿机制，加大个人信用体系建设力度，强化民间借贷消费者信息保护，以及推进民间借贷金融知识教育普及等政策建议。通过强化监管，注重借贷行为规范和借贷风险防控，降低借贷风险发生概率，促进国内民间非正式金融组织健康有序发展。

目 录

第一章 绪论

第一节 研究背景及意义

一、研究背景

2011年，温州民间金融危机的暴发将民间金融主体——民间非正式金融组织推到了民间金融市场的最前端。以“e租宝”“善林金融”以及大学生“裸贷”等为代表的民间非正式金融组织借贷案件的相继发生，进一步凸显了民间非正式金融借贷行为主体的非理性行为的社会危害性，造成了地区、国家金融生态环境的恶化，严重威胁了社会经济的稳定与发展。“金融是现代经济的核心，金融安全是国家安全的重要组成部分”①，打好决胜全面建成小康社会的三大攻坚战，防控金融风险就是其中关键一环。从当前金融风险形势来看，民间借贷，尤其是民间非正式金融组织借贷风险更是防控金融风险关键中的关键。

借贷源于春秋战国时代的农业贷款和高利贷，发展至今已经有几千年历史，借贷行为主体孜孜不倦地寻找一种简单、高效、持续的借贷模式，但是，借贷是人的主观行为，建立在道德、契约精神、信任的基础之上，理性与非理性行为的交织导致难以产生一种理想化的借贷行为模式。霍布斯（1993）认为如果人与人之间没有信任，那么人们将会陷入“所有人对所有人的战争”，即所谓的霍布斯丛林②。经济学家们很早就关注到人类经济行为与信任之间的关系，亚当·斯密

① 2017年4月，习近平总书记在主持维护国家金融安全进行第四十次集体学习时明确指出“金融是现代经济的核心，金融安全是国家安全的重要组成部分”。

② 张青荣．霍布斯政治观述评［J］．中国人民大学学报，1993（5）：54－59.

在其著作《道德情操论》一书中就指出，经济活动是基于道德与社会习惯基础之上的，如果离开这些道德与习惯，人与人之间交易的基础就会被破坏，人与人之间的交易就会受到极大的局限。只能通过制度、规则等外部要素来约束人的行为，确保借贷组织行为目标的实现[①]。截止到2019年3月，来自最高人民法院的数据显示，民间借贷案件的裁判文书已经达到2120732件，大部分是民间非正式金融组织借贷案件[②]。如何在有限理性的条件下，通过建构合理的机制、制度、规则，减少民间借贷案件的发生，科学有效地规范民间非正式金融组织借贷行为，防控借贷风险，仍旧是民间非正式金融组织健康发展的着力点。

在实践中，民间非正式金融组织借贷行为的正向效应仍然很突出。民间非正式金融组织以其结构简单、业务程序简便、地缘优势明显等有利条件，在解决熟人资金短缺、小微型企业融资困难等金融弱势群体融资困境方面仍发挥了巨大作用。如何以借贷行为规范降低风险发生概率，通过严格借贷风险防控堵死风险增量空间，推动民间非正式金融组织借贷健康持续发展，继续发展发挥民间非正式金融组织的正向社会作用，推动社会经济发展，正是本书着力解决的关键问题，以期为政府提高民间非正式金融组织借贷问题的治理效率提供有益参考。

二、研究意义

当前，民间非正式金融组织借贷行为所暴露出的社会问题以及负向社会效应，日益得到社会各界的关注，规范民间非正式金融组织借贷行为、防控借贷风险具有十分重要的理论价值与现实意义。

（一）理论价值

理论上，系统梳理民间非正式金融组织的概念，厘清借贷行为主体，探析民间非正式金融组织借贷行为及借贷风险控制的机制机理，构建其理论分析框架，对丰富与扩展民间非正式金融组织发展理论具有重要的理论价值。

（二）现实意义

一是基于社会调查方法得出当前中国民间非正式金融组织借贷行为人的动机、需求等内容，并就热点事件进行重点剖析，有助于分析当前国内民间非正式金融组织借贷过程中面临的突出问题。

二是在典型借贷案例调查分析的基础上，充分借鉴国外民间借贷风险防控实

① 张维迎，柯荣住．信任及其解释：来自中国的跨省调查分析［J］．经济研究，2002（10）：59－70，96.

② 数据来源于中国裁判文书网 http：//wenshu. court. gov. cn/.

践经验，科学地提出民间非正式金融组织借贷行为规范及风险防控具备操作性的政策建议，对化解社会风险、建设和谐社会具有重要的实践价值。

第二节 文献综述

一、民间非正式金融组织的理论研究

（一）民间借贷概念研究

作为一种较为复杂的金融现象，民间借贷包括直接融资、互助互济以及金融中介类等表现形式，是一种融通社会资金且能够有效促进社会发展的制度安排（安起雷，2011）。在中国，借贷的主体主要是在中华人民共和国境内金融机构贷款人和非金融机构贷款人之外的自然人、法人以及其他组织（杨鹏，2012），具有利率偏高、借贷方式网络化、手续简单等特点，主要有温州地下钱庄、郑州担保、青岛中介以及网络借贷等典型的民间借贷模式（王伟等，2013）。

而作为一种新型的金融借贷服务模式，P2P 网络借贷能够让交易双方直接获得贷款（Herzenstein 等，2011），本质上是民间小额借贷，方式灵活、程度简单，是银行等传统金融借贷机构的有益补充（钱金叶和杨飞，2012）。虽然在美国等国家，P2P 网络借贷被定义为证券发行等金融业务，但在中国，P2P 网络借贷却被定义为个人对个人的直接借贷，属于民间借贷范畴，不被认为是正规的金融业务。然而，经过创新改造之后的中国的大多数 P2P 网络借贷业务，已明显区别于国内传统的民间借贷行为。将 P2P 网络借贷归类为民间借贷，使监管体制和监管逻辑存在很多悖论和相互矛盾的地方，值得反思（郭峰，2017）。

（二）民间非正式金融组织概念的研究

在国外，非正式（或非正规）金融组织实际上就是民间金融（Baydas & Bahloul，1995），而国内外学者并没有严格区分民间非正式金融组织与民间正式金融组织的概念，大多以“民间金融组织”的概念来进行相关研究（刘静和郑震龙，1999；江曙霞和秦国楼，2000）。

1. 组织界定

非正规金融是指在中央银行和金融监管当局监管之外的金融行为，不受央行法定存款准备金、资本充足率、资产负债比率等约束，按照自身特有的规则进行运营，在确定利率方面拥有自主权（Steel 等，1997）。在中国，其组织形式包括

当铺、轮转储蓄与信贷协会、地下钱庄、地下投资公司等（刘民权等，2003）。按照是否能够有效地促进市场发育，可以将地下金融或者非法金融划分为非正规金融或者灰色金融，以及黑色金融两类，前者是现有政策不允许但适应市场发展需要能够改造成合法机构的，后者是难以改造成合法机构的（杜朝运，2003）。

进一步地，方先明等（2014）认为与正规金融相对，非正规金融组织是内生于民间信用体系，游离于现行制度和监管体系之外的一种自发的金融活动和组织，其表现形式主要包括民间借贷、民间集资、合会、地下钱庄、高利贷、典当行等。陶表益（2014）认为民间金融组织是指所有权属于民间资本，具有互助性或者商业性，或者两者兼而有之的中小型金融组织机构。它既包括“类金融机构”，也包括合法经营的民间金融公司，还包括民间借贷这种原始的民间金融组织形式。张应良等（2015）把民间金融定义为游离于法律制度之外或未纳入官方监管的、以横向信用为基础、以营利为目的的融资活动。

而对于农村民间金融组织，学者们认为其是指相对国有金融而言的，游离于经国家机关依法批准设立的金融机构之外的以营利为目的的个人与个人、个人与企业、企业与企业之间的资金筹借活动，主要有亲友集资的准组织、以民间金融为代表的草根民间金融组织和正规的农村民间金融组织三种模式（万江红和侯利文，2010）。

2. 组织产生

早期，学者对民间非正式金融组织的研究主要集中于农村非正式金融组织。作为诱致性制度变迁的结果，农村非正规金融出现的根本原因是由于中国农村正规金融制度安排存在缺陷，主要诱因是高收益导向的供给和巨大的融资需求（郭沛，2004）。柳松和程昆（2005）认为特殊的信息甄别能力等是农村非正规金融组织生成的内在必然因素，而金融抑制以及由金融抑制导致的政策扭曲是外因，金融抑制和信息不对称导致了非正规金融组织形式的多样化（陈润华，2007）。而潘朝顺等（2008）则强调政府选择金融抑制是导致中国农村非正规金融存在的根本原因，源于利率管制下的定向信贷配给以及政府在金融资源分配中的所有制偏向和制度歧视。作为一个诱致性的制度变迁，政府与民间力量的博弈贯穿于整个制度变迁过程之中，而地方政府是推动农村非正规金融繁衍的一支重要力量（姚耀军，2010）。此外，杨福明（2008）运用金融生态理论，认为中小企业和个私经济是非正规金融存在的经济基础。

信贷配给的重要性也得到了其他学者的认同。李鑫（2016）认为，严格的金融管制使正规金融服务存在不足，催生出大量不受监管的非正规金融，其中，

P2P 网贷由于受到舆论的大肆鼓吹以及政府的潜在认可，突破了非正规金融通常在发展过程中遇到的诸多限制，从而出现高速发展以及模式的异化。信贷配给是民间非正规金融的内生基础，民间非正规金融将经历由内生金融向外生金融的演变过程，最终实现从需求主导型的市场引致性内生金融制度到供应主导型的政府强制性外生金融制度的转变（顾海峰，2017）。

3. 组织优势

曹洪军和窦娜娜（2005）认为，由于非正规金融能够很好克服信贷市场上的信息不对称问题，所以非正规金融是解决中小企业融资难问题的重要途径。进一步地，银行经营机制的市场化及贷款条件的“双重化”标准、民营中小企业的融资特点、资本市场结构缺陷等是非正规金融融资偏好的深层次原因（宣烨，2005），非正规金融部门在其服务的范围内比正规金融组织具有信息优势，更能够利用社会传统和习俗等非正式制度进行有效的风险控制（杨福明，2008）。而基于包含政府、金融机构在内的内生增长模型分析表明，非正规金融能够有效地提高企业的利润率，强化其与正规金融机构的竞争，有利于缩小利率存贷利差，推进社会经济的发展①。非正规借贷组织有效的信贷匹配，尤其是给予弱势企业授信，推动了这些企业的快速发展（Allen 等，2018）。同样，来自泰国的农户数据表明，相对于正规借贷，非正规借贷能够获得更低的借贷利率和担保物，包括零利率和零担保（Karaivanov & Kessler，2018）。

对于农村地区，非正规金融组织凭借其“民间性质”，有效降低了农村地区金融抑制的程度，弥补了正规金融组织留下的金融空白，这与其窘迫的生存现状是不相对称的（张恒和张萌，2010）。进一步地，来自中国农村的调查数据表明，正规金融不发达的地区，民间借贷对农民自身创业发展具有十分重要的作用，建立在亲友关系等血缘关系基础上的非正规金融有效地弥补了农村地区正规金融发展不足的缺陷②。殷浩栋等（2017）利用联立方程模型，发现人力资本显著影响正规金融借贷，而收入结构、实物资本显著影响非正规金融借贷，正是在农户信贷市场中，非正规金融凭借自身的成本和信息优势在一定程度上替代了正规金融。此外，非正规金融在农村反贫困中发挥了正规金融难以替代的制度优势（黄建新，2008）。谭燕芝等（2017）利用 2012 年中国家庭动态跟踪调查（CFPS）微观数据，利用二元 Logit 模型，发现非正规金融对农户脱贫的可能性存在显著

① 李富有，孙晨辉．经济增长受企业寻租及非正规金融的影响研究——基于金融管制的分析［J］．经济科学，2012（4）：5－13.

② 马光荣，杨恩艳．社会网络、非正规金融与创业［J］．经济研究，2011（3）：83－94.

的正向影响，非正规金融发展可以有效降低农户陷入贫困的概率。

4. 组织运行

非正规金融履约机制主要包括信息和信任机制、硬预算约束机制、群体惩罚机制、灵活的担保机制、女性市场定位机制等，群体惩罚是非正规金融组织有效运作的关键（王国红，2007）。基于温州案例，杨福明和黄筱伟（2009）认为要给非正规金融必要的制度空间，完善这种协同性关键是要发挥民间金融市场化的机制，避免政府直接干预，还须考虑金融生态环境因素的影响。当私人治理机制有效发挥作用的条件难以满足时，农村非正规金融会对宏观金融系统的稳定性构成显著冲击，并可能诱发诸多金融乱象（邵传林等，2012）。近年来非正规金融表现出越来越明显的庞氏融资特征，庞氏融资将吞噬实体经济的经营成果，加大通货膨胀并提高失业率，因此推动金融监管改革，规范非正规金融已经刻不容缓（雷鹏和孙国茂，2012）。

更多学者探讨了制约国内民间非正式金融组织发展的因素。徐军辉（2012）认为，非正规金融的非理性繁荣的诱发因素在于：中小企业强烈的增长冲动和正规金融缺失，为非正规金融的繁荣提供了庞大的需求群体，而居民和企业财富的增长则提供了资金来源，企业、个人、商业银行形成的利益链条则放大了非正规金融的规模。顾海峰和蔡四平（2014）认为，我国民间非正规金融发展的制约因素包括形式隐蔽、抗风险能力较弱、经营风险较高、监管成本较高，存在身份不合法、缺少管理人才、资金来源之困的问题（李宏朝，2018）。此外，监管真空、制度建设不完善，法律执行效力低下和民间执法盛行，导致我国民间金融“乱象丛生”，处于问题多发期，“一刀切”的监管政策容易同时出现打压过度和缺漏颇多的现象（王位洲等，2018）。

5. 组织演进

非正规金融是作为正规金融制度的“边际”而存在的，具有发生诱致性制度变迁的可能；部分非正规金融可以在一定条件下向正规金融制度演变，这对于我国金融制度的制度安排和制度结构的变迁具有重要意义（卓凯，2006）。安菁蔚和任大鹏（2005）认为应将部分非正规金融形式纳入法律规制的框架内，并健全和完善相关法律制度，从而使农村非正规金融健康运行，推动非正规金融正规化、合法化、阳光化（俞伯阳和沈庆劼，2012）。通过分析传统乡土社会向现代契约社会转型过程中非正规金融正规化的趋势和条件，彭文平和肖继辉（2008）发现在社会转型中非正规金融出现了正规化的需要，而正规化的关键是合会会首能否从信息中介转变为信贷中介，这需要监管当局承认其合法性。

而对于民间非正式金融组织正式化或正规化的形式，学者们有不同的看法：潘朝顺和程昆（2005）认为应发展多种所有制形式的合作性金融和商业性金融，加强正规金融和非正规金融的联合。袁兴超和尹同昊（2008）认为将非正规金融社区银行化，是非正规金融发展的一条合适路径。为促进农村非正规金融的发展，蒙丹（2010）认为短期应确立农村非正规金融的合法地位，以合会为突破口，大力发展农村非正规金融；中期应促进农村正规金融和非正规金融的融合；长期则应建立农协，实现农村农业产业和金融机构一体化。

但是，农村非正规金融变迁的过程，实际上是农村金融分工演进而带来的交易费用不断降低的过程。因此，对于中国农村金融市场而言，政府认可并不意味着农村金融制度安排有效，判断一种农村金融制度安排是否有效关键还在于其能否带来交易费用的节约（郭梅亮和徐璋勇，2010）。邵传林（2011）通过对山西省富平小额贷款公司的个案进行考察发现，外在经济社会条件的转变促使权力当局改变对农村非正规金融的政策偏好，从而降低了农村非正规金融向正规金融嬗变的成本，在内生逐利动机驱动下，一部分愿意合法化的非正规金融响应了新的赢利机会，并借助各种关系资源实施转型。富平公司的制度创新实践表明，乡村精英人物在小额贷款公司的建构中发挥着重要作用，与当地农民合作组织的有效联结、本土化的用人策略、独特的贷款审批程序以及我国传统文化价值观念的运用都促成了富平公司的成功运作。不过，非正规金融的类似转型仍然面临诸多障碍。

6. 其他研究

在区域研究上，包括温州（姚耀军，2009）、甘肃省（何亚玲，2012）等。在研究视角上，有金融生态主体发展失衡（乔立娟等，2011）以及私人治理机制（邵传林，2014）等视角。

二、民间非正式金融组织借贷行为研究

（一）民间借贷行为的趋势变化

从现有文献的研究成果来看，学者们对民间借贷行为的研究对象主要以农户的民间借贷行为主，研究方法主要以实证研究为主。

1. 借贷支出的总体变化

总体上，来自晋浙两省 1986～2000 年农户固定跟踪观察结果显示，借贷水平的变化随着时间推移，内地的借贷偏向生活，且趋向收敛；沿海则偏向生产，且扩大趋势明显（史清华等，2004）。李春（2005）以浙江的 10 个固定观察点

农户数据，进一步证实了农户借贷资金的收敛趋势，但是，现金性借贷水平不断提升，以生产性支出作为借贷资金的主要用途。随着社会经济的快速发展，不同地区农户民间借贷的资金用途有所差异。来自陕西渭北地区 102 个农户的调查数据显示，西部传统农区的农户仍然具有强烈的借贷意愿，所贷资金多倾向于家庭消费项目、投资回报率较高的农业产业化项目（霍学喜和屈小博，2005），生活性借款比重上升而生产性借款比重有所下降（王丽萍和霍学喜，2007）。江苏地区农户借贷资金的主要用途包括修建房屋、子女教育以及应付灾害等（何军等，2005），安徽地区农户民间借贷资金用于非生产性用途也占绝大部分（李晓明和何宗干，2006），甘肃地区农户大部分民间借贷资金也主要用于非农领域（汪婉莉和杨林娟，2008）。王楠（2012）发现农户借贷用途更多趋向生活类，在收入水平低的农户中该现象更加明显；而辽宁省农户的生产性借贷大多用于农林牧渔方面，不存在明显的非农化倾向。可见，农户民间借贷资金用于非生产性支出已经成为国内农户民间借贷资金支出的主要方向。但是，来自孟加拉国的数据表明，非正式金融借贷的大部分支出还是用于农业项目（Pellegrina，2011）。

2. 借贷方式的变化趋势

来自浙江固定观察点的统计数据显示，农户借贷机构发生了很大的变化，虽然民间借贷（民间非正式金融借贷）仍旧是主流，但是正规金融借贷方式有上升趋势（李春，2005；史清华，2006）。西部地区农户借贷途径趋势与之基本相似，民间借贷是主流且正规机构借贷趋势上升，但民间借贷高息或者高利贷情况较少（王丽萍和霍学喜，2007）。农户借贷主要来自没有明确归还期限的非正规信用拆解，大额非农经营需求主要来自正规金融（贺莎莎，2008），但农户的正规金融满足率偏低，尤其是山区农户难以获得正规金融授信（李梦娜，2008）。即使是高于国家基准利率数倍的高利贷，较高的贷款成功率、便捷化申请方式的优越性仍是农户选择高利贷的关键原因（张斌等，2012）。总体上，以社会网络为基础的农户民间借贷行为是传统乡土社会的典型特点，其规模和作用随社会转型和经济发展而趋于弱化，在现有农村残缺产权条件下，以社会网络为基础的民间借贷对满足农村金融需求有积极意义，但其可持续性和稳定性都还有待进一步深入讨论（杨汝岱等，2011）。

主动性、选择性、隐秘性和趋利性是民间借贷的主要特点，借贷双方以信用、关系等社会资本储量为基础，采取竞争合作关系趋向（万江红和徐小霞，2006）。这种多局限于邻里、亲朋之间的基于社会资本的借贷，缺乏规范的借贷信用形式，借贷管理不够规范（张军和杨林娟，2008），虽然农户具有较强的信用意识，但是信用表现相对不足（卢山和江可申，2010）。民间借贷凭借其在交易信息、交易成本、交易效率、贷款担保等方面的相对优势，自2010年以来，出现由“借钱应急型”模式向“借钱放贷型”模式的转变，使借贷主体由原先的个人化向机构化转变，逐步形成规模庞大的民间借贷（霍伯晓和焦闯，2016），产生了非法集资等犯罪借贷方式。耿志民等（2016）认为，区分民间借贷和非法集资的关键在于如何界定特定对象和不特定对象，可从筹资方式、筹资范围、筹资基础、筹资用途几方面进行区分。我国民间借贷与非法集资之间存在一种正反馈演化机制，第一阶段为个人借贷，第二阶段基于影子银行的民间借贷与非法融资，第三阶段为民间借贷与企业非法融资；第二阶段、第三阶段交叠，分别积累的非系统风险存在向系统风险转化的可能，会对社会稳定和金融秩序造成严重冲击。

3. 其他研究

针对民间借贷行为的其他研究，内容包括民间借贷监测（陈明明，2008）、民间借贷收入的税收调节（刘国昆，2008）、乡镇企业的民间借贷行为（黄颖，2009）、民间借贷欺诈行为的刑罚评价（徐俊，2011）、中小企业的民间借贷（胡朝举，2012）、社会资本（赵丙奇和金彬，2013）、规范党员干部（赵志华，2014）及国家公职人员民间借贷行为（肖楠和魏洋，2014）等。研究方法有博弈分析（王德彬等，2012）、“结构洞”理论（窦影，2009）、声誉机制（赵丙奇，2013）、非线性突变理论（王静等，2011）、关系嵌入视角（任芃兴和陈东平，2014）等。

（二）影响民间借贷行为的要素

1. 居民借贷行为

一是个体性因素。基于Logist模型的来自中部地区的782户返乡农民工调查数据分析表明，女性、年龄偏大的返乡农民工偏向于从正式金融组织处获得创业融资；男性、年龄偏小的返乡农民工偏向于从非正式金融组织处获得创业融资（石涛，2016）。而来自340位果农的调查数据显示，40～50岁的果农倾向于选择民间借贷资金，其所在地区较低的正规金融发展水平会显著提升民间借贷行为的发生率（张燕等，2016），年龄对借贷者借贷行为的影响具有一定区域差异。朱蓉和曹丽卿（2018）以2014年中国家庭追踪调查（CFPS）的13946个中国家庭入户调研数据为样本，运用Logistic模型分析发现：户主年龄、家庭资产和家庭规模对银行贷款、亲友及民间借款都有显著影响；户主学历对银行贷款具有显著正向影响，对亲友及民间借款基本没有影响。

二是社会网络。来自1500个中国农户的借贷数据分析表明，信任与非正式借贷行为具有显著关系（Turvey & Kong，2010），而这种信任来自于农村的高血缘性和高地缘性（李晓玲，2010），在此基础上建立起来的东北农村社会的人际交往潜性原则是民间借贷行为在东北地区流行的关键原因。社会网络是农户平衡现金流、弱化流动性约束的重要手段，以社会网络为基础的农户民间借贷行为是传统乡土社会的典型特点，其规模和作用随社会转型和经济发展而趋于弱化，在现有农村残缺产权条件下，以社会网络为基础的民间借贷对满足农村金融需求有积极意义，但其可持续性和稳定性都还有待进一步讨论（杨汝岱等，2011）。基于2010年中国家庭动态跟踪调查数据，胡枫和陈玉宇（2012）认为与非正规渠道借贷行为相比，社会网络似乎对正规金融机构借贷行为的影响更大。陈亮和顾乃康（2016）对三个不同文化区域的549个农户分析认为，农户自身及其家庭特征对其民间借贷行为影响较弱，而宗亲血缘型社会资本、地缘区位型社会资本、声誉口碑型社会资本与政治身份型社会资本等则不仅影响农户获得民间借贷的机会，更影响借贷的金额。此外，广府文化习俗下声誉口碑型社会资本与政治身份型社会资本对农户民间借贷行为有显著影响，客家文化习俗下宗亲血缘型社会资本成为影响民间借贷行为的主要因素。进一步地，周晨和余皓洁（2017）运用2012年中国家庭追踪调查数据，采用Logistic模型、Tobit模型分别考察社会网络对不同渠道借贷活动的影响时发现，在正规渠道中起主导作用的是弱社会网络关系，在非正规渠道中起主导作用的是强社会网络关系。

三是其他因素。谭燕芝等（2013）基于2007年全国范围抽样取得的10省2万农户的大样本微观调查数据，基于Tobit模型分析认为当地拥有民间借贷组织将能增加农户的非正规借款数量；授信额度的增加将提高农户的正规借款数量，减少农户民间借款数量。杨青等（2016）基于中国健康与养老追踪调查（CHARLS）发现：第一，不同类型的健康冲击对农户参与民间借贷的影响不同。慢性健康冲击变量对农户民间借贷参与的影响不显著，而急性健康冲击变量对农户参与民间借贷有着显著的正向影响。第二，不同健康冲击对农户民间借贷参与的影响存在年龄与婚姻状况差异。在年龄差异方面，慢性健康冲击对老年农户与中年农户参与民间借贷的影响均不显著，而急性健康冲击对中年农户参与民间借贷有着显著的正向影响，但对老年农户的影响不显著。

2. 企业借贷行为

小企业融资困难是小企业参与民间借贷的充分条件，小企业参与民间借贷更多地是源于企业资金的“事后缺口”，民间贷方参与小企业的未来利润分成构成了民间借贷过程中的利率决定因素（陈经伟，2005）。在我国现有的金融体制下，赵婉辰（2012）认为国家金融机构无法满足中小企业的融资需求，导致民间借贷逐渐成为中小企业的主要融资方式。林江鹏等（2013）认为，资金缺乏、信用认知缺失是中小企业普遍面临的问题，规模大、企业主受教育程度高，企业主对企业信用、企业信用制度以及企业信用文化教育认知程度高的企业，一般容易被动获得贷款，发生借贷行为的概率高；而在其他行为下，发生借贷行为的概率小。进一步地，雷新途等（2015）研究发现：虽然整体上中小微企业民间借贷比低于正规信贷比，但部分企业对民间借贷依赖较大，特别是乡镇企业民间借贷比例高，但民间借贷并不利于中小微企业的后续信贷融资授信评价，正规金融制度建设是解决中小微企业融资约束的主要路径。在为中小企业融资带来便利的同时，民间借贷也极易引发金融风险。为有效降低金融风险，费艳颖和赵夏青（2018）认为维护金融市场秩序，加强中小企业民间借贷监管已成为我国目前金融领域亟待解决的问题。

结合小微企业融资难问题，邹辉霞和刘义（2015）分析了 P 2P 网络借贷的信用风险及交易可能性集合，并将信号传递博弈模型引入 P2P 网络借贷行为的研究当中，认为与传统融资模式相比，P2P 网络借贷模式下的交易可能性集合范围更广，小微企业在 P2P 网络借贷平台上发出的关于借款申请列表的信号，传递了有关小微企业真实履约能力的主要信息。

3. P2P 网络借贷借款行为

总体上，P2P 网络借贷是正规金融的有效补充，但国内 P2P 网络借贷存在较为明显的地域歧视，经济水平越高、金融生态环境越好、受教育程度越高的省份的借款人更容易获得借款（彭红枫等，2016）。微观上，借款者的个体化因素，如借款人信用等级、生活状况、居住地区、个人收入、成功借款次数和按时还款次数对借款人逾期率具有显著的负向影响，逾期还款次数、受教育年限、借款利率、借款时间和提前还款次数对借款人逾期率具有显著的正向影响，而有无银行逾期、借款金额及投标笔数对借款人逾期率不存在显著影响（陈霄等，2013）。

但是，对 P2P 网络借款人行为影响较大的多是 P2P 网络借贷的相关机制。一是信用认证机制。基于“人人贷”的信用认知机制分析，王会娟和廖理（2014）认为对借贷行为影响较大的是工作认证、收入认证、视频认证和车产、房产认证等认证指标，信用评级越高，借款成功率越高，且借款成本越低。而借款人信用等级越低，越倾向于添加借款描述，以降低借贷双方的信息不对称问题。同时，在控制了其他变量的情况下，借款描述展示的人格数量越多，越能吸引投标人，投标用时越快，借款人越容易获得借款且借款违约率越低（王会娟和何琳，

2015）。而来自 Prosper 网络借贷平台的交易证据表明，信用等级越低的借款人更倾向于加入群组，加入群组可以显著地提高借款成功率，降低借款利率，但加入群组的借款人的事后还款表现欠佳，违约率偏高（彭红枫和柳明，2017）。

二是平台承诺机制。基于 P2P 网络借贷双方的不完全信息动态博弈模型，张成虎和牛浩远（2015）认为保本承诺使信誉差的借款者倾向于借款，贷款者不加分辨选择贷款，同时平台的竞争力被削弱；若不承诺保本，平台可以在短期采取加强借款者资质审核、提高手续费、逾期惩罚、降低单笔列表限额等措施来驱逐信誉差的借款者。

三是利率形成变动机制。彭红枫等（2016）以 Prosper 网络借贷平台 2007 年 12 月至 2012 年 2 月的交易数据为样本分析，认为在利率竞拍模式下信用等级越低的借款人越倾向于提供借款陈述，借款陈述的迷雾指数和文本长度都与借款成功率呈现“倒 U 形”关系，并与实际借款利率存在线性正相关关系；在两种利率模式下借款人提供借款陈述都能降低借款成本，但是不一定能增加借款成功率，且信用等级较低的借款人提供借款陈述对借贷行为的影响更大。

4. P2P 网络借贷投资行为

对国内 P2P 网络借贷投资行为的研究，大多数学者主要采用实证分析法进行研究，研究内容包括投资者个体要素、信息披露与信用机制以及平台参与度三个方面。

一是投资者个体要素。影响网络借贷出借人投资决策行为的因素是借款人的声誉、借款特征、借款人个人特征、财务特征（吴庆田等，2016）。投融资双方在籍贯、居住地等方面越相似，投资人越容易产生投资行为且投资额度越大，但随相似度的进一步增加，投资额度将逐渐减小；理性、感性行为在投资额度决策中的主导地位取决于双方相似度（陈晓红等，2016）。赵丹和屈锡华（2016）认为投资者的初始信任和感知收益是投资者投资意愿的主要前导因素；感知风险会显著影响投资者对平台的初始信任，但是不会对投资标的初始信任产生显著影响；投资意愿主要受到对平台初始信任的影响，与对产品标的初始信任与投资意愿没有显著关系。用户对平台的信任是持续投资意愿的关键驱动因素，而感知风险作为平台信任的调节因素，用户在信任的基础上承担风险将影响持续投资的意愿（江耘等，2017）。同样，投资者的经验对自身的投资决策也产生重要影响。通过对“拍拍贷”六年数据的分析，阮素梅（2018）认为出借者在第一阶段倾向选择期限短、通过预审、历史借款成功率高的安全有保障的标的，表现为风险规避；第二阶段转而偏好期限长、未通过预审、历史借款成功率低的高收益高风险的标的，表现为风险追逐。与之不同，同样基于“拍拍贷”的样本，彭倩和秦进（2018）认为随着综合投资经验的积累，投资人在借款项目的投标初期或投标晚期表现的同样积极，但在投资失败经验的学习效应驱使下，投资人更倾向于在借款项目的投标初期进行投资，并采取较为保守的投资策略，即学者们认同投资者在投资初期采取保守投资策略。此外，网络借贷中男性还出现了过度自信现象，表现为男性因过度交易而付出更多交易费用。当不考虑交易成本时，男女投资者的收益率没有显著差别（高铭等，2017）。

二是信息披露与信用机制。基于“人人贷”的数据，王会娟（2014）认为认证标的不同收益率不同，按收益率大小依次为信用认证标、实地认证标、担保认证标。同样，借款人信息也对投资决策产生影响。展示信息更多的借款人获得的借款概率越高，更多的信息有助于释放出借款人资质较为稳定的信号，同时，信用等级越低的借款人更加偏好展示更多的信息（李焰等，2014）。而对于借款标的本身而言，在不对称性信息的干扰下，对于信息高度不对称的新标的，投资需要观测更多其他投资的决策信息以供自己参考，从而产生羊群行为（牛洁，2016）。进一步地，刘巧莉等（2017）认为信用评价指标中借入信用分、借出信用分、认证信息以及通过预审对投资行为存在显著正向作用。相比于中低风险等级用户，高风险等级用户提高利率对投资意愿正向影响的作用更大，风险等级和借款利率之间存在交互作用。此外，汪静等（2018）认为平台信息披露程度越高，越容易吸引当期的投资人参与交易，提升平台的成交量；平台信息披露水平有助于投资人降低有关平台的投资风险。

三是平台参与度。基于“拍活宝”数据，周雄伟等（2017）认为一定程度的平台参与可以显著缩短借款人的筹资时间，提高借款人的筹资效率，但过多的平台参与反而会降低借款人的筹资效率。此外，平台的风险投资与第三方托管制度对投资者的影响也较大。在相关法律不完善和缺少监管的情况下，第三方资金托管并不能为投资者投资的本金及收益提供完全的保障，也就不能吸引投资者、提升平台人气和成交量（陆松和新兰虹，2015）。

三、民间非正式金融组织借贷风险控制研究

民间借贷风险的治理是健全金融监管体系的重要内容，也是守住不发生系统性金融风险的重要保障（岳彩申，2018）。从现有文献的研究成果来看，针对民间非正式金融组织借贷风险控制的研究不多，Bauer 等（2012）利用印度的数据分析了小微信贷的行为基础及风险控制的措施，而大多数学者的研究主要集中在民间借贷风险问题，聚焦于导致借贷风险产生的原因以及解决方式。

（一）导致民间借贷风险的原因

1. 借贷行为不规范

源于借方且通过贷方转嫁给公众的道德风险和市场风险是民间借贷风险的主要来源（陈经伟，2005）。不同于非法集资，民间借贷具有随意性、盲目性和自发性（黄月冬和赵静芳，2008），较易引发纠纷，带来社会问题，但合法的民间借贷是社会经济中不可或缺的重要组成部分，受到国家法律保护（齐香真，2008）。正是民间借贷融资行为的不规范，模糊了非法集资和合法借贷之间的界限，风险分配的不科学，泛化了非法集资的界定，模糊了融资借贷罪与非罪的界限（郑兰和杨梅，2010）。民间借贷的盲目性、非规范性导致了民间借贷出现主体多元化、手续规范化和利率高企的动向（李玉锋，2011）。其中，民间借贷中介的无序化发展更是影响金融稳定的重要原因（夏秀渊，2011），以买卖合同替代借贷合同等民间借贷形式的隐身性变化以及造成部分信贷资金“畸形分配”，会引发实体经济空洞化等问题（刘孔男，2011）。李国俭和文学国（2012）认为民间借贷在全国范围内存在，在一些经济发达地区尤其活跃，但民间借贷的不规范行为极易引发地方性的金融危机与群体性事件。

2. 监管缺失

除了民间借贷行为的不规范，部分学者将民间非正式金融借贷风险，尤其是民间借贷风险的因素归结于监管的缺失，监管缺失是农村民间借贷纠纷事件频发的重要原因之一（董雪梅和李妃养，2011），也是导致企业借贷风险的关键（刘少华和张赛萍，2013）。监管缺失形式包括法制不健全、监管乏力、金融创新不足、个人征信制度不完善等（郭新芳，2013）。实际上，国家相关法律之间的统一性和协调性的缺乏，以及相应制度举措的缺位，尤其是民间借贷法律规定过于分散等原因，都导致民间借贷在私法和公法上存在较大的法律风险（俞罡，2012）。基于温州民间借贷纠纷案件的分析，向静林（2016）认为法律的完备性、政府与市场主体的关联性、政府之于社会的可退出性，是影响风险转化的三个结构性因素；面对风险转化，政府感知到的潜在政治风险强度越大，越容易介入交易纠纷。而来自354个涉众型民间债务违约事件的案例分析，表明“二元”金融体制约束、民间资本投资渠道有限、银行信贷资金变相流入、法律法规缺失、监管不力、不良社会风气推波助澜是导致违约频发的深层原因（林丽琼等，2016）。

针对P2P网络借贷风险，钱金叶和杨飞（2012）认为个人信用体系不健全、相关法律法规缺失和行业自律性较差等因素是网络借贷风险面临的重要阻碍，监管滞后是导致P2P网络借贷风险发生的重要原因（Travis，2017），尤其是信息披露监管的不足（Zongyuan Zhu，2018），无效的披露信息是网络借贷安全最为严重的问题。

3. 其他要素

除了民间非正式金融借贷行为保护不规范以及监管缺失等原因，其他市场性要素也是导致民间非正式金融组织借贷风险产生的重要原因。

理论上，基于新经济社会学的理论逻辑，曾志敏和叶岚（2012）认为民间借贷行为是嵌于社会网络信任结构中的，而信任结构逐步向逐利结构的转化是由结构洞导致的，民间借贷风险是逐利性的结构洞拓展和叠加累积而来。Yuelei 等（2018）认为借贷双方之间的拓扑关系网与违约贷款存在较为显著的关系，中介人的集中度、网络密度、网络效率以及边缘化借贷能力等拓扑网络要素对网络中的系统风险极其相关。此外，来自三阶段博弈分析表明，价格对风险控制更加敏感，在均衡状态下，最优风险控制能力在风险—价格相关系数中是减少的（Liu 等，2019）。

实践上，2011 年以来，温州民间金融危机以及鄂尔多斯民间借贷是国内民间非正式金融借贷危机的典型代表，学者们对此的研究也较为深入。温州民营企业倒闭潮的连锁效应导致担保公司的垮塌和民间借贷市场的动荡和混乱，引发民间借贷挤兑，导致借贷危机（黄越，2012），主要的影响因素包括年龄、学历、家庭年收入、借款数额和借款期限（徐菱潞等，2015）。而针对鄂尔多斯民间借贷危机，徐慧贤（2015）认为资金供求矛盾、利率管制、市场分割及高风险是造成鄂尔多斯民间借贷利率高企的主要原因，民间借贷危机的生成源于以关系信任机制应对现代性风险而产生的风险失控，以及由于系统信任缺失所导致的风险内聚（白乙辰，2016）。基于 240 个民间借贷纠纷案件调查数据，林丽琼（2017）认为，地理距离对违约风险有显著的正向影响，随着借贷双方社会关系密切程度的上升，地理距离对借贷双方的违约关系的正向影响程度也逐步削减。

此外，杨乐等（2014）认为人际关系网络的主要类型有兄弟圈、朋友圈、家族圈、地区圈、互助会等，这些“借贷圈”中，它们是借贷资本得以流动和集聚的主要场所，也是风险生成、传导和放大的主要途径。虽然拥有更多社会网络标签的人更加容易获得贷款以及更低的利率，但是，大部分多标签的人更易延期或违约（Freedman & Jin，2017）。在熟人社会向公民社会的转型过程中，民间借贷关系的多样性和信息传播渠道的局限性容易造成两者的不相匹配，逆向选择和道德风险行为的违法成本低，从而使正常的民间借贷容易异化为非法集资或金融诈骗（钟立新和徐文娟，2017）。

（二）民间借贷风险的处理

随着民间非正式金融组织创新发展以及民间借贷配给问题的日益突出，国内民间非正式金融借贷风险也越发隐蔽、交叉、传染，并开始出现系统性趋势，民间非正式金融组织借贷风险治理的难度逐步增大。总体上，结合现有学者的研究成果，对于民间借贷风险的处理主要集中于借贷行为规范、强化制度性安排以及登记制度等方面。

1. 借款行为规范

一方面，约束、激励以及保护贷方可以使民间借贷之间的风险内部化（陈经伟，2005），尤其是在公民出借资金时应注意保护自身的合法权益，以避免不必要的借贷纠纷发生（齐香真，2008）；另一方面，引导和规范民间借贷中介（中国人民银行长沙中心支行课题组，2008），尤其是利率和贷款方向上符合国家金融政策（陈兴霞和李淑芬，2008）。

具体而言，低风险农户通过信号显示、放贷主体通过信贷配额制度解决农村民间借贷市场上的逆向选择问题；放贷主体通过加强风险控制措施和建立乡规民约以及采取法律手段，从而解决道德风险问题（钟红，2010）。陈艳杰（2018）则认为，需要增强所有者的风险意识，采取先进的管理模式，加强财务决策中的风险控制，建立财务预警系统，以规避中小企业民间借贷融资风险。而对于民间借贷机构，夏秀渊（2011）认为，积极把民间借贷中介组织纳入小额贷款公司的监管范围，通过利用小额贷款公司的管理方式方法，从而使小额贷款公司逐渐成为民间借贷转化的重要组织形态。孔文硕等（2017）通过研究借贷行为发生时所产生的预期还款、借贷金额、风险类型、鉴别成本、债务人被鉴别不诚实时所要支付的调查费用和罚款之间的关系，认为提高罚金可以有效遏制债务人的逆向选择，以保障债权人的合法权益，促进民间借贷行业健康、科学地发展。

2. 强化制度性安排

对待民间借贷风险，关键是合理引导和有效监测（张建军，2003），进行有效的制度安排（张胜林等，2002）。通过法律制度的创新将其纳入法律制度的正式安排，改革不合理的压制性管制，这基本上已经成为理论界与实务界共识性的结论（岳彩申，2009）。在立法上，应当修改过度抑制民间借贷的相关法律，制定《民间借贷（法）条例》，从而构建有利于民间借贷合理发展的法律制度体系（岳彩申等，2009）。民间借贷法律制度创新的核心和关键是理论范式的选择与制度的优化设计，构建民间借贷的法律规范，需要转变传统民间借贷法律治理的思维习惯，考虑信息约束条件的双重性，积极引入激励性规制理论范式，以多方合作博弈机制为核心，选择区域竞争、价格上限、主体身份转换、信息保护、市场准入等规制激励工具，形成有效的法律激励机制（岳彩申，2013）。此外，为有效发挥网络民意对于民间借贷立法的积极作用，应积极地以严格的监管理念和综合的方式来设计和规范这一互联网下的民意交流平台（仇晓光，2014）。

P2P 网络借贷表现出比传统借贷机构更高的风险（Käfer Benjamin，2018）。针对 P2P 网络借贷风险，应当建立健全相关法律规范，明确 P2P 网络借贷平台的法律性质，明确其监管主体，建立多层次的监管体系、征信体系，完善资金担保及托管服务。各地区也应该因地制宜，探索 P2P 网络借贷平台的区域发展模式，方能降低融资风险，促进小微企业的发展（彭进和杨峥嵘，2014）。但秦琴（2016）认为，英美完全以市场为主体的风险防控模式不适合我国网络借贷的风险防控，我国网络借贷风险防控必须以交易安全与效率均衡为目标，借鉴负面清单管理方式，明确我国网络借贷的行为界限，同时采用激励性规制方式推动网络借贷主体的市场化选择，以防范和控制风险。为防止互联网视角下的民间借贷风险，刘洋和王会战（2017）认为需要合理度量平台风险，加强事前防范；建立风险准备金制度，有效防范流动性风险；明确监管部门，实施有效管理。

3. 登记制度

以建立登记制度为突破口、以激励和约束并存的规范机制为导向，使民间借贷阳光化，步入正规监管体系中，是可行的制度选择（刘海应等，2012）。刘少华和张赛萍（2013）认为需要建立“双向多头”式的地方政府监管机构，尤其是建立民间借贷登记服务机构，严控民间借贷资金的流入与流出，实现对民间借贷的规范和引导。也有学者认为，民间借贷的规制方向应当是适度阳光化，民间借贷主体分类应差异注册、分类引导规制以及两者耦合引导，从而有效地建立民间借贷风险规制体系（刘志伟，2014）。此外，还可以建立科学的民间借贷行业自律机制，鼓励和引导民间资本多渠道投资，进一步规范民间资本的运行方式，建立合理的利率机制，加大对中小企业金融支持力度（何宏庆，2013）。总之，须完善顶层设计，推进民间融资法治化；疏通民间资本投资渠道，进一步完善民间借贷业务登记备案制度，强化行业自律和监管，严厉打击扰乱民间借贷秩序的违法违规行为（谢仲庆等，2016）。

四、文献评述

从现有研究成果来看，学者们对民间非正式金融组织借贷行为及借贷风险的研究取得了一定的成果，为本书的研究提供了有益的参考，总结如下：

从学者关于民间非正式金融组织的研究中我们可以看出：一是民间非正式金融组织最大的特点就在于“非正式性”或“非正规性”，这种“正式”或“正规”性判定的主要方式为是否受到国家金融监管机构的监管，受到监管的一类称之为“正式”或“正规”金融组织，否则判定为“非正式”或“非正规”金融组织，但学术界目前未给出明确的界定。二是对于民间非正式（非正规）金融组织的出现，学者们普遍认为根本原因是信贷配给问题，是政府引导下金融资源配置错配程度的上升导致了民间非正式金融组织以多种形式进行创新发展，这一点值得深思。三是基于地缘、血缘等社会资本，传统的民间非正式金融组织能够有效地克服民间借贷市场中的信息不对称问题，对于 P2P 网络借贷等现代民间非正式金融借贷形式更是以网络信息克服了借贷双方之间的信息不对称问题，这是民间非正式金融组织产生发展的最大优势。四是政府监管的缺失、私人治理机制的缺陷均导致了民间非正式金融组织运行的风险，加剧了民间非正式金融组织监管的难度。五是民间非正式金融组织正式化或正规化、阳光化、合法化是学者普遍认可的方向。但是，对于如何正式化或正规化，尤其是以什么样的有效形式进行正式化或正规化，学者并未进行较为深入的研究。

从学者关于民间非正式金融组织借贷行为及其影响要素研究中我们可以看出：总体上，正规化金融机构融资对民间非正式金融组织借贷行为的挤占作用在逐步增强，但是民间借贷仍旧是特殊群体（农户等）的主要方式。目前，农户民间借贷行为是学界针对民间非正式金融借贷行为研究的主要对象，农户民间借贷仍旧是其借贷途径的主要方式，借贷资金也主要用于非农生产领域，但正规金融的信贷配给作用在逐步增强。随着互联网技术的快速兴起，这种以血缘、地缘关系为主的民间非正式金融借贷关系，会逐渐演变为陌生人之间的非熟人借贷，国内学者对此的研究还有很大的挖掘空间。而对于影响民间非正式金融组织借贷行为的要素，较多的学者对借贷需求者，尤其是农户借贷需求行为的影响要素进行了较为详细的分析，但是对企业借贷需求者以及网络借贷供给者借贷行为的影响要素还缺乏较为深入的分析，同样存在较大的研究空间。

从民间非正式金融组织借贷风险控制研究中我们可以看出：随着中国经济步入新常态和互联网金融的创新发展，弱势群体的信贷配给问题将会更加突出，尤其是群体性事件时常发生，民间非正式金融组织借贷行为及借贷风险控制问题逐渐和技术创新、金融市场体制深化改革等新问题联系起来，民间非正式金融组织风险控制更加复杂。但是，现有研究成果还缺乏对借贷行为规范和风险控制的系统性分析，尤其是对民间非正式金融组织借贷风险行为是否进行注册制或牌照制，还缺乏较为深入的国际对比分析和系统性分析。

综上所述，国内外学者对民间非正式金融组织借贷行为及借贷风险控制的研究已有一定的基础。在互联网借贷行为逐步成为民间非正式金融组织借贷行为的主要方式的现实下，民间非正式金融组织借贷行为发生了新变化，借贷风险出现了新情况、新问题亟待解决，在行为规范及风险体制建立等方面还存在诸多需要系统化之处，这些为本书的研究提供了一定的空间。

第三节　研究思路与方法

一、研究思路

首先，在信贷风险控制理论和行为经济学分析框架内，结合社会学的研究范式，以建立民间非正式金融组织行为规范和风险控制体系为导向，在理论阐释民间非正式金融组织借贷行为机理、借贷风险控制机制的基础上，利用社会调查等统计方法识别、刻画和度量中国民间非正式金融组织借贷行为现状及其社会效应，实证检验影响民间非正式金融组织借贷行为及借贷风险的因素。其次，在国际借鉴的基础上，提出建立适合中国国情的规范民间非正式金融组织借贷行为和控制借贷风险的制度安排和政策途径。详见图 1 – 1。

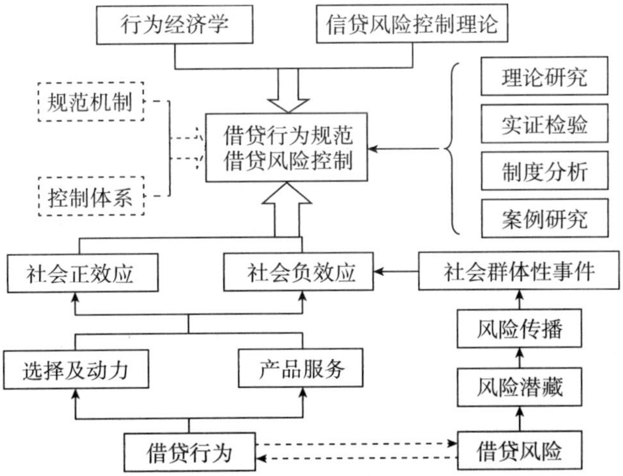

图 1 – 1　研究基本思路

二、研究方法

一是跨学科交叉研究法。本书将运用社会学、金融学、行为经济学、传媒经济学等多学科知识，交叉开展民间非正式金融组织借贷行为机制，以及民间非正式金融组织借贷风险控制机理的规范研究。

二是调查研究法。本书将拟选取东（广东）、中（河南）、西（四川）部等地区开展实地调查，深入当地民间非正式金融组织（集资及 P2P 网络借贷公司等）进行调研，以获取一手资料，使本书研究更好地贴近实践。

三是实证检验法。运用传统面板分析模型及空间时间加权地理回归模型分别分析民间非正式金融组织借贷行为的总体及区域社会效应，并利用 Logist 模型分别分析了影响民间非正式金融组织借贷行为及借贷风险的因素。

第四节　研究内容和基本框架

围绕研究主题，基于现有学者研究成果，结合国内民间非正式金融组织借贷行为及风险状况的热点及基本事实，本书共分为四个部分九个章节。第一部分是理论基础，主要包括第一章和第二章。第二部分是现状分析，包括第三章。第三部分是实证分析，主要包括第四章至第六章。第四部分是对策部分，主要包括第七章至第九章。具体如图 1－2 所示。

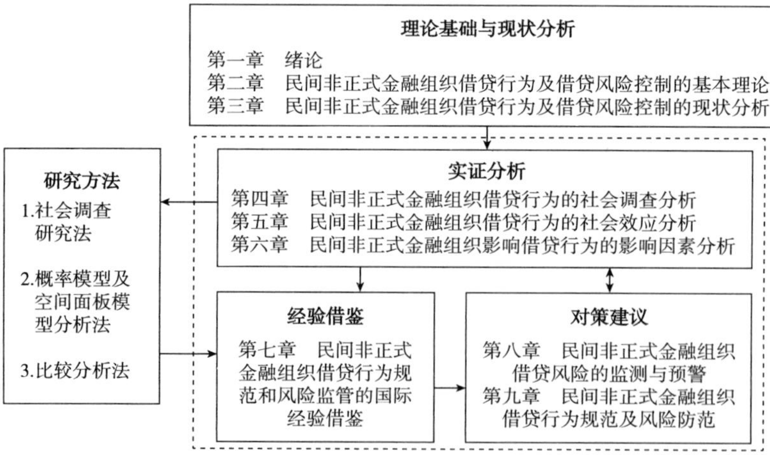

图 1－2　本书研究框架

第一章是绪论。该部分主要介绍本书的研究背景及研究意义，系统梳理围绕民间非正式金融组织、借贷行为及借贷风险控制等的文献研究成果，介绍本书的研究思路和基本方法，为本书研究提供参考。

第二章是民间非正式金融组织借贷行为及借贷风险控制的基本理论。结合现有学者的研究成果，从民间非正式金融组织的概念、借贷行为逻辑机理、借贷风险控制机理以及群体性风险事件管理理论等方面出发，构建民间非正式金融组织借贷行为及借贷风险控制的理论框架，为本书的研究提供基础理论。

第三章是民间非正式金融组织借贷行为及借贷风险控制的现状分析。利用网贷之家等第三方互联网金融平台数据，以 P2P 网络借贷行为及风险状况为代表，从宏观上对国内民间非正式金融组织借贷行为及风险状况进行了分析。并结合国内民间非正式金融组织借贷风险控制的现状，剖析了监管存在的问题，尤其是互联网金融风险监管存在的问题，为后文的分析提供宏观上的基本判断。

第四章是民间非正式金融组织借贷行为的社会调查分析。较为系统地介绍了社会调查问卷的设计及检验，并从民间非正式金融组织借贷供给及需求两个角度对借贷行为进行了社会调查样本描述统计，从微观角度为规范民间非正式金融组织借贷行为提供参考。

第五章是民间非正式金融组织借贷行为的社会效应分析。阐述了民间非正式金融组织借贷行为正向及负向社会效应的基本事实，并基于 2006～2017 年中国 31 个省市（除港澳台地区外）的面板数据，分别利用传统面板模型以及 GTWR 模型，分析了民间非正式金融组织借贷行为的社会总体效应以及区域差异，较为客观地对民间非正式金融组织借贷行为进行评价。

第六章是民间非正式金融组织借贷行为的影响因素分析。基于社会调查所得的微观数据，利用 Logist 模型分别分析了影响民间非正式金融组织、个人借贷投资者以及借贷需求者行为的因素，从借贷需求者和供给者的角度分析影响民间非正式金融组织借贷行为的要素，探索规范民间非正式金融组织借贷行为的要点。

第七章是民间非正式金融组织借贷行为规范和风险监管的国际经验借鉴。结合国内民间非正式金融组织行为及风险控制现状，系统梳理了美国、日本等国际金融发达的国家的民间借贷行为规范，以及互联网金融风险控制的基本经验，为国内民间非正式金融组织借贷行为规范及风险控制提供参考。

第八章是民间非正式金融组织借贷风险的监测与预警。结合国内民间非正式组织借贷风险发生的现状，构建了以中央、地方政府为主的民间非正式金融组织借贷风险监测体系、五级借贷风险预警体系以及多级响应机制。

第九章是民间非正式金融组织借贷行为规范及风险防范。基于实证分析结果及国际经验，结合国内借贷行为及风险发生实际，提出以牌照制监管民间非正式金融组织借贷行为、严惩民间非正式金融组织借贷违规行为、差异化管理民间非正式金融借贷利率以及提高借贷消费者权益保护的法律地位等九条对策建议，以有效地规范国内民间非正式金融组织的借贷行为，防控借贷风险，促进国内民间非正式金融组织健康有序发展。

第五节　创新与不足

一、本书的创新之处

本书的创新之处主要体现在以下两个方面：

一是系统梳理了民间非正式金融组织的理论基础。基于空气动力学理论明确了民间非正式金融组织创新演进的边界，探析了民间非正式金融组织借贷行为及借贷风险防控的机制机理，构建其理论分析框架，对丰富与扩展民间非正规金融组织发展理论具有重要的理论价值，尤其是对金融社会学学科的发展具有一定的理论创新性。

二是构建了较为完善的民间非正式金融组织借贷风险的多层监测、五级预警及多级响应机制体系，并重点提出以牌照制监管为主的借贷行为规范与风险防控的对策建议，以有效地规范国内民间非正式金融组织借贷行为，防控借贷风险，对促进国内民间非正式金融组织健康有序发展具有重要的决策参考价值。

二、本书的不足

民间非正式金融组织借贷问题表面上看是社会学方面的问题，实质上涉及应急管理、金融发展、技术进步、社会发展等诸多方面的问题，涉及众多研究领域、实践部门和多种学科，本书的研究只是初步的探索，还存在以下不足。

一是研究的系统性还有待进一步提升。民间非正式金融组织涉及计算机与信息化、社会学、金融学、消费者行为学等多学科内容，仅仅依靠单一学科背景来研究该内容显然是不够的。由于笔者专业背景的局限性，本书主要从社会学和金融学的理论基础进行研究，其研究的深度和广度都受到限制，下一步笔者将加强计算机与信息化、网络安全等专业的人员配置，不断提升本书研究的系统性。

二是研究的科学性还有待进一步提升。民间非正式金融组织借贷行为及风险防控是一项复杂的系统工程，包括应急管理、信息资源、网络安全、金融创新等诸多方面内容，这些内容涉及诸多数据，因此数据获取成为民间非正式金融组织借贷行为及风险防控的最大难题。下一步笔者将在数据获取上下功夫，尽可能多、尽可能完整地获取数据，以期提高研究的科学性。

第二章　民间非正式金融组织借贷行为及借贷风险控制的基本理论

一直以来，民间非正式金融组织借贷行为研究就是学者们关注的焦点。结合现有学者的研究基础，本章系统梳理了民间非正式金融组织的概念，并基于借贷需求者和供给者两个维度来阐述民间非正式金融组织借贷行为的机理，探讨民间非正式金融组织借贷风险的嬗变及控制机制，以及民间借贷群体性事件控制的应急管理理论，形成民间非正式金融组织借贷行为及借贷风险控制研究的基本理论。

第一节　民间非正式金融组织概述

一、民间非正式金融组织的概念

当前，学者们对民间非正式金融组织的概念界定模糊、标准不统一。同时，随着互联网金融的快速发展，民间非正式金融组织的主体、特征也发生了显著的变化。为此，基于现有学者的研究成果，结合民间借贷行为发生的时代特征，我们对民间非正式金融组织的认识、概念、特点进行系统分析。

（一）非正式金融组织的认识

自 1973 年麦金农首次以“非正规金融”的概念来界定民间金融市场中存在的一种金融种类以来，民间金融尤其是民间非正规金融组织的发展一直受到学者们的普遍关注。实际上，以合会等代表的民间非正式金融组织在中国已经有上千年的发展历史，并且经历了奴隶社会、封建社会等社会形态，演变至今，中国民间金融组织形态又有了丰富的内涵。

上一章对国内外学者关于民间非正式金融组织的研究文献梳理后发现，学者们并没有严格区分民间非正式金融组织与民间正式金融组织的概念，大多统称以“民间金融组织”来进行相关研究（江曙霞和秦国楼，2000；Madestam & Andreas，2014；刘景东，2016；Degryse 等，2016）。实际上，民间金融有着丰富的概念，杨农（2012）基于民间金融的不同侧重点系统梳理了当前较为热门的与民间金融相关的概念，并对相关内容进行了对比分类，如表 2－1 所示。

表 2－1 民间金融相关概念

名称	对应名称	侧重点
非正规金融	正规金融	是否处于政府的规范和监管之内
非组织金融	有组织金融	金融机构和金融活动的组织化和规范化程度
灰黑色金融、地下金融	地上金融	是否具有合法性
民间金融	国有金融	所有制色彩
体制外金融	体制内金融	主要支持的产业部门

表 2－1 中，从政府监管的角度来看，非正规金融与正规金融是民间金融的一种分类，截止到 2018 年 4 月，来自中国知网的数据显示，涉及“非正规金融”的研究成果信息就达到 1455 条，可见，这一分类也得到了学者们的普遍认可。同时值得注意的是，国内针对民间非正规金融组织的研究成果相对较少，通过仔细分析学者们的研究成果，发现大多数学者在研究“民间非正规金融”时，混淆了“民间非正规金融机构”“民间非正规金融组织”与“民间非正规金融”等的概念，而以“民间非正规金融”来研究市场规模（郭沛，2004）、组织发展（刘丹等，2017）及借贷行为（谭燕芝等，2017）等。同样，通过在中国知网检索，发现有 308 条关于“非正式金融”的研究成果。张杰（2005）认为，从政府金融管制与法律保障的角度来看，中国农村金融体系包括明显的正式与非正式的二元结构。可见，从金融监管的角度来看，“非正式”与“非正规”的含义基本相同，都是指那些不受政府金融监管的金融组织或金融机构。

在汉语大辞典中，“正规”的基本解释是符合正式规定或公认标准的，“正式”的基本解释是：一是法式，二是合乎一般公认标准的或合乎一定手续的。因而，从词汇含义的角度来看，“正式”比“正规”显得更为符合从金融监管的角度对民间金融市场进行划分。从这个角度来看，我们更加偏向于“正式”，而不是“正规”来对民间金融组织进行划分。

（二）民间非正式金融组织的含义

1. 民间非正式金融组织的内涵

广义上，组织是指社会各种资源要素通过某种形式而连接的系统；狭义上，组织是指为了实现特定的目标，按照某种形式而组成的特定群体。广义上，机构主要是指两个或两个以上的构件通过活动连接以实现规定运动的构件组合；狭义上，机构主要是指机关、团体或者组织的内部组成，因而，组织与机构的内涵既有不同又有相似之处。为了简化分析，我们更加偏好于从狭义的角度来界定组织和机构的内涵，将民间非正式金融组织等同于民间非正式金融机构。

在第一章中，我们已经提出非正规金融是指在中央银行和金融监管当局监管之外的金融行为，不受央行法定存款准备金、资本充足率、资产负债比率等约束，按照自身特有的规则进行运营，在确定利率方面拥有自主权（Steel 等，1997）的行为，其组织形式包括当铺、轮转储蓄与信贷协会、地下钱庄、地下投资公司等（刘民权等，2003）。这个观点得到了大多数学者的认可，判断一个金融组织是否为非正规金融组织的核心是它是否受到国家监管（胡金焱和张乐，2004；林毅夫和孙希芳，2005；马光荣和杨恩艳，2011；Ambrosius & Cuecuecha，2016）。

基于现有学者关于“民间非正规金融组织”的研究成果，结合国家对民间金融监管的新变化，本书将民间非正式金融组织的概念定义如下：民间非正式金融组织是指在中央银行、银行保险监管委员会以及互联网金融协会等官办监管性组织备案监管之外，不受资本充足率、法定存款准备金等指标约束，由民间金融市场自发形成、自主经营、拥有利率自主决策权，主要以地缘、血缘、互联网信息等关系为主，经营“投资、贷款”等信贷中介业务、提供借贷信息中介业务以及经营信用与信息混合业务的，主要满足企业（小微企业）、居民等经营、消费、教育等资金需求的金融机构。

2. 民间非正式金融组织的特点

从民间非正式金融组织的定义中，我们发现民间非正式金融组织具有非监管性、有效的信贷配给、经营的自主性、场所的非固定性四个方面的特点。

（1）非监管性。非监管性是民间非正式金融组织的最大特点。民间非正式金融组织是游离于现有国家法律、法规、法令、条例的监管之外的金融组织，它的这一特性使民间非正式金融组织能够以较低成本获得信贷需求者以及资金供给者信息，从而实现信贷的有效配给，非监管性也使民间非正式金融组织得以在中国拥有几千年的发展历史。正是由于民间非正式金融组织的非监管性，在一定程度上使不法分子能够游离于法律的灰色地带获得高额利润，扰乱区域金融生态环境，给国家、社会造成了较大的负面效应。

（2）有效的信贷配给。民间非正式金融组织金融行为维系的要素主要以地缘、血缘为主，从而无论是借贷、典当、吸收存款等行为，金融行为发生人彼此之间信息非对称性的情况较少，发生道德风险的可能性也相对较低。此外，随着互联网信息技术的成熟与推广，民间非正式金融组织通过互联网平台进一步减少了交易双方信息非对称的可能性，拓展了交易范围，高效地解决了信贷配给问题，并从之前的熟人模式发展至非熟人关系模式，主要以互联网贷款、投资为主。此外，我们还注意到，民间非正式金融组织也会采取恐吓等敲诈性方式作为资金回收的手段，主要是以现金贷、套路贷为主。

（3）经营的自主性。民间非正式金融组织经营行为存在自主性，他们自主设计产品种类、订立交易合同等，尤其是利率设定的自主性。民间非正式金融组织的自主性，一方面能够让其更加高效地实现信贷资金的配给，满足不同企业、居民的不同资金需求问题；另一方面却又使部分经营者片面追求高额利润，自身经营行为脱离国家允许的范围，如设定高额贷款利率，造成较大的社会负面效应，不利于民间非正式金融组织的健康发展。

（4）场所的非固定性。非监管性和经营的自主性在一定程度上导致了部分民间非正式金融组织经营场所存在非固定性。在某种程度上，这种非固定性是一种相对的非固定性，不排斥此类主体在国家工商税务的正式注册行为，是一种经营场所的短期固定性或者不稳定性，即民间非正式金融组织的经营场所会经常更换。正是经营场所的非固定性，在一定程度上导致部分民间非正式金融组织较易发生跑路行为，“人去楼空”的跑路现象较为普遍。

二、民间非正式金融组织演进的边界

民间非正式金融组织的演化，是在社会环境，尤其是制度、技术等要素变革下而形成的自我调节、自我革新的从无序走向有序的发展过程。从民间非正式金融组织的研究成果来看，利率差是民间非正式金融组织发展的内生性动力要素，技术变革、市场竞争等要素是民间非正式金融组织发展的外部驱动力，本部分将基于空气动力学原理，系统分析民间非正式金融组织的演化。

民间非正式金融组织作为一个组织机构主体，源于对利差的追求，并控制最低化的生产经营成本，追求的是利润最大化，而非社会福利最大化，其演变扩张范围越大，自身产生的经济效应就会越大。由此，我们设定民间非正式金融组织创新演变所产生的经济效应 Y_t 作为民间非正式金融组织演变结果的替代变量，反映民间非正式金融组织创新演进的变化。民间非正式金融组织创新演变的经济效应随着时间 t 的不同而不同，为此，设定 $Y_t = y(t)$。假定 UF、FA 分别为两个民间非正式金融组织创新主体，两者对金融组织创新效率变化的作用分别为 $R_{UF,t}$、$R_{FA,t}$，且交互作用可以标记为 $L_t = R_{UF,t} \times R_{FA,t}$。

在不同的时间 t，不同民间非正式金融组织主体的创新变化率 β 不同，创新效率变化率的作用也有所不同，有 $R_{UF,t} = Y_t\beta_{UF}$、$R_{FA,t} = Y_t\beta_{FA}$，相应交互作用为 $L_t = Y_t^2 \times \beta_{UF}\beta_{FA}$。民间非正式金融组织的创新虽然与科技创新、知识积累有一定的正向反馈效应，但是，受到政策监管、自身发展实力约束而产生了限制其发展的饱和效应，即民间非正式金融组织创新发展的变化会受到减速因素 $(1 - Y_t)$ 的作用。在创新演变主体 UF、FA 的共同作用下，基于正负反馈机制的民间非正式金融组织创新演变的经济效应的变化率 μ_t 为：

$$\mu_t = \frac{dy}{dt} = \beta_{UN}\beta_{FA}Y_t^2 (1 - Y_t) \quad (2-1)$$

式（2-1）中，Y_t^2 表示民间非正式金融组织创新演变的正向反馈因素，可以有效增强民间非正式金融组织创新主体对科技创新、知识学习的吸收学习、再创新的能力，能提高组织演变的理性趋向；$\beta_{UN}(1 - Y_t)$ 表示民间非正式金融组织创新演变的负向反馈因素，会降低创新主体的学习能力，组织演变出现非理性化趋向。$pw = \beta_{UF}\beta_{FA}\beta_{UN}$ 表示民间非正式金融组织创新演变过程中正负反馈机制作用于组织创新成熟度变化率的比例系数。

除了民间非正式金融组织内部要素之外，民间金融市场日趋激烈的竞争态势以及国家对民间借贷监管逐步趋紧的政策环境等外部要素 OW_t 对组织创新演变的影响力仍然较大，记负向外部要素对民间非正式金融组织创新演化的作用为 $G(TE_t) = -g_t \times Y_t$。外部要素中，我们必须看到以互联网、大数据、云计算及人工智能为代表的新科技革新对民间非正式金融组织创新产生了积极的影响，如互联网金融企业的产生，标记科技革新驱动创新的正向效应系数为 a，对应的负向效率为 $(1-a)$，综合作用效果为 $A = a(1-a)$。此外，民间非正式金融组织创新存在一定的随机性 $k(t)$，主要反映的是民间非正式金融组织创新的主观意愿等。因而，民间非正式金融组织创新演进的过程应该包括内部要素、外部要素以及随机要素三个部分，故公式（2-1）可以变为：

$$\mu_t = \frac{dy}{dt} = A \times pwY_t^2(1 - Y_t) - g_t \times Y_t + k(t) \quad (2-2)$$

令 $n=\sqrt{pwY_t}-\frac{\sqrt{pw}}{3}$做线性变换，则 $Y_t=\frac{n}{\sqrt{pw}}+\frac{1}{3}$

全微分有：$\frac{dy}{dt}=\frac{1}{\sqrt{pw}}\frac{dn}{dt}$

将其代入式（2-2）中，有：

$$\frac{dy}{dt}=-An^3+\frac{Apw-3g_t}{3}n+\frac{(3Apw-9Ag_t-pw)}{27}\sqrt{pw}+k(t)\sqrt{pw} \tag{2-3}$$

令$\frac{(Apw-3g_t)}{3}=\phi$，$\frac{(3Apw-9Ag_t-pw)}{27}\sqrt{pw}=\gamma$，$k(t)\sqrt{pw}=\mu(t)$，则民间非正式金融组织创新演化机制方程为：

$$\frac{dn}{dt}=-An^3+\phi n+\gamma+\mu(t) \tag{2-4}$$

进一步地，为简化分析，我们仅考虑只含有单个变量 ϕ 的民间非正式金融组织的动力演化情况，于是，令 $\gamma=0$、μ（t）$=0$，得到：

$$\frac{dn}{dt}=-An^3+\phi n$$

令$\frac{dn}{dt}=-An^3+\phi n=0$，得到关于 n 的三个实数解：

$$n_1=0,\ n_2=\sqrt{\frac{\phi}{A}},\ n_3=-\sqrt{\frac{\phi}{A}}$$

由于 $A\geqslant0$，当 $\phi<0$ 时，仅 n_1 为实数解，n_2、n_3 均为虚数解，没有实际意义；当 $\phi>0$ 时，n_1、n_2、n_3 均为实数；当 $\phi=0$ 时，n_1、n_2、n_3 均为零值。从民间非正式金融组织创新演化的过程来看，当民间非正式金融组织开始出现创新性的组织形态时，作为新鲜事物，它们被市场认可和接受的程度较低，大多数初始值应该是位于收敛的区间内。同时，无论 ϕ 为何值，$n(t)$有 $n(t)\to0$ 的趋势，为此，可以认为 n_1 为不稳定的定态解，n_2 和 n_3 为稳定的定态解，同时，$n_1=0$ 是民间非正式金融组织创新演化的分岔点。此外，当 $A=0$ 且 $\phi=0$ 时，n 可以是任意实数；当 $A=0$ 且 $\phi\neq0$ 时，$n=0$ 是方程的唯一解。A 表示的技术革新的作用力，当 $A=0$ 时，民间非正式金融组织的创新演进就变成：$\mu_t=\frac{dy}{dt}=-g_t\times Y_t+k(t)$，创新演进主要取决于随机因素和演进助力的作用力，与实际民间非正式金融组织的创新演进实际不符，故此，可以不考虑的 $A=0$ 情况，也即 $0<A<1$。

令$\sqrt{\frac{\phi}{A}}=0$，且 $0<A<1$，有 $\phi=\frac{Apw-3g_t}{3}=0$，即 $Apw-3g_t=0$。可见，民间

非正式金融组织创新演变过程是否能够达到临界点，取决于变量 A、pw、g_t 以及变量之间的关系。

当 $\phi>0$ 时，有 $pw>\frac{3}{A}g_t$。民间非正式金融组织创新演进的有利因素增加，包括技术革新、政府制度红利、市场需求量大等，而宏观经济不稳定等不利因素减少，民间非正式金融组织创新演进系统出现不稳定性，出现分岔现象。当 $\phi>0$ 时，方程有两个稳态解，民间非正式金融组织创新演化存在多种可能，演进的具体形式主要由有利因素作用方向而定，如 2011 年起逐步兴起的互联网金融借贷平台就是民间非正式金融组织创新的一个具体形式，在互联网技术革新的驱动下，基于国家放开互联网金融的政策红利，2015 年之后中国互联网金融借贷平台规模逐步增加，至 2018 年 4 月末保持在 5000 家左右的规模，成为取代熟人借贷的重要组织形态。同时，科技驱动综合力越大，民间非正式金融组织创新演进的正负反馈作用力的边界就越大，反之越小。

当 $\phi<0$ 时，有 $pw<\frac{3}{A}g_t$。民间非正式金融组织创新演进的不利因素增加，包括宏观经济不稳定、民间借贷监管趋严等导致自我创新动能不足，有利因素减少，民间非正式金融组织创新演进系统保持积累演进动能的稳定状态。此类状态可以划分为两种层次：一是处于组织演变的前期，民间非正式金融组织演进的各方动能不足以产生裂变。二是处于组织演变的再次演进积累期，民间非正式金融组织演进受到诸多因素干扰后，演进势能衰弱处于再次积累动能时期。当前，中国民间非正式金融组织创新演进处于第二种状态中，来自网贷之家等第三方平台数据显示，截止到 2019 年，正常运营的互联网金融组织不足 3000 家，较之前组织数量大幅缩减，主要原因来自持续“爆雷”导致的监管力度加大，倒逼互联网金融组织，尤其是 P2P 网络借贷组织强制退出。

实际上，民间非正式金融组织创新演进的过程存在诸多不确定性要素，有：

$$\frac{dn}{dt}=-An^3+\phi n+\mu(t) \tag{2-5}$$

式（2-5）中，$\mu(t)$ 是随机要素，自身的随机分布难以确定，微分随机方差的求解较为复杂，由于求解该方程的精准解并不是本书的重点，对此，将不再进一步讨论。实际上，我们已经找到了民间非正式金融组织创新演进的边界，即民间非正式金融组织创新演变过程是否能够达到临界点，取决于变量 A、pw、g_t 以及变量之间的关系。

结合中国民间非正式金融组织发展的历史以及现有学者的研究成果，我们认为我国民间非正式金融组织的组织形式主要包括互联网借贷、民间集资、合会、地下钱庄、高利贷、投资担保公司（非政府备案类）等。由于现有学者已对传统民间非正式金融借贷组织的组织形态、演变过程进行了系统的论述（时辰宙，2009；袁翔珠，2014；陶表益，2016），故在此将不再赘述。

第二节 民间非正式金融组织借贷的行为机理分析

一、民间非正式金融组织借贷的逻辑框架

一般认为，金融抑制导致的信贷配给问题是民间非正式金融组织借贷行为发生的基础，正是金融资源的不合理分配使部分资金需求者被挤出了正式金融组织，民间非正式金融组织以传统的血缘、地缘等为基础的熟人关系打破了借贷行为主体之间的信息非对称，并以其便捷化的交易方式、较小的交易成本等优势，直接促进了民间非正式金融组织借贷行为的兴起，形成需求追逐供给的传统民间借贷行为模式。而互联网技术的革新又导致以追求更高利差、更广覆盖面的民间非正式金融组织创新演变，更能够以信息技术满足资金借贷者的需求，以供给驱动需求为主的借贷新模型逐步成为主流，图 2－1 展示了民间非正式金融组织借贷行为的逻辑框架。

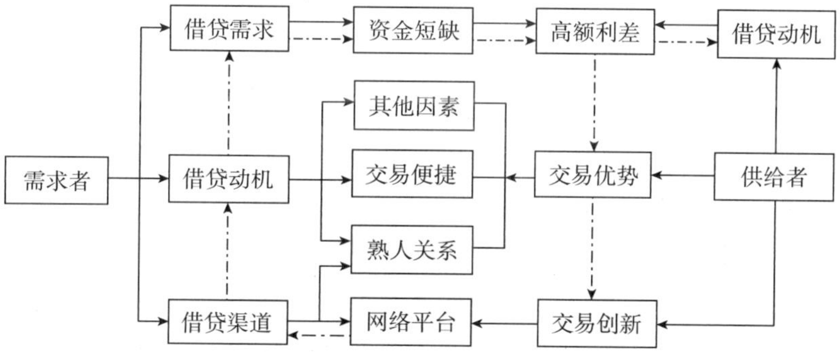

图 2－1 民间非正式金融组织借贷行为逻辑框架

二、传统型民间非正式金融组织借贷行为机理

传统型民间非正式金融组织借贷行为主要以传统的血缘、地缘，尤其是以地

缘等熟人关系为核心要素的借贷行为模式。这种借贷模式自中国封建社会以来就已经形成并一直延续到现在，也是中国最为古老、最为传统的借贷行为模式。为此，结合现有学者的研究成果，从借贷行为动因、借贷社会效应角度出发，分企业和居民个体两个主体，供给与需求两个层次来阐释民间非正式金融组织传统借贷行为机理。

从上文关于民间非正式金融组织的界定中，我们可以发现：民间非正式金融组织主要是非个体实体，同时，还包括部分居民个体投资者。当前，中国正式金融组织的信贷配给问题给民间非正式金融组织的兴起与发展提供了非常好的发展空间。结合学者们的研究成果，我们梳理了民间非正式金融组织借贷需求者的动因，详见表2-2。

表2-2　民间非正式金融组织借贷需求者和供给者特征

层次	要素	企业	个人（居民）
需求者	资金需求	短期（1年内）运营便利性；成长周期性资金；债务置换资金；其他	子女教育、医疗；生产投资；高额消费；其他
	需求特征	周期短；额度小；融资时效短；其他	
供给者	借贷渠道	社会集资；关联贷款；合会；钱庄；其他	亲朋好友；合会；互助组；高利贷组织；其他
	渠道选择动因	资金兑现快；搜索成本低；交易程序简单；渠道选择多；担保要求低；其他	
社会效应	正向社会效应	缓解正式金融组织信贷配给问题；满足了居民个人的信贷资金需求；刺激了正式金融组织革新改进；带动民间投资；培养居民、企业的信用意识等	
	负向社会效应	增加金融监管的难度；提高社会金融不稳定性；诱发各种社会金融非理性行为；扰乱区域正常金融秩序；国家税收流失等	

（一）传统型民间非正式金融组织借贷需求者特点

传统型民间非正式金融组织借贷需求者主要以企业和个人（居民）为主①。从企业资金需求者来看，被正式金融组织借贷排斥的企业主要以小微企业为主，尤其是处于创业初期的小微型企业，这类企业经营风险高、征信低、担保抵押物少，难以从正式金融组织处获得贷款融资。这类企业的资金需求主要表现为以短期（1年内）运营便利、成长周期性资金、债务置换资金及其他，尤其是短期运

① 为简化分析，将借贷企业和个人（居民）统称为借贷“消费者”。

营便利以及债务置换资金，这类资金额度小、周期短、融资时效短，应急资金多。从个人（居民）资金需求者来看，被正式金融组织借贷排斥的个人（居民）主要以低收入群体为主，此类群体的资金需求主要是子女教育、医疗健康、生产投资、高额消费及其他，尤其是子女教育、医疗健康等方面支出已经成为个人（居民）致贫的关键要素，同时，非理性的超前消费形成的“校园贷”“裸条贷”也是个人选择民间非正式金融组织借贷行为的重要体现。与企业类似，个人资金需求者的资金特点仍然表现为周期短、额度小、时效短及其他。

从现有文献关于企业和个人等需求者的借贷行为影响要素来看，主要涵盖个体特征等六个部分。以企业为例，主要有：一是企业个体特征，包括企业主年龄、受教育程度、企业人数等；二是企业借贷产品特征，包括贷款额、利息、还款方式、违约处理方式等；三是企业借贷的动机特征，包括成交快、手续简单、亲情贷等；四是企业贷款动力特征，包括借贷路径、抵押品、加速因素等；五是企业贷款服务评价，包括申请贷款次数、违约次数、贷款人员服务态度评价等；六是社会资本，包括企业主个人社会资本和社区社会资本等。在影响个人借贷的因素中，个体特征包括年龄、性别、婚姻状况、受教育程度等内容，贷款产品、动机、动力及评价特征分析内容拟与企业基本相同，社会资本包括个人社会资本和社区社会资本，其中，个人社会资本包括政治关系，如是否为党员；亲属关系，可以用亲属借贷信誉表征，如是否有亲戚逾期借款。社区社会资本包括朋友关系，如邻里和睦信任程度；与合作组织关系，如是否加入合作社等。

（二）传统型民间非正式金融组织借贷供给者特点

民间非正式金融组织借贷供给的根本动因是利差收益，尤其是明显高于正式金融组织的贷款利差收益。在这一利益驱使下，建立在地缘、血缘等传统熟人关系基础之上的民间非正式金融组织借贷供给者有其自身独特的特点，包括资金兑现快、搜索成本低、交易程序简单、渠道选择多、担保要求低及其他等，相比较而言，正式金融组织借贷审批程序复杂、信息非对称性高、交易成本高，也正是这些劣势导致了民间非正式金融组织借贷供给的兴起与快速发展。此外，由于难以受到国家金融监管机构的监管，民间非正式金融组织的组织形式较为灵活。从现有文献关于借贷组织形式的研究来看，民间非正式金融组织借贷形式主要包括社会集资、关联贷款、合会、钱庄、互助组及其他等，个体借贷供给者的借贷形式主要包括亲朋好友、合会、互助组、高利贷组织及其他，其中，个人获得民间借贷仍然以亲朋好友的熟人无息借贷为主。

从现有文献研究成果来看，影响民间非正式金融组织借贷供给行为的要素主要有机构特征、动机特征等四个部分。一是借贷机构的基本特征，包括机构类型、机构人数、机构资产规模及从事借贷年限等；二是从事民间借贷的动机特征，包括预期收益、投资渠道等；三是贷款机构的贷款产品特征，包括贷款额度、贷款利息额及计息方式等；四是贷款机构的贷款服务特征，包括服务种类、服务评价等。个体借贷供给者的特征与借贷组织基本一致，故不再赘述。

（三）传统型民间非正式金融组织借贷行为的社会效应

熟人关系、人情、面子等声誉要素使民间非正式金融组织能够有效缓解正式金融组织为规避金融风险而设置的“隐性约束”门槛，为企业和个人及时提供有效的资金供给，产生了较好的社会正向效应。与此同时，高额的利差是民间非正式金融借贷需求者最大的压力，也正是高额的利差驱使了非理性化的借贷行为，产生了巨大的社会负面效应。因而，民间非正式金融组织传统借贷存在正负社会效应。

传统型民间非正式金融组织借贷具有显著的社会正向效应。一是有效地缓解正式金融组织对企业的信贷配给问题。这一点是民间非正式金融传统借贷最为显著的特点，也正是民间非正式金融组织传统借贷能够缓解正式金融组织借贷“隐性约束”的有利条件，对满足企业尤其是小微型企业的资金诉求，推动社会经济发展发挥了巨大的作用。二是有效地满足了居民个人的信贷资金需求。实践证明，以互助社等为代表的民间非正式金融组织在满足居民个人子女教育、医疗等重大事件资金需求方面发挥了巨大的作用，减少了社会不稳定因素。三是刺激了正式金融组织革新改进。民间非正式金融组织以其优势，刺激正式金融组织改进服务质量、优化产品设计、降低交易门槛，以更加人性化的产品和服务满足被排挤人群的资金需求。同时，民间非正式金融组织也是对中国金融市场的有益补充。四是带动民间投资。随着中国社会经济的快速发展，社会闲散资金规模大，有很强烈的资金投资诉求，而国内快速发展的经济形势给这些资金以良好的出口，经济发展的资金需求与民间非正式金融组织借贷投资相匹配，可以有效地带动民间投资的发展。五是培养居民、企业的信用意识。“有借有还，再借不难”是中国古老的谚语，民间非正式金融组织借贷行为能够有效地培养企业、居民的信用意识，从而推动中国社会信用体系的建立。

传统型民间非正式金融组织借贷具有显著的社会负向效应。一是增加金融监管的难度。当前，民间非正式金融组织借贷行为处于国家的金融监管之外，国家对民间非正式金融组织的监管主要以事后监管为主，监管难度大、监管滞后性强。二是提高社会金融不稳定性。当前，以非法集资、地下钱庄等为代表的民间非正式金融组织借贷行为日趋严重，影响社会不稳定性的民间借贷非理性行为增加。三是极易诱发各种社会金融非理性行为。高额利差收益容易诱发各种金融诈骗行为；无担保等极简化的交易程序，民间借贷行为面多、点广，在一定程度上导致了民事纠纷概率的提高，民间借贷的波及面广，潜在社会负面效应扩散覆盖面大。四是扰乱区域正常金融秩序。一方面，部分民间非正式金融组织“虚高利率”变相违规“吸储”“揽储”行为，诱导居民存在非理性的储蓄行为；另一方面，部分民间非正式金融组织的资金流向房地产以及国家禁止的其他行业，资本投资的潜在风险高，资金断裂的可能性大。五是国家税收流失。部分民间非正式金融组织由于未受国家监管，存在偷税漏税的行为，给国家造成一定的税收流失。

三、非传统型民间非正式金融组织借贷行为机理

非传统型民间非正式金融组织借贷行为主要是以互联网等非熟人关系为核心要素的借贷行为模式。这种模式得益于互联网技术的革新，互联网技术平台降低了借贷的门槛，更加拉近了借贷需求者与借贷供给者之间的距离，使民间借贷由传统的熟人借贷模式向互联网借贷为主的陌生人借贷模式转变。正是民间非正式金融组织网络借贷的独特优势，自 2011 年起国家加大了对互联网借贷的支持力度，互联网借贷迅速兴起，也使互联网借贷的负向社会效应增加，2018 年银保监会等四部门下达民间借贷的监管制度，互联网民间借贷发展受到了一定限制。

由于非传统型民间非正式金融组织借贷行为主要以互联网金融借贷为主，以下简称“网络借贷”（组织），为此，民间非正式金融组织借贷行为以互联网金融组织为主进行分析。结合现有学者的研究成果，从资金来源、业务范围、载体形式、优势、社会效应五个方面来对民间非正式金融网络借贷组织的基本特点进行分析，如表 2－3 所示。

表 2－3　民间非正式金融互联网借贷组织的基本特点和社会效应①

名称	特　　点
资金来源	民营资本、个人投资等
业务范围	个人信贷、企业信贷、车贷、房贷、供应链金融、融资租赁、票据、艺术品质押、农村金融、消费金融等

① 由于非传统民间非正式金融企业和个人借贷需求者与传统型民间非正式金融组织的借贷需求行为基本一致，为此，此部分不再对网络借贷企业和个人借贷者的借贷需求特征进行分析。

续表

名称	特　　点	
载体形式	以移动 APP 手机端、网络电脑终端为主等	
优势	与传统民间借贷优势相比	可贷资金更加充裕；产品简单化；贷款手续便捷化；交易信息处理网络化；交易平台化；超级集中支付系统和个体移动支付的统一；交易成本更低；参与群体大众化等
	与银行贷款相比	交易信息处理网络化；交易风险评级网络化；交易便捷化、便利化；流动性更强；大数据监管潜在能力强等
	总体优势	信息化处理、网络平台化交易；低利率；大数据监管潜在能力强；产品投放更加精准；风险与收益双高等
社会效应	正向社会效应	高效解决信贷配给问题；积极推动对金融市场的市场化、信用机制、技术机制、金融服务革新；加速了普惠金融的发展；有利于民间借贷的阳光化、利率市场化等
	负向社会效应	道德风险；业务风险；经营性风险；流动性风险；政策与合规风险等

（一）民间非正式金融组织网络借贷行为的特点

庞大的民间借贷市场以及高额的民间借贷利差是民间非正式金融组织网络借贷行为发生的动力，吸引了大量的个人投资、民营资本等资金作为民间非正式金融组织网络借贷资金的主要来源。一是业务范围。网络借贷的业务范围主要是以个人信贷、企业信贷等为主，尤其是小微企业信贷以及个人的消费信贷，主要业务范围与传统借贷基本相似。二是载体形式。网络借贷的业务载体主要是以移动APP 手机端及电脑终端为主，这与传统民间借贷的熟人借贷及纸质媒介等借贷渠道有很大不同，这也是网络借贷区别于传统借贷的关键特征。三是网络借贷的优势。总体上，民间非正式金融组织网络借贷的优势体现在信息化处理、网络平台化交易、低利率、大数据监管潜在能力强、产品投放更加精准、风险与收益双高等上，尤其是网络平台化交易、风险与收益双高、大数据监管潜在能力强是网络借贷明显优于传统民间非正式金融以及正式金融组织借贷的主要特点。与传统民间非正式金融组织相比，网络借贷的优势在于可贷资金更加充裕、产品简单化、贷款手续便捷化、交易信息处理网络化、交易平台化、超级集中支付系统和个体移动支付的统一、交易成本更低、参与群体大众化等，突出贷款更加便捷、供需双方的距离更近。与银行贷款相比，网络借贷的优势在于交易信息处理网络化、交易风险评级网络化、交易便捷化、便利化、流动性更强、大数据监管潜在能力强等，尤其是交易信息化处理、平台化管理以及风险监管网络化。

（二）民间非正式金融组织网络借贷行为的社会效应

当前，民间非正式金融网络借贷行为的非理性化，尤其是以非法投资理财、非法集资等为主的非理性网络借贷行为造成了巨大的社会负向效应，导致了社会效应主要以负向社会效应为主，但是，网络借贷在推动民间借贷阳光化、革新传统金融市场等方面都起到了积极的作用。

民间非正式金融网络借贷行为具有显著的社会正向效应。一是高效解决信贷配给问题。网络借贷以网络终端为平台，能够高效地解决小微企业、个人消费的信贷配给问题，提高信贷配给的效率。二是积极推动金融市场的市场化，推动信用机制、技术机制及金融服务的革新。网络借贷打破了传统正式金融市场的时空约束，扩大了民间借贷的市场边界，对银行的技术机制、信用机制、金融服务等提出了新挑战，推动传统正式金融机构的现代化、市场化。三是加速普惠金融的发展。满足了大众理财、消费信贷的投资诉求，同时，网络平台使民间借贷的交易群体覆盖面更广，更加满足个体或企业的资金诉求，有利于普惠金融的发展。四是有利于民间借贷的阳光化发展。网络借贷最大的特点就是网络化、平台化、信息化，从而导致借贷交易的痕迹能够存在于网络之上，而交易痕迹便于金融监管机构通过大数据、云计算、人工智能等手段进行痕迹管理，从而有利于民间借贷的阳光化。五是有利于利率市场化。当前，在各大网络借贷平台上，网络借贷预期利率都是公开、透明的，在借贷需求者和借贷供给者信息相对对称的现实下，由于网络借贷交易行为主体易于实现一个相对均衡的网络借贷市场化利率，这为中国金融市场利率市场化起到了示范效应。

民间非正式金融网络借贷行为具有显著的社会负向效应。一是经营性风险。目前，大部分网络借贷平台都是初创型企业，主要受高额利差、巨大市场需求吸引进行投资，行业竞争日趋激励，同时，借贷本身就是高杠杆的行为，在日趋激烈的市场环境以及高杠杆的业务现实下，截止到 2018 年 6 月，中国累计有超过 3000 多家的网络平台存在不同程度的问题，真正能够有效运行的都是具有国资背景、风险控制能力强、企业管理体系完备的民间正式金融网络借贷组织。二是流动性风险。以往大部分平台不提供信贷资金，仅作为资金融通的媒介，随着高额利差的趋势，很多网络借贷平台自身也投资部分资金进行借贷（变相“自融”行为），一旦投资难以回收就会产生流动性风险。2016 年以来，网络借贷平台挤兑成为中国网络借贷平台较为突出的风险。三是业务风险。网络借贷本身就有“高收益与高风险并存”的特点，部分借贷需求者违约风险较高，尤其是在校大学生、城市无业人员等，部分网络借贷平台管理者缺乏系统的风险控制知识，导致网络借贷平台存在较高的业务风险。四是道德风险。当前，在监管机制不健全的情况下，变相“吸储”所得资金由平台管理者主观地、随意地运用，尤其用来满足个人消费、房地产融资等，同时，部分民间非正式金融网络借贷组织发起的初衷就是通过非法集资、假标的、庞氏骗局等多种手段骗取大众资金，导致大量网络借贷平台破产，普通群众受骗。五是政策与合规风险。2018 年之前，中国网络借贷约束机制少，很多网络借贷企业游走于法律的边缘，非法集资、非法理财等问题层出不穷，政策与合规风险高。

第三节 民间非正式金融组织借贷风险控制机制分析

随着信息技术的革新，中国民间非正式金融组织借贷风险逐步嬗变，借贷风险更加隐蔽，社会负面效应更强，2016 年前后国内以“e 租宝”等为代表的民间非正式金融组织借贷风险的集中爆发更加印证了这一趋势。本节将基于现有学者的研究成果，系统探讨民间非正式金融组织借贷风险的传染、预警及控制机制。

一、民间非正式金融组织借贷风险的传染机制

媒介传播成为民间非正式金融借贷风险嬗变的核心要素，媒介传播的形式及力度不同，导致民间非正式金融借贷风险传染的渠道及方式也会有所不同。

在以血缘关系、地缘关系等社会网络为基础的封闭式环境下，民间非正式金融组织的借贷风险主要封闭于社会关系网络之内，多以亲情、友情以及社会道德进行内部约束，并将风险化解在关系网络之中，很难外溢到社会中，仅能形成一个孤立的风险点。在电视、电台、报纸等传统媒介的作用下，民间非正式金融组织借贷风险则逐步外溢，由一个风险点逐步扩散至一个区域面，形成区域的借贷风险。

在互联网时代，自发性是微信、微博等自媒体最显著的特征，导致信息点具有很强的内生关联，同时，自媒体的传播作用力更加具有穿透力，时效性更强，民间非正式金融组织借贷风险在自媒体作用下更具有风险性，风险传播形态由区域面扩散至一个信息多维、涉及面广的立体式“孤岛”球。球形“孤岛”的风险通过自媒体平台逐渐立体式传染，不仅传染到民间金融市场，甚至还传染到实

体经济以及国家金融体系，并逐步演变为局部金融危机。至于最终是否引发区域金融危机，将取决于民间金融市场的风险承受能力、自媒体平台的数量、风险扩散的速度，以及国家对民间金融风险的监控力度。当前，我国民间借贷危机在自媒体的影响下，曝光率高，风险传播速度快，正加速形成球形“孤岛”风险。

二、民间非正式金融组织借贷风险识别预警机制

科学合理的民间非正式金融组织借贷风险预警机制是有效控制民间非正式金融组织借贷风险的有效举措。结合现有学者的研究成果，我们认为民间非正式金融组织借贷风险识别预警机制应该包括借贷风险监测体系、借贷风险等级识别体系以及借贷风险大数据处置平台，如图2－2所示。

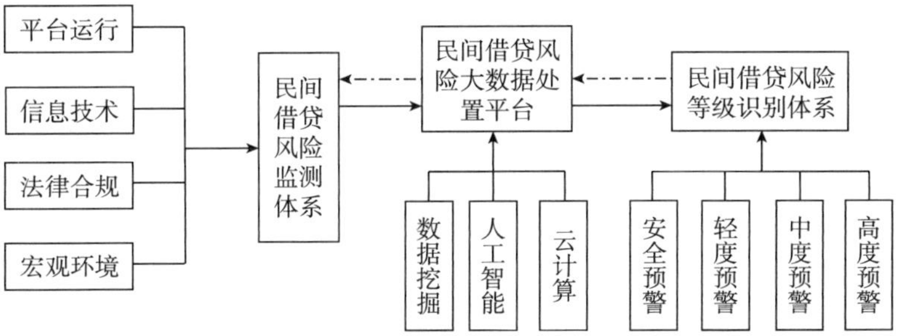

图2－2　民间非正式金融组织借贷风险识别预警逻辑框架

（一）民间非正式金融组织借贷监测体系

民间非正式金融组织借贷监测体系是借贷风险识别预警的前提。结合现有研究成果，民间非正式金融组织借贷监测体系主要包括宏观环境特征、平台运行特征、信息技术特征、法律及合规特征四个部分。一是宏观环境特征，反映民间非正式金融组织借贷风险的宏观环境，主要包括GDP规模及增速、国际宏观经济环境、民间借贷监管程度以及失业率等指标。二是运行特征，反映借贷平台经营运行特征，包括年化收益率以及对应产品分布、借贷资金总量、资金来源、资金流向、担保抵押品等指标。三是信息技术特征，反映民间非正式金融组织借贷的运行载体特征，包括载体平台形式、技术安全、信息安全等指标。四是法律及合规特征，反映民间非正式金融组织借贷的法律及合规情况，包括民事案件数量、案件执结率、刑事案件数、非法集资、地下钱庄、公众吸储数量以及是否备案登记等指标。

（二）民间非正式金融组织借贷风险大数据处置平台

民间非正式金融组织借贷大数据处置平台是借贷风险识别预警的中枢。结合现有研究成果，民间非正式金融组织借贷大数据处置平台主要包括数据挖掘、云计算、人工智能等。一是大数据挖掘机制，主要解决民间非正式金融组织数据搜集难、数据沉淀度高等问题，提高数据的完整性、可参照性。二是云计算、人工智能等技术体系，主要实现对民间非正式金融组织的精准分析，实现对金融风险的精准定位，为民间非正式金融组织借贷风险的精准识别提供依据。

（三）民间非正式金融组织借贷风险等级识别体系

民间非正式金融组织借贷风险等级识别体系是借贷风险识别预警的依据。结合现有研究成果，民间非正式金融组织借贷风险等级主要包括安全预警、轻度预警、中度预警、高度预警四个预警等级，为了更加具体地展示民间非正式金融组织的借贷风险等级，可以采用国家经济监测预警交通刻度体系，具体如表2－4所示。一是高度预警，对应的分数值区间为76～100分，颜色为红色，风险状况表现为风险大，会导致系统性金融风险。二是中度预警，对应的分数值区间为51～75分，颜色为黄色，风险状况表现为风险中度，会导致局部金融风险。三是轻度预警，对应的分数值区间为26～50分，颜色为绿色，风险状况表现为风险轻度，仅产生个体性风险。四是安全预警，对应的分数值区间为1～25分，颜色为蓝色，无借贷金融风险，民间非正式金融市场稳健发展。

表2－4　中国民间非正式金融组织借贷风险预警识别体系

颜色	分值	风险状况	预警等级
红色	76～100分	风险大，系统性风险	高度预警
黄色	51～75分	风险中度，局部风险	中度预警
绿色	26～50分	风险小，个体风险	轻度预警
蓝色	1～25分	无风险，安全	安全预警

资料来源：董小君．金融风险预警机制研究［M］．北京：经济管理出版社，2003.

三、民间非正式金融组织借贷风险控制机制

互联网时代，民间非正式金融组织借贷风险的控制难度加大，需要强化集体惩罚、道德约束，加大风险预警防控及监管力度。结合现有学者的研究成果，建立民间非正式金融组织借贷风险控制体系，如图2－3所示。

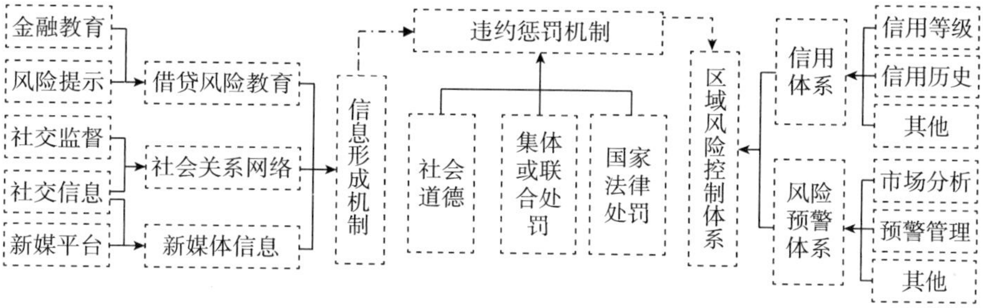

图 2-3 民间非正式金融组织借贷风险控制机制

（一）信息形成机制

信息是民间非正式金融组织借贷关系成立的前提，信息形成是民间非正式金融组织借贷风险控制的前提要件。以信息为核心的风险控制机制包含三个要素：一是民间借贷风险教育。由政府加强对民间非正式金融组织借贷关系风险的提示，并对借贷行为人进行契约、投资风险等相关金融知识的普及教育，加大对民间借贷风险的宣传力度，使借贷行为人能够更好地控制内心欲望，更加理性地确立借贷行为关系。二是社会关系网络。以血缘、地缘等为基础的社会关系网络是加速借贷关系形成的关键要素。通过社会关系网络可以使借贷行为的社交信息真实、可靠地存在于社交网络中，便于借贷行为人识别，并利用社交网络的内在监督机制对可能产生的借贷风险进行信息确认、监督以及风险提示。三是新媒体信息。可以充分利用新媒体信息快速传播的优势，在国家法律范围内及时地将借贷行为信息反馈在社交网络中，发挥新媒介的信息披露和信息监督功能。

（二）违约惩罚机制

违约惩罚是控制民间非正式金融组织借贷风险的重要方式。尤其是在信息不对称的情况下，违约惩罚机制能够较好地约束借贷行为，抑制违约行为的发生。违约惩罚机制包含三个方面的要件：一是基于社会道德层面的惩罚机制。在社会道德的约束下，民间借贷行为人的失信行为将会受到社交圈内舆论的强烈谴责，并被排斥在当地社交圈之外，同时，行为人的声誉会受到极大的损害，以至于难以再继续维持其在当地社交圈中的经济关系。这种道德的谴责会影响到下一代的借贷行为。因而，基于社会道德的惩罚会让失信者承受社会道德谴责、声誉压力、心理压力、后代声誉压力等，是一种内在的自发性的风险控制措施。二是基于借贷管理机制的集体或联合处罚。如果借贷“孤岛”内借贷行为人发生违约行为，这一惩罚机制将发挥作用，将采取近似“连坐”的方法对“孤岛”内部利益群体进行集体惩罚。三是基于国家政策及法律层面的惩罚。继续完善国家民间非正式金融组织借贷关系法规的行为条例，以冻结银行账户、社保基金、医疗保险等多种方式加大借贷违约等失信行为的社会成本，同时，加大对“老赖”的处罚力度。

（三）区域风险控制体系

球形“孤岛”具有极强的风险传染性，需要构建区域民间非正式金融借贷风险控制体系。该体系包含两个要件：一是民间非正式金融组织借贷信用体系。将现行符合民间非正式金融组织借贷关系的借贷行为人纳入信用征信体系中，构建包含征信人个人基本信息、信用等级、信用污点、授信次数、信用历史等信息在内的符合民间借贷实际需要的个人征信体系，并将端口向符合法律规定的民间借贷机构开放。二是民间非正式金融组织借贷风险预警体系。建立包含民间借贷市场调查分析机制、预警信号及等级预测管理机制、风险预警提示及解除机制、区域借贷风险处理方案动态机制等以地方政府自建为主的民间非正式金融借贷风险预警体系。同时，建立民间借贷风险事件数据库，强化以云端大数据分析等多种方式对风险进行模拟预演，提高风险预测及控制能力，防止球形“孤岛”风险的产生及蔓延。

第四节　民间非正式金融组织借贷风险的群体性事件研究

当前，网络借贷金融组织跑路事件频频发生，受害人的群体性事件集中在上海、江浙等地爆发，凸显了民间非正式金融组织借贷风险的严重危害性，加强群体性事件研究，指导应急管理具有十分重要的现实作用，也得到了学者们的逐步关注。

一、民间非正式金融组织借贷群体性事件概述

作为群体性事件的一种，民间非正式金融组织借贷群体性事件有其不同的内涵。民间非正式金融组织借贷群体性事件，是指由于借贷组织或借贷需求者破产、跑路、资金断裂等原因难以履行借贷合约，导致借贷利益损失方在线下、线上以及线上与线下相结合，采取极端手段对政府、社会秩序产生严重威胁的事件。其中，线下方式包括集会、聚众闹事、围堵党政机关、阻塞交通等，线上方

式包括建立维权群、各主流网站或论坛发帖、形成网络热点等。

（一）借贷群体性事件的特点

从现有研究成果来看，“群体性”“规模性”“突发性”“社会效应负向性”等是群体性事件较为突出的共性，这些性质也适用于民间非正式金融组织借贷群体性事件。

（1）群体性。民间非正式金融组织借贷行为主体数量大，群体性是民间非正式金融组织借贷风险事件最为直接的特征。群体性使民间非正式金融组织借贷风险潜在社会威胁加大，直接构成了社会发展的不稳定性因素。

（2）规模性。民间非正式金融组织借贷资金规模大、借贷契约数量多，规模性是民间非正式金融组织借贷风险事件的重要特征。仅 2018 年上海“善林金融”事件涉事人员超过几十万人，资金超过 700 多亿元，赴“善林金融”总部堵门等群体性事件数十起。

（3）突发性。民间非正式金融组织借贷风险事件有潜在风险多、突发性较强的特点，突发性是民间非正式金融组织借贷风险事件的核心特征。在高额利差驱动下，民间非正式金融组织非理性借贷行为增加，民间金融非阳光化导致监管难度高，借贷事件在资金链条出现问题时将会以“多米诺骨牌效应”产生集中的突发性爆发。但是，风险事件的爆发是一个由产生到爆发的缓慢发展过程，并不是没有征兆的，因而，民间非正式金融组织借贷风险事件具备预警的条件。

（4）社会效应负向性。民间非正式金融组织借贷风险事件涉及面多、波及面广，具有很强的社会负面效应，社会效应负向性是民间非正式金融组织借贷风险事件的主要特征。“吴英案”“温州民间借贷危机”等事件的爆发表明，民间非正式金融组织借贷风险事件的社会负面效应大，对家庭、区域产生较大的非稳定性影响。

（二）借贷突发群体性事件原理性机理

民间非正式金融组织借贷群体性事件最显著的特点就是突发性强，这也使民间非正式金融组织借贷群体性事件与大部分社会群体性事件的发生发展原理有相似之处。基于朱力（2009）、于建嵘（2009）、张润莲等（2016）、侯俊东等（2017）、易承志（2018）等学者们的研究基础，民间非正式金融组织借贷群体性事件原理性机理层次如图 2－4 所示。

遵从突发性事件的层次，民间非正式金融组织借贷风险群体性事件主要包括单一事件和多个事件两个层次，包括发生、发展、演化以及终结四个阶段，遵循从单一事件到多个事件的逻辑演变过程。从目前民间非正式金融组织借贷风险的群体性事件来看，2015 年之前主要以单个金额大、涉案人员多的单一事件为主，2015 年之后主要以多个群体性事件为主，由多个单一事件最终演变为涵盖中国大部分区域、不同群体的群体性事件。

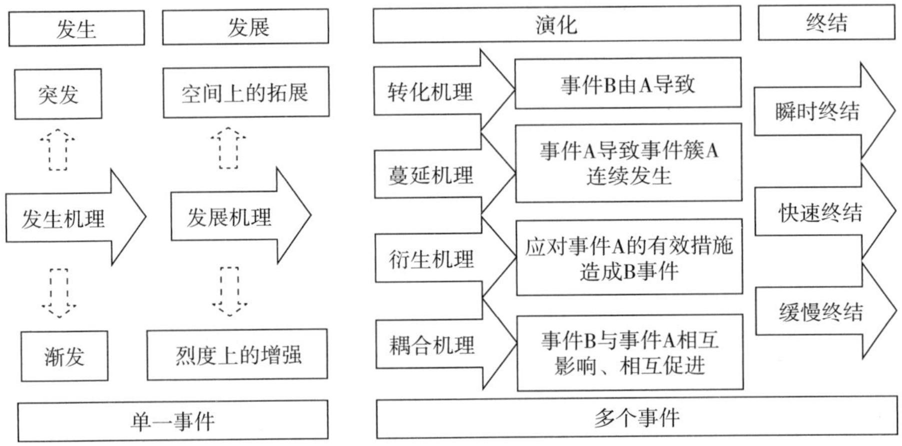

图 2-4　民间非正式金融组织借贷风险群体性事件原理性机理层次

（1）单一事件发展机理。单一事件发展机理包括发生机理、发展机理两个部分。民间非正式金融组织借贷风险性单一事件主要以突发性为主，主要原因在于借贷行为信息的非对称性使大多数行为主体难以对已提供的信息进行甄别，难以对资金运用进行监控。但是，我们并不否认在进行借贷行为时交易双方已经对契约有了一定的风险预判，少数事件是在借贷行为主体在掌握部分风险信息后，由于资金需求方隐形合约或者以各种理由搪塞等原因使其难以脱逃而被动选择接受风险，这类事件以被动式“渐进”发生情况居多。在借贷风险发生后，发展机理主要包括空间上的拓展和烈度上的增强。空间上的拓展主要是在血缘、地缘、互联网平台等载体上进行拓展，由点到面，伴随着获知借贷风险的人群越来越多，发生资金“挤兑”等现象，导致借贷风险事件的控制难度和社会负面影响力扩大，并产生进一步演化的可能性，由此形成烈度上的增强。

（2）多个事件发展机理。经过空间上的拓展以及烈度上的增强，民间非正式金融组织借贷风险的单一事件会从转化、蔓延、衍生、耦合四种方式导致多个事件的发生。一是转化机理。民间非正式金融组织借贷风险群体性事件 B 由风险群体性事件 A 转化。二是蔓延机理。民间非正式金融组织借贷风险群体性事件多以蔓延而来，主要是因其中一个环节破裂导致整个环节的破解，如“庞氏骗局”等“击鼓传花”式事件导致更大、更广的风险产生。2015 年“泛亚事件”由旗下一款“日金宝”事件的暴露而引发，形成涉及 22 万投资者、430 亿元投资金额的超大型民间非正式金融组织借贷风险群体性事件。三是衍生机理。主要是由于借贷风险群体性事件处置不当导致的更大风险。在民间非正式金融组织借贷风险群体性事件爆发的初期，由于缺乏严厉的民间借贷监管举措，没有及时关注、处置民间借贷风险群体性事件，尤其是互联网金融借贷群体性事件，这在一定程度上使部分群体性事件的上访、集会等行为的发生频率增加，使潜在社会风险增加。四是耦合机理。民间非正式金融组织借贷风险群体性事件 A 和事件 B 之间相互影响、相互作用，最终导致多个事件的爆发，一般包括弱度耦合、中度耦合、强度耦合三种等级。

随着借贷风险群体性事件内部要素以及外部环境要素的变化，民间非正式金融组织借贷风险群体性事件将会受到控制。依据借贷风险群体性事件控制速度的快慢，控制的结果包括瞬时终结、快速终结、缓慢终结三种形式。当前，国内民间非正式金融组织借贷风险群体性事件处于缓慢终结的过程中。

二、民间非正式金融组织借贷事件控制的应急管理理论

群体性事件是一种综合性强、社会波及面广的事件，一直受到学者们的关注。从现有学者的研究成果来看，对群体性事件的研究主要以“社会冲突理论”为基础，但从民间非正式金融组织借贷风险的特点来看，这些理论难以准确、全面地对借贷风险事件进行有效分析。而应急管理理论对风险事件的研究更为系统、全面，为此，民间非正式金融借贷事件的研究主要以应急管理理论为主。

（一）应急管理理论概述

应急管理（Emergency Management，EM）是指通过对突发事件的起因、发生动因、发展过程、社会效应等事件发生的全周期过程进行全面、系统、科学分析，综合运用围绕事件的政府、私人部门、社会多元化组织等资源，从而对事件风险进行预警、控制，以降低事件社会效应的全过程管理。

突发性是民间非正式金融组织借贷群体性事件最为核心的特征。突发性事件的产生发展都需要经历一个过程，应急管理的焦点就是对事件的全过程管理。应急管理最有代表性的理论包括四阶段模型、六阶段模型以及 4R（Reduction，Readiness，Response，Recovery）模型，以四阶段模型、六阶段模型最具代表性，详细内容如表 2－5 所示。

表 2－5　应急管理的主要理论模型①

名称	核心内容	特点	代表人物或组织
四阶段模型	预防、准备、响应、恢复	依据突发事件的阶段性确定应急管理的重点	美国联邦紧急事态管理局
六阶段模型	避免、准备、确认、控制、解决、获利	强调事件处理和总结重要性	诺曼·R. 奥古斯丁
4R 模型	缩减、预备、反应、恢复	重视应急措施的成效，最突出缩减管理的意义	罗伯特·希斯

从上述三个模型的对比来看，六阶段模型强调了事件处理和总结的重要性，4R 模型十分重视应急措施的成效，突出了缩减管理的重要意义，而忽略了突发事件在不同阶段的特点以及相应的管控重点，而四阶段模型很好地解决了突发事件不同阶段的应急管理重点，为此，在后文中将基于四阶段模型，以构建民间非正式金融组织借贷群体性事件的风险防控体系。

（二）拓展的应急管理全生命周期

基于应急管理的四阶段模型，拓展的应急管理全生命周期从一个平衡动态通过风险处置后实现一个新的平衡，风险处理包括风险预防与准备、事前预防与应急准备、事中处置与应急救援、事后评估与恢复重建四个阶段。

（1）应急管理的风险预防与准备阶段。在这个阶段内，社会风险暗藏其中，事物处于一个平衡状态，需要对风险进行预防与准备，从而有效地降低社会应对突发事件的脆弱性。需要经常性地对所在区域进行风险隐患排查，对危险源进行持续的、动态的监测，并开展有效的风险评估。对于即将演变为突发事件的风险隐患及时预警，使社会公众在突发事件发生前采取避险行动，尽量减小突发事件所带来的损失。

（2）应急管理的事前预防与应急准备阶段。在这个阶段内，通过对风险事件进行严密监测，缜密分析、预判群体性事件，判定风险事件的等级，并启动响应的风险预警处置方案。这其中，就包括有效的信息获取途径，结构清晰、层次分明的信息反馈机制，有效的信息预判处置机制，以实现有效应对、重点应对。

（3）应急管理的事中处置与应急救援阶段。在这个阶段内，依据风险事件预判的结果，注重对应急管理的事中管理。突发事件发生后，要尽可能详细地掌

① 李鑫．社会网络视角下群体性突发事件演化机理与控制研究［D］．燕山大学，2016：45.

握事件情况，迅速按照应急预案的要求，采取有效的处置救援措施，防止突发事件扩大、升级。尤其在事件突破原有事态时，应急管理者需要在极短的时间和巨大的心理压力下进行创新性决策，要遵照预案，但又不能固守预案。不遵照预案，就无章可循；但固守预案，突发事件的瞬息万变又可能令预案的作用丧失，处置过程需要大量的非常规决策。

（4）事后评估与恢复重建阶段。在这个阶段内，应急管理者必须尽快恢复生产生活秩序，并据此组织各种力量，消除突发事件对社会、经济、环境以及人的心理的影响。

第三章　民间非正式金融组织借贷行为及风险控制的现状分析

互联网科技的发展加速了民间非正式金融组织创新演化发展的进程，也加剧了借贷风险形成的速度，扩大了借贷风险的社会影响力。2016 年以来，国家多部委先后颁布了数项举措严厉规范民间借贷行为，防控借贷风险，营造良好的金融生态环境，促进民间金融市场的稳定有序发展。为此，本章将基于数据可得性，结合当前网络借贷热点实际，以网络借贷作为替代变量来分析民间非正式金融组织借贷行为及风险控制的现状。

第一节　民间非正式金融组织借贷行为的现状分析

互联网金融降低了借贷门槛、信息成本，便捷化了借贷交易方式，已成为民间非正式金融借贷市场发展的热点。由于传统民间非正式金融组织借贷行为发生的隐蔽性强，公开数据不全，因而会受到数据可得性的限制。而互联网金融网络借贷行为作为民间非正式组织借贷行为的重要表现方式，数据可得性强，已经成为国内民间非正式金融组织借贷的主要载体，也是民间非正式金融组织借贷行为的主要表现。由此，本节主要以互联网金融组织借贷行为作为民间非正式金融组织借贷行为的替代变量，基于网络之家等第三方数据平台网络借贷数据，对中国民间非正式金融组织借贷行为的现状进行分析①。

① 本节所用数据未经特殊说明，均来自网贷之家等第三方互联网金融平台数据，经整理后得出。未经特殊说明，2018 年数据均指 2018 年前 4 个月的数据。

一、民间借贷市场的总体概况

（一）民间借贷规模持续上升

图3－1显示了2005～2017年国内民间借贷规模与增速趋势①。从该图可以看出：总体上，在考察期间内，国内民间借贷规模稳步上升，增速有所回落。一是民间借贷市场规模稳步上升。2005～2017年，中国民间借贷规模由2005年的70138.74亿元增至2017年的526046.26亿元，扩大了6.5倍，中国民间借贷市场已经进入万亿元级市场。二是民间借贷增速波动式回落。2005～2017年，中国民间借贷规模增速由2006年的28.83%降至2017年的2.89%，年均增速18.69%。具体来看，自2011年后，中国民间借贷市场规模增速明显步入下降通道，2014年以后的年均增速降至6.77%，民间借贷规模动能不足。

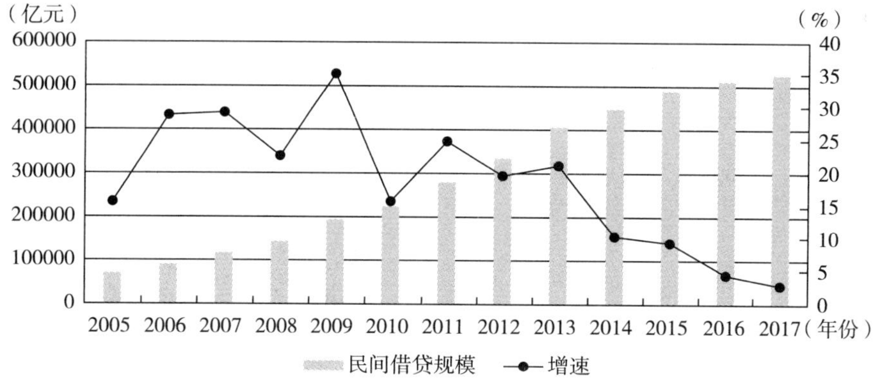

图3－1　2005～2017年国内民间借贷规模与增速趋势

（二）民间借贷仍旧是社会投资的主要工具

为了客观地评价民间借贷的重要性，将民间借贷占全社会固定资产实际到位资金比重作为民间借贷比重的衡量指标，图3－2显示了2017年国内民间借贷比重的区域分布。从该图可以看出：总体上，在考察期间内，民间借贷仍旧是全社会固定资产投资的主要来源。具体来看，2017年民间借贷占全社会固定资产实际到位资金比重的平均值为77.77%，有20个省份的比重高于平均值，有11个

① 数据来源于《中国统计年鉴》（2018），民间借贷资金主要为自有资金加其他资金之和，具体计算方式详见第五章数据分析。此民间借贷含正式与非正式两种。

省份低于比重平均值。另外，民间借贷重要性具有很强的区域差异。民间借贷比重高于平均值且位于前列的省市多位于中部及西部地区。可见，经济不发达地区，尤其是金融不发达地区，民间借贷的重要性更加突出。

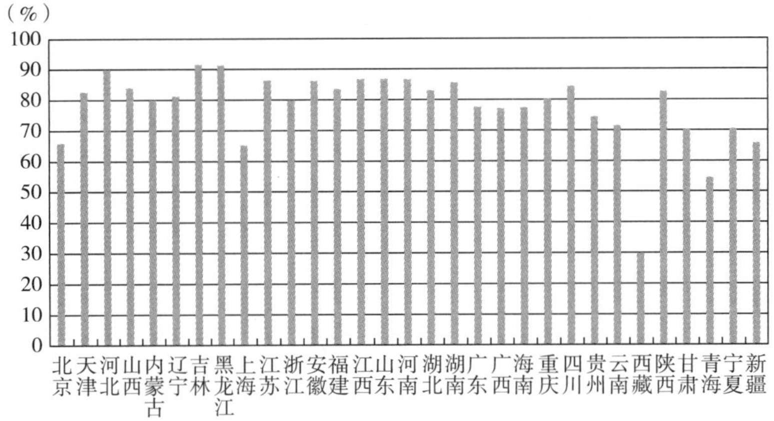

图 3-2　2017 年国内民间借贷比重的区域分布

二、网络借贷市场的总体概况

（一）网络借贷市场规模稳步扩大

图 3-3 显示了 2014~2018 年中国网络借贷市场月度成交量及增速趋势①。一是市场成交量规模稳步上升。2014~2017 年，中国网络借贷市场成交量规模由 2014 年的 2528.17 亿元增至 2017 年的 28048.49 亿元，扩大 11.09 倍②。截至 2018 年 4 月，中国网络借贷市场规模已达到 7418.63 亿元，是 2014 年的 2.93 倍，是 2015 年全年成交量的 75.52%，中国网络借贷市场已经步入万亿元级市场规模。二是市场成交量增速上下波动。2014~2017 年，中国网络借贷市场成交量增速由 2015 年的 288.54% 降至 2017 年的 35.92%，年均增速 144.85%，预计 2018 年全年成交量增速降至 10% 以内。此外，从月度数据趋势来看，自 2017 年 3 月开始，中国网络借贷成交量增速已经 12 个月连续下降，在国家对民间借贷严厉管控之下，中国网络借贷成交量开始逐步回稳。

① 考虑到数据的可得性，此部分数据未区分民营系和国资系等网络借贷组织，仅对国内网络借贷市场进行整体分析。

② 由月度数据汇总而得出年度数据，下同。

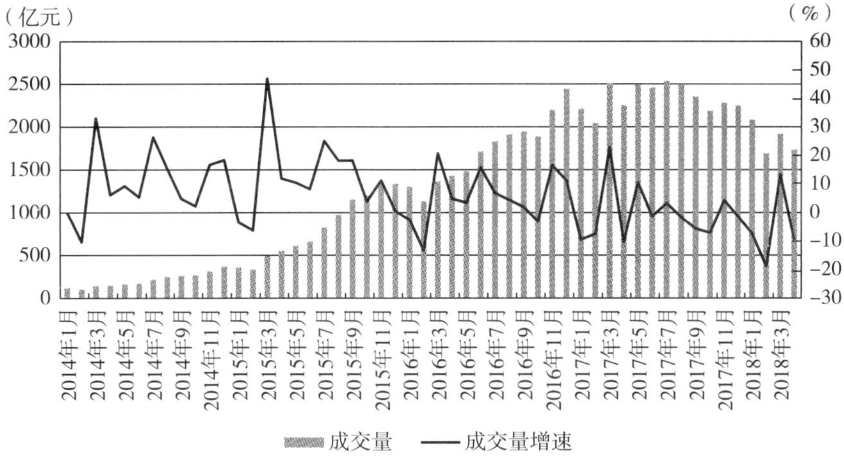

图 3-3　2014～2018 年中国网络借贷月度成交量及增速趋势

（二）网络借贷综合收益率趋于稳定

图 3-4 显示了 2014～2018 年中国网络借贷市场月度综合参考收益率及增速趋势。一是网络借贷综合收益率趋于 10% 左右。2014～2018 年，中国网络借贷市场综合参考收益率由 2014 年 1 月的 19.75% 降至 2018 年 3 月的 9.64%，降低了 10.11 个百分点，同时，自 2016 年 8 月开始中国网络借贷综合收益率已经连续 19 个月低于 10%，中国网络借贷综合收益率有所降低，且趋于 10% 的水平。二是网络借贷市场综合收益率增速稳中有升。2014～2018 年，中国网络借贷市场综合收益率增速由 2014 年 1 月的 -25.35% 增至 2017 年的 -11.03%，增长了 14.32 个百分点，2018 年全年综合收益率增速增至 1% 以内。月度数据上，2014 年 1 月至 2018 年 4 月仅有 14 个月综合收益率增速大于 0，其余 48 个月综合收益率增速小于 0，可见，网络借贷综合收益率增速也将趋于 0，综合收益率将不会发生太大的变化。

（三）网络借贷平均借款期限逐步延长

图 3-5 显示了 2014～2018 年中国网络借贷市场平均借款期限及增速趋势。一是平均借款期限接近 12 个月。2014～2017 年，中国网络借贷市场平均借款期限由 2014 年的 5.58 个月增至 2017 年的 9.16 个月，增加了 3.58 个月，同时，2018 年前 4 个月平均借款期限为 11.16 个月，可见，中国网络借贷平均借款期限逐步延长，接近 12 个月水平。二是网络借贷市场平均借款期限增速波动。2014～2017 年，中国网络借贷市场平均借贷期限增速由 2015 年的 16.13% 增至 2017 年

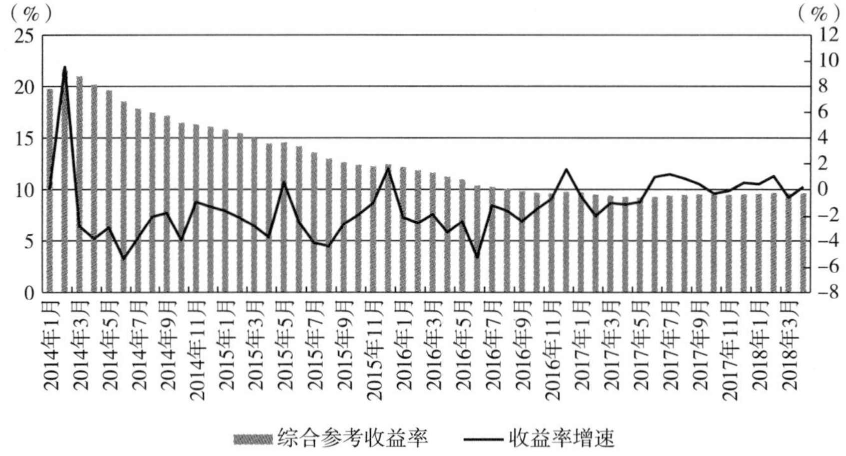

图 3-4　2014~2018 年中国网络借贷市场月度综合参考收益率及增速趋势

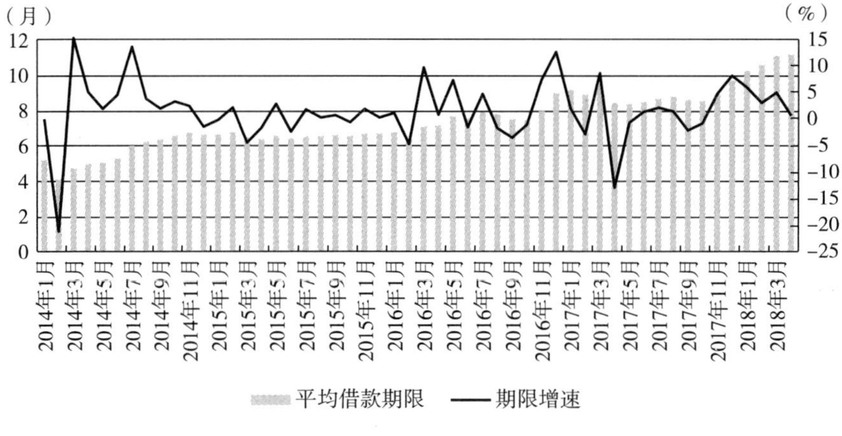

图 3-5　2014~2018 年中国网络借贷市场平均借款期限及增速趋势

的 17.78%，增长了 1.65 个百分点，同时，2018 年前 4 个月平均增速为 21.82%，高于前 3 年平均增速 5.70 个百分点，借款期限增速有所加快。

三、网络借贷的供需状况分析

（一）网络借贷投资人数与借款人数规模稳步扩大

图 3-6 显示了 2014~2018 年中国网络借贷投资人与借款人的数量及增速趋势。一是投资人数量稳步增加。2014~2017 年，中国网络借贷投资人数规模由

2014 年的 542.05 万人上升至 2017 年的 5099.09 万人，增加了 4557.04 万人，扩大了 8.41 倍；增速由 2015 年的 292.84% 降至 2017 年的 27.57%，下降了 265.27 个百分点，同时，从月度数据来看，自 2017 年 1 月开始网络借贷投资人规模增速在 0% 上下徘徊，月均规模稳定在 400 万人左右。二是借款人数量稳步增加。2014～2017 年，中国网络借贷借款人数规模由 2014 年的 108.53 万人上升至 2017 年的 4322.73 万人，增加 4214.20 万人，扩大了 38.83 倍；增速由 2015 年的 362.10% 降至 2017 年的 199.37%，下降 162.73 个百分点，同时，从月度数据来看，自 2017 年 1 月开始网络借贷借款人规模增速在 0% 上下徘徊，月均规模稳定在 400 万人左右，与投资人数基本持平。三是投资者超过需求者状况出现改善迹象。2014～2017 年中国网络借贷投资者与借款者人数数量的差额由 2014 年的 433.52 万人扩大至 2017 年的 776.36 万人，2018 年前 4 个月的人数差额为 63.95 万人，投资者热情超过需求者的状况出现了改善的迹象。

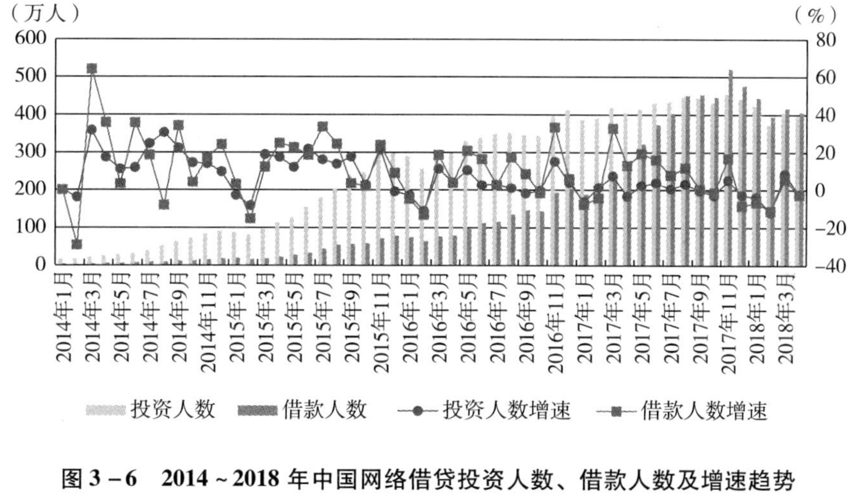

图 3－6 2014～2018 年中国网络借贷投资人数、借款人数及增速趋势

（二）人均借贷投资与需求稳步缩小

图 3－7 显示了 2014～2018 年中国网络借贷人均投资额、借款额的数量及增速趋势。一是人均投资额较为稳定。中国网络借贷人均投资额由 2014 年的 52192.25 元增至 2017 年的 55065.40 元，年均增长 2.33%，均值为 50144.03 元，同时，自 2014 年 1 月至 2018 年 4 月人均投资均值为 50722.73 元，人均投资额基本保持在 50000 元左右。二是人均借款额大幅下滑。中国网络借贷人均借款由 2014 年的 256614.59 元降至 2017 年的 72709.80 元，年均增长 －32.79%，均值

在 145832.98 元。同时，自 2017 年 4 月开始，人均借款额由快速下降转为降速趋稳，稳定在 50000 元左右。三是需求超过供给的状况出现反转迹象。人均投资额与借款额差值由 2014 年的 -204422.33 元升至 2017 年的 -17644.40 元，增加 186777.93 元。同时，自 2017 年 8 月以来，人均投资额超过人均借款额，差额均值为 2270.73 元，借贷市场开始有降温趋向，与上文投资者热情下降基本一致。

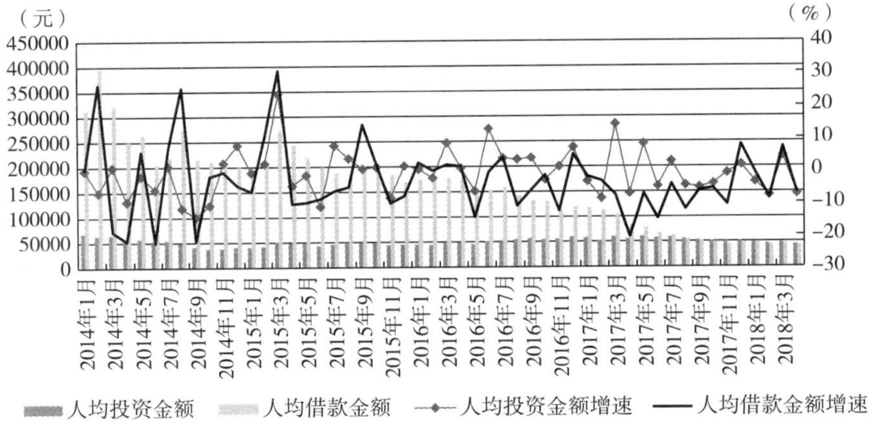

图 3-7　2014~2018 年中国网络借贷人均投资额、借款额及增速趋势

（三）市场资金净流入开始趋缓，待还余额逐步增加

图 3-8 显示了 2014~2018 年中国网络借贷资金净流入及增速趋势。一是市场资金净流入有所趋缓。中国网络借贷市场资金净流入由 2014 年的 727.29 亿元增至 2017 年的 4083.63 亿元，年均增长 116.87%，均值为 2970.96 元。值得注意的是，进入 2018 年以来，尤其是 2018 年 5 月 4 日国家颁布了“史上”最严民间借贷规范，前 4 个月降幅均值为 21.05%，市场资金净流入开始急剧下降。二是市场待还余额逐步增加。如图 3-9 所示，中国网络借贷市场待还余额由 2014 年的 6757.65 亿元增至 2017 年的 126096.52 亿元，年均增长 183.34%，均值为 58934.79 亿元。从月度数据来看，2014 年 1 月至 2018 年 4 月中国网络借贷市场待还余额月均值为 5618.37 亿元，增速均值为 7.72%，值得注意的是，2017 年 6 月开始待还余额达到 10449.65 亿元，待还余额开始进入万亿元规模级别，同期，增速也降至 4% 以内。

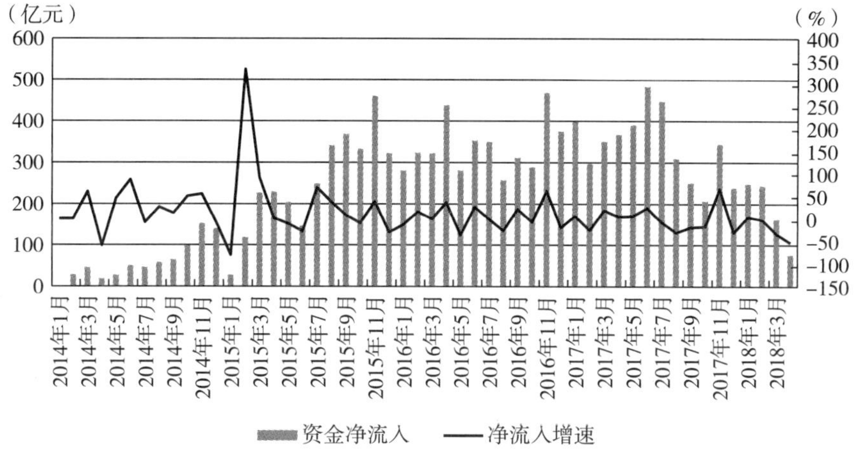

图 3-8　2014~2018 年中国网络借贷资金净流入及增速趋势

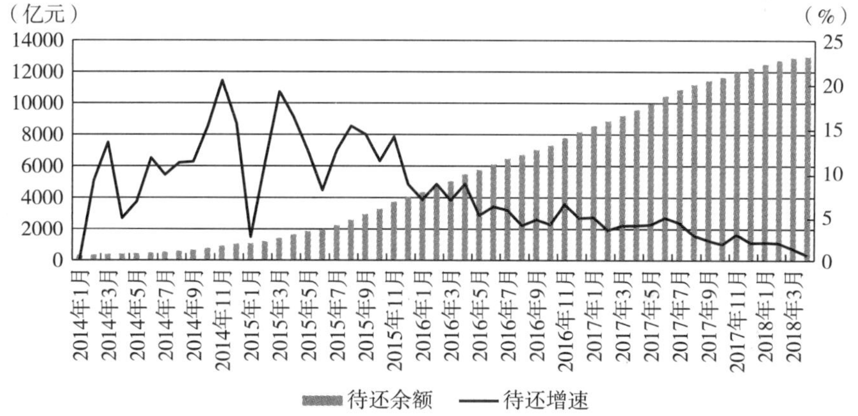

图 3-9　2014~2018 年中国网络借贷待还余额及增速趋势

第二节　民间非正式金融组织借贷风险的现状分析①

"e 租宝""金盾股份"以及"善林金融"等借贷风险的发生，使民间非正式金融组织借贷风险日益成为对中国社会经济产生较大影响的一种金融风险。当

① 本节所用数据未经特殊说明，均来自网贷之家平台数据，经整理后得出。未经特殊说明，2018 年数据均指 2018 年前 4 个月的数据。基于企查查等企业数据平台分析发现，90% 的网络借贷风险组织为民营系。

前，互联网金融借贷已经成为民间非正式金融组织借贷行为的主流方式，鉴于数据可得性，下文将主要以网络借贷风险为分析对象①，以反映中国民间非正式金融组织借贷风险的现状。

一、网络借贷金融组织风险的基本形势

图 3－10 显示了 2016～2018 年中国网络借贷组织运行状态趋势。整体上，中国网络借贷组织数量逐步增加，平台风险逐渐增多。依据网贷之家等平台行业的数据，我们可以将中国网络借贷组织借贷风险划分为三个阶段：一是借贷风险稳定阶段（2011～2015 年）。在此阶段内，中国逐步放开互联网金融市场，网络借贷组织也因政策的开放而逐步发展，尚未得到大规模的推广应用，因而，网络借贷风险相对较少。实际上，2011 年、2012 年、2013 年、2014 年、2015 年中国网络借贷问题平台发生数分别为 10 家、6 家、77 家、301 家、1287 家，截至 2016 年 1 月底，中国网络借贷平台达到 5238 家，问题平台累计数达到 1855 家，问题发生率达到 35.41%，正常运行平台规模稳步扩大，问题平台发生率较低。二是借贷风险加速发生阶段（2016～2017 年）。在此阶段内，由于网络借贷的便捷性、低门槛性，网络借贷的数量逐步增加，非法集资、高利贷、投资理财等非理性借贷行为均隐藏于网络借贷的形式之中，网络借贷问题日益突出，2016 年、2017 年中国网络借贷问题平台发生数分别为 3416 家、623 家，截至 2017 年 12 月底，中国网络借贷平台达到 5970 家，借贷问题平台累计数达到 4039 家，问题发生率达到 67.65%，分别较 2016 年 1 月底增加 732 家、2184 家，问题发生率提高 32.24 个百分点，正常运行平台规模小幅上升，问题平台规模急剧上升，问题平台发生率直线上升，借贷风险问题爆发较为突出。三是借贷风险稳定发展阶段（2018 年之后）。在此阶段内，国家加大了对网络借贷风险的控制力度，2018 年 3 月 28 日，中国互联网金融协会发布《互联网金融逾期债务催收自律公约（试行）》；2018 年 5 月中国银行保险监督管理委员会、中华人民共和国公安部、国家市场监督管理总局、中国人民银行四部委联合发布《关于规范民间借贷行为 维护经济金融秩序有关事项的通知》（以下简称《通知》），强化对民间借贷的监管力

① 依据银监会发布的《网络借贷信息中介机构业务活动管理暂行办法》（2016 年 8 月 24 日），网络借贷是指个体和个体之间通过互联网平台实现的直接借贷。个体包含自然人、法人及其他组织。网络借贷信息中介机构是指依法设立，专门从事网络借贷信息中介业务活动的金融信息中介公司。该类机构以互联网为主要渠道，为借款人与出借人（即贷款人）实现直接借贷提供信息搜集、信息公布、资信评估、信息交互、借贷撮合等服务。

度。在国家对民间借贷行为的强力监管之下，截至2018年4月，中国网络借贷平台达到6114家，借贷问题平台累计数达到4237家，问题发生率达到69.30%，分别较2017年12月底增加144家、198家，问题发生率提高1.65个百分点，正常运行平台及问题平台规模小幅上升，问题平台发生率稳步下降。2018年前4个月，中国网络借贷问题平台数量降至202家，民间借贷风险得到一定程度的控制。

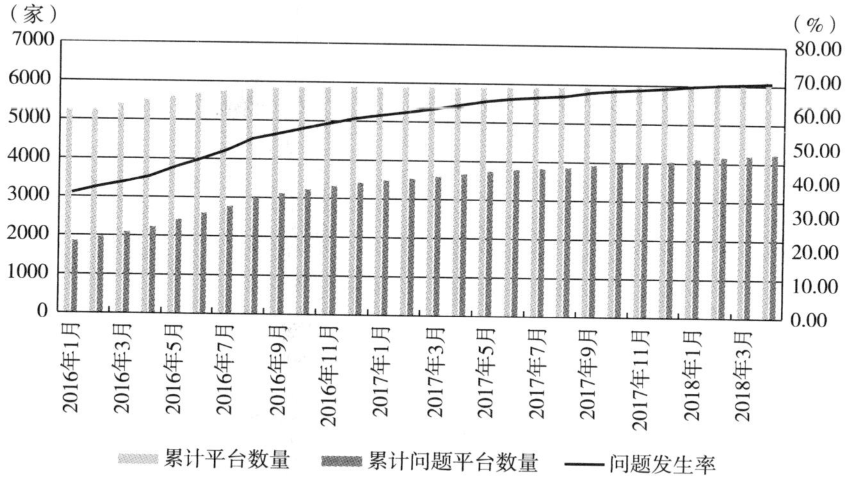

图3－10　2016～2018年中国网络借贷平台运行状态趋势

注：考虑2011～2015年月度累计平台数量相对较少，未在图中显示。

二、网络借贷金融组织风险的总体特点

依据网贷之家等第三方互联网金融平台数据，从注册资本、问题出现时间间隔以及问题类型（经侦介入、跑路、提现困难、停业、转型）等角度对中国网络借贷风险的基本特点进行总结。

（一）网络借贷问题金融组织规模逐步提高

图3－11显示了2011～2018年中国网络借贷问题金融组织规模及增速。总体上，中国网络借贷问题金融组织注册资本均值已由2011年的100.00万元上升至2018年的10213.19万元，增长10113.2%，年均上升193.38个百分点，年均1444.74万元，规模扩大102.13倍，中国网络借贷问题金融组织的规模逐步扩大，具体可分为两个阶段：一是中国网络借贷问题金融组织规模高速扩大阶段

(2011～2014 年)。2011～2014 年中国网络借贷问题金融组织注册资本均值为 925.53 万元，年均增长 188.87 个百分点，2014 年注册资本规模达到 2207.37 万元，注册资本规模相对较小，增长速度较快。二是中国网络借贷问题金融组织规模稳定扩大阶段（2015～2018 年)。2015～2018 年中国网络借贷问题金融组织注册资本均值 5597.63 万元，年均增长 52.67 个百分点，2018 年注册资本规模达到 10213.19 万元，注册资本规模相对较大，增长速度较慢。

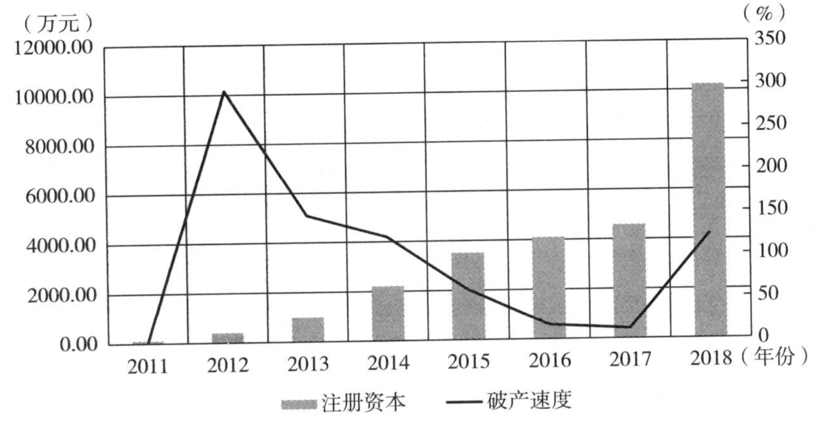

图 3－11　2011～2018 年中国网络借贷问题金融组织规模及增速

（二）网络借贷问题金融组织问题出现间隔延长

图 3－12 显示了 2011～2018 年中国网络借贷问题金融组织问题出现间隔及增速。总体上，中国网络借贷问题金融组织出问题间隔时间由 2011 年的 0.95 年上升至 2018 年的 2.37 年，同比增加 149.93%，年均增加 20.75 个百分点，中国网络借贷问题金融组织问题出现时间间隔逐步延长。具体可分为三个阶段：一是中国网络借贷问题金融组织问题间隔加速缩小阶段（2011～2013 年)。2011～2013 年，中国网络借贷问题金融组织问题间隔时间均值为 0.66 年，增速均值为 －39.39%，2013 年问题间隔时间缩短至 0.33 年，为考察期间内最低值，基本上每季度就会产生问题金融组织。二是中国网络借贷问题金融组织问题间隔加速扩大阶段（2014～2016 年)。2014～2016 年中国网络借贷问题金融组织问题间隔时间均值为 0.80 年，扩大增速均值为 65.63%，较上一阶段增加 0.14 年，2016 年问题间隔时间延长至 1.23 年，较上一阶段延长明显。三是中国网络借贷问题金融组织问题间隔稳定缩小阶段（2017～2018 年)。2017～2018 年，中国网络借贷

问题金融组织问题间隔时间均值为 1.80 年，增速均值为 38.97%，较上一阶段分别增加 1.0 年，2018 年问题间隔时间延长至 2.37 年，为考察期间内最高值，较上一阶段延长明显，但延长间隔增速小幅下降。

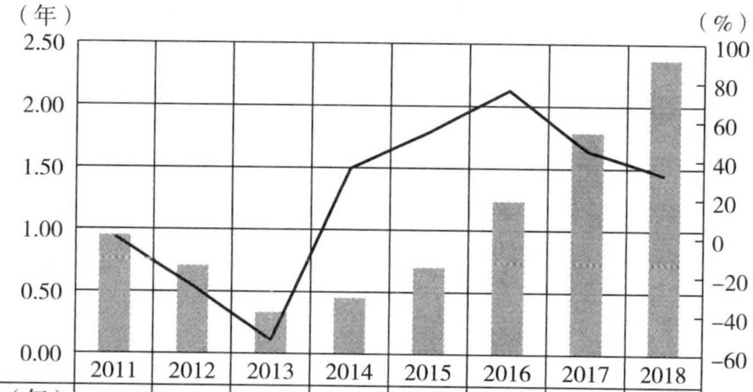

	2011	2012	2013	2014	2015	2016	2017	2018
破产时间间隔（年）	0.95	0.71	0.33	0.45	0.70	1.23	1.79	2.37
破产速度（%）	0	−25.35	−52.96	35.79	54.68	76.08	45.10	32.61

图 3－12　2011～2018 年中国网络借贷问题金融组织问题出现间隔及增速

（三）停业、跑路、提现困难是中国网络借贷问题金融组织风险出现的主要形式

网贷之家等第三方互联网金融平台对中国网络借贷问题金融组织风险出现的界定为跑路、提现困难、停业、转型、经侦介入五种形式，并给出了相应的判定依据（如表 3－1 所示），本部分将采用网贷之家的判定标准对 2011～2018 年中国网络借贷问题金融组织借贷风险进行分析。

表 3－1　网络借贷问题金融组织借贷风险表现形式及判定依据①

标识	判定依据
跑路	网站打不开，400 热线打不通
	用户反馈联系不上，客服 QQ 不在线或不响应
	网贷之家或其他第三方曝光人去楼空，或网贷之家工作人员实地走访人去楼空
	起初因困难被曝光，而后续跑路的平台
提现困难	无法提现或限制提现仍在运营的平台，与开放平台预留的紧急联系或高管核实
	网贷之家或其他第三方用户反映，或平台方面发公告告知

① 判定依据来源于网贷之家标准。

续表

标识	判定依据
停业	长时间停止发标（1个月无发标记录）
	公告清盘（清盘计划不超过3个月）
	公告停止线上业务
转型	该平台原有P2P网贷业务停止，但网站未关闭，转型做其他业务。属于停业的一种
经侦介入	因为公安机关介入而导致平台资金冻结或停业

表3-2显示了2011~2018年中国网络借贷问题金融组织风险出现的主要形式。总体上，2011~2018年中国网络借贷问题金融组织出现经侦介入、跑路、提现困难、停业、转型的问题形式的组织数量均值分别为5家、196家、125家、406家、12家，停业、跑路、提现困难是中国网络借贷问题金融组织风险出现的主要形式。具体来看，一是2014~2016年是中国网络借贷金融组织问题出现的主要年份，是中国网络借贷金融组织问题集中出现的时期。

表3-2　2011~2018年中国网络借贷金融组织问题出现的基本形式

年份	经侦介入（家）	跑路（家）	提现困难（家）	停业（家）	转型（家）
2011	0	5	0	5	0
2012	0	4	0	2	0
2013	0	6	65	6	0
2014	4	138	123	36	0
2015	13	568	286	419	1
2016	10	770	332	2246	58
2017	4	63	150	394	30
2018	6	11	43	139	3
均值	5	196	125	406	12

二是停业为中国网络借贷金融组织问题的最主要形式。在考察期间内，停业的金融组织数量由2011年的5家增加至2018年的139家，均值为406家，并于2016年达到最高值2246家。同时，停业意味着该网络借贷金融组织经营业务停止，借贷交易双方，尤其是资金供给者的借出资金、利息受损，也是最为严重的

问题出现形式。此外，经侦介入、转型等作为停业的最终表现形式，出现这种问题的金融组织数量不多，不是主要形式。

三是跑路为中国网络借贷金融组织问题的突出形式。在考察期间内，跑路的金融组织数量由2011年的5家增加至2018年的11家，均值为196家，并于2016年达到最高值770家。跑路意味着网路借贷金融组织客户服务无法沟通、办公地点人去楼空，是网络借贷金融组织出现停业的前兆，也是借贷资金供给方利益受损的前兆。

四是提现困难为中国网络借贷金融组织问题的重要形式。在考察期间内，提现困难的金融组织数量由2011年的0家增加至2018年的43家，均值为125家，并于2016年达到最高值332家。提现困难意味着网络借贷金融组织仍然能够运营，只是因为短期流动性出现困难，借贷双方在一定时间内存在利益损失。

三、网络借贷金融组织风险的区域特点

为了进一步地显示中国网络借贷金融组织的风险特点，结合现有学者的研究成果，我们将中国划分为东部、中部、西部、东北部四个区域，探讨中国网络借贷金融组织风险的区域特点。

（一）四大区域网络借贷金融组织借贷风险情况分析

表3－3显示了2013～2018年四大区域网络借贷金融组织问题基本情况。总体上，东部地区网络借贷金融组织问题高于中部、西部以及东北部地区。从问题机构累计数来看，问题机构累计数从大到小的地区依次是东部（719家）、中部（141家）、西部（107家）、东北地区（31家）[①]，东部地区累计数最多，东北地区最少。从网络借贷金融组织规模来看，注册资本数从大到小的地区依次是东部（4558.83万元）、东北地区（4215.08万元）、中部（2857.09万元）、西部（2503.06万元），东部地区机构规模最大，西部地区机构规模最小。从机构问题出现时间间隔来看，问题时间间隔长度从大到小的地区依次是西部（1.25年）、中部（1.20年）、东北地区（1.14年）、东部（1.13年），东部地区机构借贷风险发生间隔最短，西部地区机构借贷风险发生间隔最长。此外值得注意的是，2015～2017年中国网络借贷金融风险发生较为集中，与上文分析一致，同时，后期风险释放会相对较长，值得关注。

① 括号内为考察期间内的均值。

表 3-3　2013～2018 年四大区域网络借贷金融组织问题基本情况

年份	东部地区			中部地区		
	问题机构数（家）	注册资本（万元）	问题时间间隔（年）	问题机构数（家）	注册资本（万元）	问题时间间隔（年）
2013	20	707.74	0.33	23	1697.00	0.35
2014	232	2478.84	0.47	38	1337.29	0.30
2015	935	3454.97	0.71	185	3643.83	0.65
2016	2470	4243.02	1.24	502	3921.51	1.15
2017	484	5004.71	1.77	79	3290.72	1.86
2018	172	11463.67	2.28	19	3252.21	2.88
均值	719	4558.83	1.13	141	2857.09	1.20
年份	西部地区			东北地区		
	问题机构数（家）	注册资本（万元）	问题时间间隔（年）	问题机构数（家）	注册资本（万元）	问题时间间隔（年）
2013	4	525.00	0.21	—	—	—
2014	31	1242.26	0.48	—	—	—
2015	147	3841.27	0.72	20	2414.40	0.49
2016	380	3107.24	1.31	64	5540.84	1.27
2017	68	2977.57	1.84	10	4690.00	1.65
2018	11	3325.00	2.94	—	—	—
均值	107	2503.06	1.25	31	4215.08	1.14

（1）东部地区。一是问题机构数量先升后降。2013～2018 年东部地区中国网络借贷问题金融组织在 2016 年达到最高值 2470 家后开始稳步下降，东部地区新增问题金融组织数量规模得到一定程度的控制，但是，累计金融机构数量仍然较多，潜藏的金融风险不确定性较高。二是网络借贷金融组织规模逐步扩大。东部地区网络借贷金融组织注册资本均值已经由 2013 年的 707.74 万元上升至 2018 年的 11463.67 万元，且明显高于其他地区，东部地区网络问题借贷金融组织的运营规模显著扩大，这意味着东部地区网络借贷金融组织蕴藏的风险高于其他地区。三是问题发生时间间隔稳步延长。东部地区问题发生时间间隔由 2013 年的 0.33 年延长至 2018 年的 2.28 年，表明东部地区网络借贷金融组织的问题发生时间有所延长，但却是四大地区问题发生间隔时间最短的地区。综上可见，相对其他地区，东部地区仍旧蕴藏着较高的民间非正式金融组织借贷风险。

（2）中部地区。一是问题机构数量先升后降。与东部地区相似，2013～2018年中国中部地区网络借贷问题金融组织自2016年达到最高值502家后开始稳步下降，中部地区新增问题金融组织数量规模明显低于东部地区，网络借贷金融组织风险在一定程度上得到控制，但是，累计金融机构数量仍然较多，潜藏的金融风险不确定性较高。二是网络借贷金融组织规模有所缩小。中部地区网络借贷金融组织注册资本均值自2016年达到最高值3921.51万元后，2018年已经降至3252.31万元，中部地区网络借贷金融组织规模稳步缩小。三是问题发生时间间隔稳步延长。中部地区问题发生时间间隔均值为1.20年，为四大板块的第二高，表明中部地区网络借贷金融组织的问题发生时间延长，问题金融组织发生率相对较低。综上可见，相对其他地区，中部地区仍旧蕴藏着较高的民间非正式金融组织借贷风险，但明显低于东部地区。

（3）西部地区。一是问题机构数量相对较低。在考察期间内，西部地区问题新增和金融机构的数量仅高于东北部地区，网络金融借贷潜在金融风险规模较低。二是网络借贷金融组织规模稳中有升。西部地区网络借贷金融组织注册资本均值自2015年达到最高值3841.27万元后2018年已经降至3325.00万元，有小幅上升的趋势。三是问题发生时间间隔稳步延长。西部地区问题发生时间间隔均值为1.25年，且2018年间隔时间达到2.94年，为四大板块最高，表明西部地区网络借贷金融组织的问题发生时间最长，西部地区金融机构相对稳健。综上可见，相对其他地区，西部区仍旧蕴藏着一定的民间非正式金融组织借贷风险，但明显低于东部地区、中部地区。

（4）东北地区。一是问题机构数量最低。在考察期间内，东北地区问题新增和金融机构的数量在四大板块中最低，网络金融借贷行为潜在金融风险规模低。二是网络借贷金融组织规模较高。东北地区网络借贷金融组织注册资本均值为4215.08万元，且2018年注册资本均值达到4690.00万元，仅次于东部地区，东北地区网络借贷金融组织借贷行为的波及面仍高于其他地区。三是问题发生时间间隔稳步延长。东北地区问题发生时间间隔均值为1.14年，仅略高于东部地区，表明东北地区网络借贷金融组织的问题发生时间较短，东北地区发生借贷金融风险的可能性较高。综上可见，相对其他地区，东北地区仍旧蕴藏着一定的民间非正式金融组织借贷风险，但明显高于中部地区、西部地区。

（二）东部地区网络借贷金融组织借贷风险情况分析

表3－4显示了中国东部地区网络借贷金融组织问题的基本情况。一是网络借贷问题金融机构累计数。2013～2018年，东部地区10个省市中问题机构累计

数较高的前三位依次是广东、山东、上海，累计数依次是 962 家、863 家、640 家，最低的是海南的 18 家，多为东部发达地区。二是网络借贷问题金融组织规模。考察期间，网络借贷问题金融组织注册资本均值较高的前三个地区依次是上海、福建、北京，注册资本均值依次是 7049.61 万元、6529.29 万元、4781.14 万元，最低是海南为 961.11 万元。三是网络借贷问题时间间隔。考察期间，网络借贷问题时间间隔较高的地区依次是福建、北京、上海、广东，时间间隔依次是 1.35 年、1.31 年、1.26 年、1.26 年。

表 3-4　东部地区网络借贷金融组织问题基本情况

地区	问题机构累计数（家）	注册资本（万元）	问题时间间隔（年）	经侦介入（家）	跑路（家）	提现困难（家）	停业（家）	转型（家）
北京	590	4781.14	1.31	3	125	96	350	16
福建	132	6529.29	1.35	1	35	19	70	7
广东	962	4411.54	1.26	15	242	147	543	15
海南	18	961.11	0.62	—	6	1	9	2
河北	183	2306.43	0.98	—	53	15	112	3
江苏	333	2859.30	1.02	—	80	75	177	1
山东	863	2589.63	1.02	—	286	153	418	6
上海	640	7049.61	1.26	7	169	104	346	14
天津	62	3401.41	1.25	—	20	8	33	1
浙江	560	3755.60	1.15	6	115	150	282	7

注：上述结果依据 2013～2018 年网贷之家数据整理而得，其中，注册资本、问题时间间隔为均值，其他项为累计值，下同。

东部地区省市网络借贷金融组织风险事件类型特征（见表 3-5）。一是北京市。考察期间内，北京市问题平台数量较多，主要集中在停业、跑路上，机构注册资本保持在 5000 万元左右的规模，问题时间间格在 1 年左右，可见，北京市问题平台发生数量较多，以中型网络借贷金融组织为主[①]。二是福建省。考察期间内，福建省问题平台数量较多，主要集中在停业、跑路上，机构注册资本保持

① 参考国家统计局关于企业规模的标准，以 5000 万元、10000 万元为网络借贷的组织类别为中型、大型企业的划分标准。

在 7000 万元左右的规模，问题时间间隔在 0.97 年左右，可见，福建省问题平台发生数量较多，以大中型网络借贷金融组织为主。三是广东省。考察期间内，广东省问题平台数量最多，主要集中在停业、跑路、提现困难上，机构注册资本保持在 4000 万元左右的规模，问题时间间隔在 1.09 年左右，可见，广东省问题平台发生数量较多，以中小型网络借贷金融组织为主。四是海南省。考察期间内，海南省问题平台数量最少、机构规模小、问题间隔时间最短。五是河北省。考察期间内，河北省问题平台数量最多，主要集中在停业、跑路上，机构注册资本保持在 2200 万元左右的规模，问题时间间隔在 0.84 年左右，可见，河北省问题平台发生数量较多，以小型网络借贷金融组织为主。六是江苏省。考察期间内，江苏省问题平台数量较多，主要集中在停业、跑路、提现困难上，机构注册资本保持在 2700 万元左右的规模，问题时间间隔在 1 年左右，可见，江苏省问题平台发生数量较多，以小型网络借贷金融组织为主。七是山东省。考察期间内，山东省问题平台数量较多，主要集中在停业、跑路、提现困难上，机构注册资本保持在 2400 万元左右的规模，问题时间间隔在 1 年左右，可见，山东省问题平台发生数量较多，同样以小型网络借贷金融组织为主。八是上海市。考察期间内，上海市问题平台数量较多，主要集中在停业、跑路、提现困难上，机构注册资本保持在 5500 万元左右的规模，问题时间间隔在 1 年左右，可见，上海市问题平台发生数量较多，以中型网络借贷金融组织为主。九是天津市。考察期间内，天津市问题平台数量较少，主要集中在停业、跑路上，机构注册资本保持在 4000 万元左右的规模，问题时间间隔在 1 年左右，可见，天津市问题平台发生数量较少，以中小型网络借贷金融组织为主。十是浙江省。考察期间内，浙江省问题平台数量较多，主要集中在停业、提现困难、跑路上，机构注册资本保持在 3500 万元左右的规模，问题时间间隔在 1 年左右，可见，浙江省问题平台发生数量较多，以中小型网络借贷金融组织为主。

表 3－5　东部地区网络借贷金融组织事件类型特征

地区	事件类型	问题平台累计数（家）	注册资本（万元）	问题时间间隔（年）
北京	经侦介入	3	1333.33	2.67
	跑路	125	5067.90	0.87
	提现困难	96	5483.42	1.48
	停业	350	4459.66	1.39
	转型	16	5929.25	1.82

续表

地区	事件类型	问题平台累计数（家）	注册资本（万元）	问题时间间隔（年）
福建	经侦介入	1	5000. 00	4. 00
	跑路	35	16014. 86	0. 85
	提现困难	19	4116. 63	1. 04
	停业	70	2878. 28	1. 51
	转型	7	1857. 14	2. 73
广东	经侦介入	15	8273. 33	2. 56
	跑路	242	3910. 73	0. 81
	提现困难	147	5752. 50	1. 42
	停业	543	4113. 13	1. 36
	转型	15	6360. 00	1. 80
天津	跑路	20	4015. 00	1. 03
	提现困难	8	1707. 00	0. 90
	停业	33	3546. 88	1. 50
	转型	1	30. 00	0. 25
浙江	经侦介入	6	7916. 67	2. 33
	跑路	115	3304. 80	0. 77
	提现困难	150	3694. 05	0. 95
	停业	282	3894. 75	1. 39
	转型	7	3314. 29	0. 95
上海	经侦介入	7	52928. 57	2. 36
	跑路	169	5665. 27	0. 67
	提现困难	104	7435. 66	1. 32
	停业	346	5655. 38	1. 49
	转型	14	32784. 08	1. 95
海南	跑路	6	1050. 00	0. 03
	提现困难	1	1000. 00	0. 08
	停业	9	888. 89	0. 83
	转型	2	1000. 00	1. 67
河北	跑路	53	2288. 09	0. 40
	提现困难	15	2287. 14	0. 60
	停业	112	2335. 17	1. 27
	转型	3	1666. 67	2. 34

续表

地区	事件类型	问题平台累计数（家）	注册资本（万元）	问题时间间隔（年）
江苏	跑路	80	2978.86	0.66
	提现困难	75	2783.12	0.90
	停业	177	2847.66	1.23
	转型	1	1000.00	1.08
山东	跑路	286	2962.54	0.72
	提现困难	153	2244.59	0.79
	停业	418	2470.82	1.30
	转型	6	1833.33	1.59

（三）中部地区网络借贷金融组织借贷风险情况分析

表3－6显示了中部地区网络借贷金融组织问题的基本情况。一是网络借贷问题金融机构累计数。2013～2018年，中部地区6个省市中问题机构累计数较高的前三位依次是安徽、湖北、河南，累计数依次是251家、201家、141家，最低是山西45家。二是网络借贷问题金融组织规模。考察期间，网络借贷问题金融组织注册资本均值较高的前三位地区依次是山西、河南、湖北，注册资本均值依次是4314.64万元、4189.26万元、3796.17万元，最低是湖南省为2786.51万元。三是网络借贷问题时间间隔。考察期间，网络借贷问题时间间隔较高的前三位地区依次是江西、湖北、湖南，时间间隔依次是1.26年、1.20年、1.19年。

表3－6　中部地区网络借贷金融组织问题基本情况

地区	问题平台累计数（家）	注册资本（万元）	问题时间间隔（年）	经侦介入（家）	跑路（家）	提现困难（家）	停业（家）	转型（家）
安徽	251	3490.40	0.93	2	63	57	127	2
河南	141	4189.26	1.11	—	35	19	85	2
湖北	201	3796.17	1.20	—	48	31	116	6
湖南	135	2786.51	1.19	—	29	30	73	3
江西	73	3514.20	1.26	—	18	14	41	—
山西	45	4314.64	0.68	—	2	21	3	19

表3－7显示了中部地区省市网络借贷金融组织风险事件类型特征。一是安徽省。考察期间内，安徽省问题平台数量较多，主要集中在停业、跑路上，机构

注册资本保持在3200万元左右的规模，问题时间间隔在0.94年左右，可见，安徽省问题平台发生数量较少，以中小型网络借贷金融组织为主。二是河南省。考察期间内，河南省问题平台数量较多，主要集中在停业、跑路上，机构注册资本保持在4100万元左右的规模，问题时间间隔在1.05年左右，可见，河南省问题平台发生数量较多，以中小型网络借贷金融组织为主。三是湖北省。考察期间内，湖北省问题平台数量较多，主要集中在停业、跑路上，机构注册资本保持在3400万元左右的规模，问题时间间隔在1.10年左右，可见，湖北省问题平台发生数量较多，以中小型网络借贷金融组织为主。四是湖南省。考察期间内，湖南省问题平台数量较多，主要集中在停业上，机构注册资本保持在2900万元左右的规模，问题时间间隔在1.10年左右，可见，湖南省问题平台发生数量较多，以小型网络借贷金融组织为主。五是江西省。考察期间内，江西省问题平台数量较少，主要集中在停业上，机构注册资本保持在4000万元左右的规模，问题时间间隔在1.10年左右，可见，江西省问题平台发生数量较少，以中小型网络借贷金融组织为主。六是山西省。考察期间内，山西省问题平台数量较少，主要集中在停业、跑路上，机构注册资本保持在3600万元左右的规模，问题时间间隔在0.74年左右，可见，山西省问题平台发生数量较少，以中小型网络借贷金融组织为主。

表3-7　中部地区网络借贷金融组织风险特征

地区	事件类型	问题平台累计数（家）	注册资本（万元）	问题时间间隔（年）
安徽	经侦介入	2	5000.00	1.42
	跑路	63	3552.54	0.82
	提现困难	57	3972.18	0.74
	停业	127	3256.95	1.06
	转型	2	1000.00	1.67
河南	跑路	35	2503.37	0.85
	提现困难	19	4905.63	0.98
	停业	85	4798.36	1.25
	转型	2	1000.00	1.25
湖北	跑路	48	3459.17	0.80
	提现困难	31	5803.13	1.18
	停业	116	3472.14	1.39
	转型	6	2333.33	0.89

续表

地区	事件类型	问题平台累计数（家）	注册资本（万元）	问题时间间隔（年）
湖南	跑路	29	2889.72	0.62
	提现困难	30	2222.93	1.16
	停业	73	2927.25	1.43
	转型	3	4000.00	1.42
江西	跑路	18	3628.22	0.57
	提现困难	14	1333.33	1.47
	停业	41	4102.44	1.49
山西	经侦介入	2	20000.00	0.42
	跑路	21	2105.62	0.36
	提现困难	3	1750.00	0.25
	停业	19	5375.05	1.12

（四）西部地区网络借贷金融组织借贷风险情况分析

表3－8显示了西部地区网络借贷金融组织问题基本情况。一是网络借贷问题金融机构累计数。2013～2018年，西部地区11个省市中问题机构累计数较高的前三位依次是四川、重庆、陕西，累计数依次是153家、122家、85家，最低是青海的3家。二是网络借贷问题金融组织规模。考察期间，网络借贷问题金融组织注册资本均值较高的前三位地区依次是贵州、广西、四川，注册资本均值依次是3728.91万元、3429.33万元、3377.51万元，最低是青海省为1000.00万元。三是网络借贷问题时间间隔。考察期间，网络借贷问题时间间隔较高的前三位地区依次是新疆、内蒙古、重庆，时间间隔依次是2.26年、1.48年、1.38年。

表3－8 西部地区网络借贷金融组织问题基本情况

地区	问题平台累计数（家）	注册资本（万元）	问题时间间隔（年）	经侦介入（家）	跑路（家）	提现困难（家）	停业（家）	转型（家）
甘肃	18	2242.12	0.72	—	6	1	11	—
广西	69	3429.33	1.18	—	25	9	35	—
贵州	64	3728.91	1.15	—	8	6	50	—
内蒙古	20	2131.50	1.48	—	7	3	10	—

续表

地区	问题平台累计数（家）	注册资本（万元）	问题时间间隔（年）	经侦介入（家）	跑路（家）	提现困难（家）	停业（家）	转型（家）
宁夏	17	3117.65	1.17	—	—	4	13	—
青海	3	1000.00	1.14	—	—	1	2	—
陕西	85	3289.67	1.01	—	26	6	51	2
四川	153	3377.51	1.29	1	46	28	76	2
新疆	8	2437.50	2.26	—	1	2	5	—
云南	82	2940.99	1.05	—	32	5	44	1
重庆	122	2888.20	1.38	—	23	8	90	1

表3－9显示了西部地区省市网络借贷金融组织风险事件类型特征。一是甘肃。考察期间内，甘肃省问题平台数量较少，机构注册资本保持在2500万元左右的规模，问题时间间隔在0.80年左右，可见，甘肃省问题平台发生数量较少，以小型网络借贷金融组织为主。二是广西。考察期间内，广西问题平台数量较少，机构注册资本保持在3500万元左右的规模，问题时间间隔在1.12年左右，可见，广西问题平台发生数量较少，以中小型网络借贷金融组织为主。三是贵州。考察期间内，贵州省问题平台数量较少，机构注册资本保持在3300万元左右的规模，问题时间间隔在0.89年左右，可见，贵州省问题平台发生数量较少，以中小型网络借贷金融组织为主。四是内蒙古。考察期间内，内蒙古自治区问题平台数量较少，机构注册资本保持在2000万元左右的规模，问题时间间隔在1.43年左右，可见，内蒙古自治区问题平台发生数量较少，以小型网络借贷金融组织为主。五是宁夏。考察期间内，宁夏回族自治区问题平台数量较少，问题集中在停业上，机构注册资本保持在2500万元左右的规模，问题时间间隔在1.40年左右，可见，宁夏回族自治区问题平台发生数量较少，以小型网络借贷金融组织为主。六是青海。考察期间内，青海省地区问题平台数量较少，机构注册资本保持在1000万元左右的规模，问题时间间隔在0.85年左右，可见，青海省问题平台发生数量较少，以小微型网络借贷金融组织为主。七是陕西。考察期间内，陕西省地区问题平台数量较少，问题集中在停业上，机构注册资本保持在3500万元左右的规模，问题时间间隔在0.85年左右，可见，陕西省问题平台发生数量较少，以中小型网络借贷金融组织为主。八是四川。考察期间内，四川省地区问题平台数量较多，问题集中在停业、跑路上，机构注册资本保持在3800

万元左右的规模，问题时间间隔在 1.15 年左右，可见，四川省问题平台发生数量较多，以中小型网络借贷金融组织为主。九是新疆。考察期间内，新疆维吾尔自治区问题平台数量较少，机构注册资本保持在 2400 万元左右的规模，问题时间间隔在 1.61 年左右，可见，新疆维吾尔自治区问题平台发生数量较少，以小型网络借贷金融组织为主。十是云南。考察期间内，云南省问题平台数量较多，问题集中在停业、跑路上，机构注册资本保持在 3000 万元左右的规模，问题时间间隔在 0.99 年左右，可见，云南省问题平台发生数量较多，以中小型网络借贷金融组织为主。十一是重庆。考察期间内，重庆市的问题平台数量较多，问题集中在停业上，机构注册资本保持在 3000 万元左右的规模，问题时间间隔在 1.34 年左右，可见，重庆市问题平台发生数量较多，以中小型网络借贷金融组织为主。

表 3-9 西部地区网络借贷金融组织风险特征

地区	事件类型	问题平台累计数（家）	注册资本（万元）	问题时间间隔（年）
甘肃	跑路	6	1333.33	0.37
	提现困难	1	5000.00	1.25
	停业	11	2511.60	0.86
广西	跑路	25	4952.00	0.68
	提现困难	9	2923.33	1.13
	停业	35	2471.83	1.56
贵州	跑路	8	6437.50	0.53
	提现困难	6	4500.00	1.11
	停业	50	3203.00	1.25
内蒙古	跑路	7	3104.29	0.91
	提现困难	3	2333.33	1.28
	停业	10	1390.00	1.94
宁夏	跑路	4	5000.00	0.15
	停业	13	2538.46	1.48
青海	跑路	1	1000.00	0.08
	停业	2	1000.00	1.67
陕西	跑路	26	3811.92	0.41
	提现困难	6	850.00	0.90
	停业	51	3164.94	1.29
	转型	2	7000.00	2.00

续表

地区	事件类型	问题平台累计数（家）	注册资本（万元）	问题时间间隔（年）
四川	经侦介入	1	500.00	0.92
	跑路	46	4932.61	0.86
	提现困难	28	1767.89	1.58
	停业	76	3126.40	1.43
	转型	2	1000.00	2.25
新疆	跑路	1	5000.00	0.08
	提现困难	2	1000.00	1.92
	停业	5	2500.00	2.84
云南	跑路	32	3069.38	0.74
	提现困难	5	3600.00	1.38
	停业	44	2813.95	1.24
	转型	1	1000.00	0.42
重庆	跑路	23	2460.87	1.28
	提现困难	8	1275.00	1.29
	停业	90	3167.33	1.39
	转型	1	500.00	2.75

（五）东北地区网络借贷金融组织借贷风险情况分析

表3-10显示了中国东北部地区网络借贷金融组织问题基本情况。一是网络借贷问题金融机构累计数。2013~2018年，东北地区3个省市问题机构累计数从大到小依次是辽宁、黑龙江、吉林，累计数依次是44家、32家、18家。

表3-10　中国东北地区网络借贷金融组织问题基本情况

地区	问题平台累计数（家）	注册资本（万元）	问题时间间隔（年）	经侦介入（家）	跑路（家）	提现困难（家）	停业（家）	转型（家）
黑龙江	32	5468.75	1.34	—	9	4	19	—
吉林	18	3872.22	0.66	—	7	—	11	—
辽宁	44	4661.41	1.20	—	16	5	22	—

二是网络借贷问题金融组织规模。考察期间，网络借贷问题金融组织注册资本均值从大到小依次是黑龙江、辽宁、吉林，注册资本均值依次是5468.75万

元、4661.41万元、3872.22万元。三是网络借贷问题时间间隔。考察期间，网络借贷问题时间间隔从大到小依次是黑龙江、辽宁、吉林，时间间隔依次是1.34年、1.20年、0.66年。

表3－11显示了东北地区省市网络借贷金融组织风险事件类型特征。一是黑龙江省。考察期间内，黑龙江省问题平台数量较少，机构注册资本保持在5400万元左右的规模，问题时间价格在1.36年左右，可见，黑龙江省问题平台发生数量较少，以中型网络借贷金融组织为主。二是吉林省。考察期间内，吉林省问题平台数量较少，机构注册资本保持在3800万元左右的规模，问题时间间隔在0.65年左右，可见，吉林省问题平台发生数量较少，以中小型网络借贷金融组织为主。三是辽宁省。考察期间内，辽宁省问题平台数量较少，机构注册资本保持在4500万元左右的规模，问题时间间隔在1.02年左右，可见，辽宁省问题平台发生数量较少，以中型网络借贷金融组织为主。

表3－11 中国东北地区网络借贷金融组织风险特征

地区	事件类型	问题平台累计数（家）	注册资本（万元）	问题时间间隔（年）
黑龙江	跑路	9	8111.11	0.29
	提现困难	4	5500.00	2.13
	停业	19	4210.53	1.66
吉林	跑路	7	7371.43	0.12
	停业	11	1645.45	1.00
辽宁	跑路	16	5337.63	0.37
	提现困难	5	6160.00	1.90
	停业	22	3950.00	1.66
	转型	1	2000.00	1.00

第三节 民间非正式金融组织借贷行为规范及风险防控的现状分析

民间非正式金融组织借贷行为是民间借贷行为的重要方式，但缺乏国家层面的整体数据，而借款合同纠纷当中有很大一部分属于民间借贷行为，为此，将以中国统计年鉴中借款合同纠纷的整体情况作为政府防控民间非正式金融组织借贷风险的替代变量，反映中国民间非正式金融组织借贷风险防控的整体情况①。

一、总体特点分析

图 3－13 显示了 2002～2016 年中国借款合同纠纷立案数及增速趋势。从该图我们可以看出：总体上，2002～2016 年，中国借款合同纠纷立案数由 2002 年的 85.87 万件上升至 2016 年的 265.92 万件，增长 208.94%，近五年年均增长 20.27%，民间借贷金融风险数量逐步增加，增长速度较快。具体来看，依据借款合同纠纷立案数可以划分为两个阶段：一是逐步增加阶段（2002～2011 年）。在此阶段内，中国借款合同纠纷立案均值为 85.63 万件，增速均值为 2.47%，规模较小，增速较慢。二是快速增加阶段（2011～2016 年）。在此阶段内，中国借款合同纠纷立案均值为 176.75 万件，增速均值为 17.60%，分别是第一阶段的 2.06 倍、6.91 倍，规模大，增速快。值得注意的是，中国借款合同纠纷立案数阶段趋势、中国民间借贷纠纷判决数阶段趋势与前文中国网络借贷金融风险阶段趋势基本一致，2015～2016 年是中国网络借贷金融组织问题出现最多的时期，是中国借款合同纠纷最多的年份，可以认为此年间是中国民间非正式金融组织借贷风险爆发较为集中的阶段。

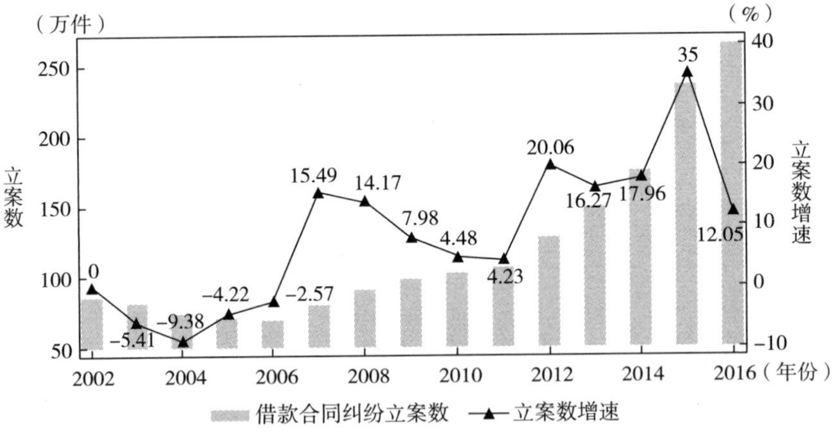

图 3－13　2002～2016 年中国借款合同纠纷立案数及增速趋势

① 鉴于数据可得性，本节所用数据，未经特殊说明，均来自《中国统计年鉴》（2015～2017 年）、最高人民法院网站统计数据（2013～2017 年）。

我们以最高人民法院公布的民间借贷纠纷一审判决数据作为政府对民间借贷纠纷监管的替代变量，反映政府对民间借贷金融风险的防控趋势。

图 3 – 14 显示了 2002 ~ 2017 年中国民间借贷纠纷判决数及增速趋势①。从该图我们可以看出：总体上，2002 ~ 2017 年，中国民间借贷纠纷一审判决数由 2002 年的 268 件上升至 2017 年的 104.50 万件，年均增长 173.54%，近五年年均增长 125.76%，中国民间借贷金融风险审查案件数量逐步增加，结案控制的效率也在逐步提高，增速较快。同样地，依据民间借贷纠纷一审判决数可以划分为两个阶段：一是逐步增加阶段（2002 ~ 2012 年）。在此阶段内，中国民间借贷一审判决数均值为 1.31 万件，增速均值为 144.81%，规模较小、增速快。二是快速增加阶段（2012 ~ 2017 年）。在此阶段内，中国民间借贷纠纷一审判决数均值为 53.29 万件，增速均值为 107.87%，规模大，增速较快。可见，2015 ~ 2017 年中国政府加快了对民间借贷纠纷审结的效率，也表明中国政府加强了对民间借贷纠纷的控制力度。通过一系列的控制措施，中国民间借贷纠纷，尤其是民间非正式金融组织借贷风险在一定程度上得到了控制。

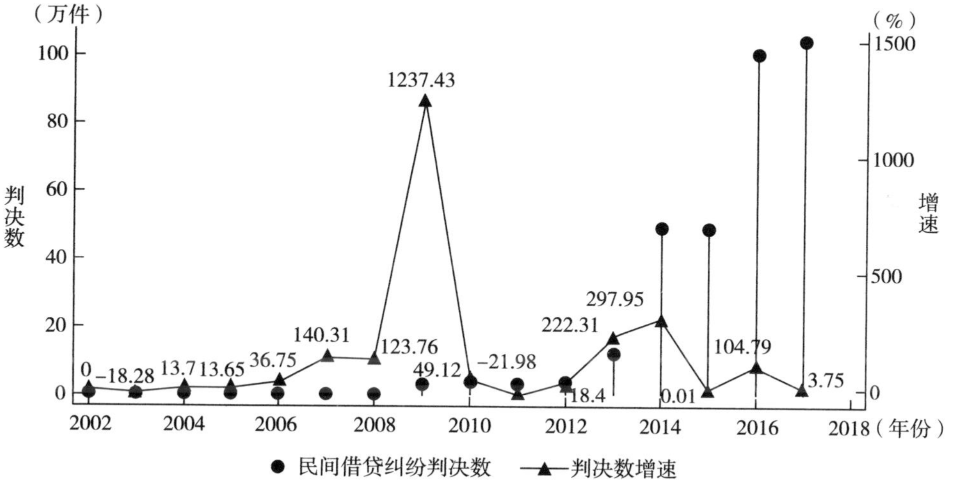

图 3 – 14　2002 ~ 2017 年中国民间借贷纠纷判决数及增速趋势

二、区域特点分析

整体上，2014 ~ 2017 年中国民间借贷纠纷审结的力度在逐渐增加，空间格

① 数据来源：作者依据最高人民法院的中国裁判文书网公开数据整理而得。

局以集中式分散为主。具体而言，2014 年，中国民间借贷纠纷审结数位于较大的第一区间、第二区间的省市地区依然较少[①]，位于第三区间、第四区间的省市较多，其中，位于中西部地区的第四区间省市最多。2015 年，中国民间借贷纠纷审结数进一步增加，第二区间、第三区间范围逐步扩大，其他区间范围稳步缩小。同时，空间上，第一区间的省市主要集中于浙江、上海、江苏等东部发达地区，第二区间省市集中于河南、湖南等中部地区，第三区间主要集中于黑龙江、辽宁、四川等中西部、东北部地区，第四区间主要集中于新疆、甘肃等西部地区。

2016 年，中国民间借贷纠纷审结数稳步增加，第一区间、第二区间范围逐步扩大，其他区间范围稳步缩小。同时，空间上，第一区间的省市主要集中于浙江、上海、江苏等东部、中部地区，第二区间省市集中于安徽、湖南等中部地区，第三区间主要集中于湖北、黑龙江等中部、东北部地区，第四区间主要集中于新疆、甘肃等西部地区。2017 年，中国民间借贷纠纷审结数小幅增加，第三区间范围逐步扩大，其他区间范围稳步缩小。同时，空间上，第一区间的省市主要集中于浙江、上海、江苏等东部、中部地区，第二区间省市集中于广东、福建等东部地区，第三区间主要集中于湖北、黑龙江等中部、东北部地区，第四区间主要集中于新疆、甘肃等西部地区。

可见，中国民间借贷纠纷审结数较多的地区集中于东部、中部地区，中西部及东北部地区的借贷纠纷审结数较低。这一方面反映东部、中部地区民间借贷纠纷案件多，另一方面也反映东部、中部地区民间借贷纠纷审结效率高，民间借贷监管力度大。

三、借贷风险监管的政策趋势

强化对民间非正式金融组织借贷风险的控制已经成为国内民间借贷监管的主要方向。一是监管程度越来越严厉。2015 年至 2018 年 5 月，国家先后发布了《关于规范民间借贷行为 维护经济金融秩序有关事项的通知》（银保监发〔2018〕10 号）等 59 件规范民间行为的法律法规（含条例）文件，其中，就互联网平台借贷（网络借贷）的规范文件就高达 30 多件，网络借贷已经成为国家民间借贷监管的重点对象。二是区域监管越来越普遍。截至 2018 年 5 月，国内已经有上

① 依据中国裁判文书网采集数据，采用等距方式划分为四个区间：第四区间（0，5 万]、第三区间（5 万，10 万]、第二区间（10 万，15 万]、第一区间（15 万，100 万]。

海、北京等31个省区市（不含港澳台地区）出台了规范民间借贷行为的法律法规条例，明确了对民间借贷的规范、监管、处置措施，其中，已有20个省市出台了P2P备案细则，强化对互联网平台借贷的监管力度。依据网贷之家公开数据，梳理了自2015年以来中国民间的借贷监管法律法规，详见表3－12。

表3－12 2015年以来中国民间借贷监管法律法规汇总

发布时间	名称	发布部门	亮点
2018年12月19日	《关于做好网贷机构分类处置和风险防范工作的意见》	互联网金融风险专项整治工作领导小组办公室、P2P网贷风险专项整治工作领导小组办公室	坚持以机构退出为主要工作方向，分类处置，进行名单制管理，集中信息披露工作要求
2018年4月16日	《关于规范民间借贷行为维护经济金融秩序有关事项的通知》	中国银保监会等四部门	规范放贷资金、严禁暴力催收、打击校园贷、行业自律
2018年3月28日	《互联网金融逾期债务催收自律公约（试行）》	中国互联网金融协会	明确债务催收行为的正负面清单，设定执行与惩戒机制
2017年12月8日	《小额贷款公司网络小额贷款业务风险专项整治实施方案》	中国银监会	严格网络小额贷款资质审批，规范网络小额贷款经营行为，严厉打击和取缔非法经营网络小额贷款的机构
2017年8月23日	《网络借贷信息中介机构业务活动信息披露指引》	中国银监会	P2P平台应及时向社会公众披露备案信息、组织信息、审核信息等信息
2017年6月30日	《关于对互联网平台与各类交易场所合作从事违法违规业务开展清理整顿的通知》	互联网金融风险专项整治工作领导小组办公室	现场检查，查实互联网平台是否存在变相吸收公众存款、非法发放贷款、代销违法违规产品等问题
2017年6月28日	《关于进一步做好互联网金融风险专项整治清理整顿工作的通知》	中国人民银行等国家十七部门	统一组织本地区清理整顿工作，采取有效措施确保整治期间辖内互联网金融从业机构数量及业务规模双降

续表

发布时间	名称	发布部门	亮点
2017年4月14日	《关于开展“现金贷”业务活动清理整顿工作的通知》《关于开展“现金贷”业务活动清理整顿工作的补充说明》	互联网金融风险专项整治工作领导小组办公室	整治“现金贷”问题
2016年11月28日	《网络借贷信息中介机构备案登记管理指引》	银监会、工信部、工商局	为新注册及已经设立并开展经营的网贷平台备案登记给予指引
2016年10月13日	《互联网金融风险专项整治工作实施方案》	国务院	对P2P网络借贷、股权众筹、互联网保险、第三方支付、通过互联网开展资产管理及跨界从事金融业务、互联网金融领域广告等重点领域进行整治
2016年10月13日	《P2P网络借贷风险专项整治工作实施方案》	银监会	P2P网络借贷风险专项整治，促进网贷行业规范有序发展
2016年8月17日	《网络借贷信息中介机构业务活动管理暂行办法》	银监会、工业和信息化部、公安部、国家互联网信息办公室	作出了12个月过渡期的安排，在过渡期内通过采取自查自纠、清理整顿、分类处置等措施，进一步净化市场环境，促进机构规范发展
2016年4月13日	《关于加强校园不良网络借贷风险防范和教育引导工作的通知》	教育部办公厅、银监会办公厅	整治不良“校园贷”，网贷P2P
2015年10月19日	《关于进一步做好防范和处置非法集资工作的意见》（国发〔2015〕59号）	国务院	抓住集资重点区域，重大案件依法打击。完善民间融资制度，合理引导和规范民间金融发展。做好对涉嫌非法集资可疑资金的监测工作
2015年8月6日	《关于审理民间借贷案件适用法律若干问题的规定》	最高人民法院	划定了借贷双方利率法律保护范围，认同了P2P平台作为信息中介的本质定位

第四节　民间非正式金融组织借贷行为规范及风险防控存在问题分析

一直以来，由于监管难度大、监管主体不明确等诸多因素干扰，国内民间非正式金融组织借贷行为就处于法律监管的灰色地带，民间借贷事件持续发生。在互联网技术加速国内民间非正式金融组织借贷风险嬗变的同时，民间非正式金融组织借贷风险监管的难度也随之增加。2018 年，上海、浙江等地互联网金融机构“跑路”事件频发，民间非正式金融组织借贷行为及风险防控存在较为突出的问题，尤其是互联网金融借贷风险监管缺位日益显现。

一、监管法律的法律地位不高

除了国家多部委联合下文发布律令对民间非正式金融组织借贷行为进行监管外，尚未有一部系统性强、专业性强的法律来监管民间非正式金融组织借贷风险。当前，国内民间非正式金融组织借贷风险的监管依据，主要是《宪法》《消费者权益保护法》《民法》等法律条文以及国家部委联合颁布的行政法令，穿透性差、专业性不足，协调成本较高、应急管理能力不足，难以对民间非正式金融组织借贷的不法行为进行合理、有效的监管。在监管法律地位不明确的情况下，民间借贷的风险行为处置、处罚的依据不足，同时，处罚尤其是对敲诈性借贷、非法集资等犯罪行为的处罚力度不强，给民间非正式金融组织违法借贷提供了空间。

二、监管组织机构明显存在不足

当前，国内尚无专门监管民间非正式金融组织借贷行为的机构，民间非正式金融组织借贷风险监管存在缺失。2018 年国家机构改革以后，银保监管委员会实际上是金融监管的主要机构，但是也并未设立专门治理民间非正式金融组织借贷行为的机构，民间非正式金融组织借贷风险的监管主体不明、监管对象不清，缺乏系统性的风险监管举措，在民间非正式金融借贷组织创新灵活、借贷方式多样、借贷风险概率不清的情况下，难以对民间非正式金融组织借贷风险进行监管。此外，对民间借贷法律案件的处理，目前仅有上海金融法院一家专业法院，对民间借贷事件处理的组织力量也明显不足。

三、缺乏对民间借贷市场行为的有效监管

一方面，国内缺乏民间非正式金融借贷市场准入和退出机制，进入门槛低、退出责任更少，从而导致部分民间非正式金融组织“随意”进去，并多产生跑路现象。对民间借贷信息中介组织的资金“第三方管存”监管不严，导致很容易发生“自融”等虚假套钱行为。另一方面，缺乏对民间非正式金融组织借贷市场利率的合理监管，民间借贷利率持续上扬。参考美国、英国等金融发达国家对民间借贷利率普遍采取严格的管制举措，尤其是对高利贷的最高限额依据不同地区的发展情况进行了合理的区割，并且对借贷行为进行了严格的规范，而国内最高人民法院也对高利贷利率进行了不同程度的区割，但是，民间借贷利率上限明显偏高。

四、民间非正式金融借贷风险防控滞后性强

当前，针对民间非正式金融组织借贷风险，还缺乏一个从顶层设计上进行系统分析、精准定位、内容翔实、考核科学的风险治理机制。自 2015 年互联网金融风险持续爆发以来，国内很多金融监管政策具有很强的滞后性，对风险的反映、反馈速度慢，导致很多潜在的风险在后续陆续爆发，民间借贷案件持续发生，较为典型的包括“吴英非法集资案”“善林金融”及“校园贷”等典型事件，以及“温州民间金融危机”及“平顶山投资担保跑路”等地区事件，由民间借贷产生的区域性系统性金融风险的潜在威胁在逐步增加。

五、互联网金融风险监管法律体系不健全

2015 年，中国人民银行联合 17 个部委联合发布《关于促进互联网金融健康发展的指导意见》，对国内互联网金融风险的防控提供了较为完整的监管框架，但是意见过于笼统，不够明晰。2016 年以来，国家多个互联网金融风险部门 P2P 网贷、民间借贷等方面互联网金融风险监管出台了多个监管举措，但也同样存在不够系统等现实问题。因此需要一个立法层次高、内容清晰、层次分明、协调高效的互联网金融法律法规，对互联网金融风险的监管有一个系统性、全方位，且随着互联网技术改变而有柔性处置机制的监管体制机制。

六、互联网金融创新与金融风险监管没有适宜的调节剂

近年来，国内互联网金融一直处于由互联网金融技术门槛、行业进入门槛低

的野蛮生长阶段，互联网金融监管始终没有跟上金融创新的步伐，这在一定程度上导致了互联网金融风险的集中“爆发”。实际上，国内互联网金融企业只需要一个技术平台以及一些“高额返息、返现”的高额返利宣传就能成立互联网金融机构，没有类似于英国、澳大利亚等国互联网金融企业运营的“监管沙盒”，即没有考虑互联网金融技术是否可靠的“验证”时间，互联网金融创新与金融监管缺乏了“度”上的约束，没有类似“监管沙盒”的约束机制成为制约互联网金融创新发展的关键因素。

七、互联网金融混业经营监管的经验不足

2018 年，伴随国家金融机构改革的进行，银行保险监督管理委员会的成立表明混业监管已经成为国内金融行业监管的主要方向。但是，由于技术门槛低、资金进入门槛低、法律监管弱等综合原因导致了互联网金融可以容易地穿透传统银行、保险、证券等行业之间的壁垒，加速了传统金融行业不同业务的综合交叉，致使互联网金融风险爆发的密度大、程度高、频率高。而目前，国内金融行业进行功能监管与行为监管的混合监管的机构才开始合并，尚未真正进行混业监管的实践，仍旧在混业监管的道路上进行摸索、探讨，还有许多向国外金融发达地区借鉴的地方。互联网金融风险混业监管能力与机制的缺失，是导致国内互联网金融风险持续攀升的重要原因。

第四章　民间非正式金融组织借贷行为的社会调查分析

随着互联网金融的快速发展，国内民间非正式金融组织借贷行为也随之发生了新的变化。在结合现有学者研究成果的基础上，在相关金融专家的指导下，笔者围绕民间非正式金融组织借贷行为主体设计了借贷组织、借贷个人投资者以及借贷消费者（企业或个人）的调查问卷，以期反映中国民间非正式金融组织借贷行为的现状。笔者于 2017 年 6 ~ 8 月先后组织开展围绕调查问卷的专项调研活动，范围覆盖平顶山、温州、成都等 5 个地市，搜集了 1277 份调查问卷，剔除不合条件样本，获得 1091 份有效样本，样本有效率 85.43%。本章将重点介绍调研问卷的设计，并对问卷调查结果进行统计描述分析。

第一节　民间非正式金融组织借贷行为调查研究设计

民间非正式金融借贷行为的主体包括借贷组织、个人投资者以及借贷消费者（企业及个人），三类主体的行为特征以及实际数据获取的难度有所不同，为此，将结合借贷行为人的基本特点设计不同的调查内容。

一、研究内容

经济新常态下，随着国内各地以 P2P 网络借贷为代表的民间非正式金融借贷组织的集中“爆雷”，国家逐渐加大了对民间非正式金融组织借贷行为的监管力度，民间非正式金融组织借贷环境发生了新的变化。民间非正式金融组织借贷行为调查问卷总体涵盖个体基本信息、民间借贷政策及信用认知、借贷行为特征三大内容。

一是总体上，中国民间非正式金融借贷组织对借贷行为本身以及借贷政策等内容的认知程度如何？我们将通过实地访谈和问卷调查，分析新常态下民间非正式金融组织借贷行为主体对借贷行为及借贷环境变化的认知情况。

二是宏观上，国家社会经济环境的变化、国家借贷监管政策的认知程度、信用教育等宏观要素认知对民间借贷行为主体行为发生的影响程度如何？哪些因素是导致民间非正式金融组织借贷风险发生的关键要素？此部分将以调查问卷的方式来分析民间借贷政策等宏观要素对民间借贷行为及风险防控的影响情况。

三是微观上，借贷行为的供给方与需求方的借贷行为有哪些明显特征？借贷市场利率、借贷信息透明度等要素变化对借贷行为影响程度如何？尤其是在互联网金融背景下，借贷供给方是否只发挥出负面社会效应，借贷供给方自身的风险防控体系建设是否真正发挥出防范金融风险的作用？此部分将以社会调查问卷的方式来分析借贷微观要素的变化特征以及对借贷行为及风险的影响情况。

基于以上三个方面的问题，本书设计了“民间非正式金融组织借贷供给行为”及“民间非正式金融组织借贷需求行为”调查问卷，并以此作为本书指标量化的基础，供后续建模分析所用。

二、调查问卷设计

为了设计出有效可靠的调查问卷，笔者参考中国家庭金融追踪调查（China Family Panel Studies，CFPS）以及中国家庭收入调查（China House Income Dispute，CHIP）等国内大型社会调查问卷的设计内容，在结合本书实际的情况下，进行调查问卷的设计工作。

依据民间非正式金融组织借贷的中介属性，可以将民间非正式金融组织划分为信用中介与信息中介组织两种，其中，信用中介主要以自有资金进行借贷供给，信息组织以非自有资金，仅利用自身平台（主要是网络中介平台）进行借贷供给①。由于本部分仅描述调查问卷的设计流程，因而仅以“民间非正式金融组织借贷供给行为”信用中介组织调查问卷为例进行介绍，设计流程大致包括研究文献资料等五个步骤②。

① 目前，国家尚未对兼有信息中介和信用中介的借贷组织进行正式规定，因此，在此不考虑兼有信息中介和信用中介的借贷组织的借贷行为及风险控制问题。

② 此处仅列示借贷供给调查问卷设计流程。借贷需求调查问卷与借贷供给需求调查问卷设计流程相同，不再列示。

（1）研究文献资料。通过文献资料分析，笔者认为要设计反映新常态下民间非正式金融组织借贷供给行为，不仅要了解民间非正式金融组织借贷供给行为的状况，还要反映民间非正式金融组织借贷供给行为所带来的影响。

（2）研究变量设计。通过文献资料分析，新常态下民间非正式金融组织借贷供给行为及其影响的因素很多，本书将这些要素归纳为民间非正式金融组织的基本状况、民间非正式金融组织借贷产品特征、民间非金融组织借贷行为透明度及服务评价、民间非正式金融组织信用制度及信用建设的认知、民间非正式金融组织对国家借贷政策及借贷危机处置宏观要素的认知五个维度，笔者依据李斯特五级分类原理，设计了不同量表来对相关问题进行打分，并对相应问题的合理性进行信度检验分析。

（3）专家点评修订。在初稿形成后，笔者请教中国银行保险监督管理委员会、中共中央党校（国家行政学院）、华中科技大学以及河南省社会科学院等政府、院校的相关专家，并对已试调查的民间非正式金融组织借贷供给行为问卷进行调查反馈，向他们征求初稿问卷的意见并进行再次修订。

（4）调查报告试调查。利用“民间非正式金融组织借贷供给行为调查问卷表”对河南安阳、信阳等地进行试调查。

（5）形成正式问卷。在（4）的基础上，对问卷量表进行信度分析，进一步完善问卷，使其成为对河南、广东等地民间非正式金融组织借贷供给行为进行问题研究的可行性工具。

民间非正式金融信息中介借贷组织的情况，主要通过民间非正式金融个体投资者借贷供给行为来反映，具体表现为“民间非正式金融组织借贷供给行为（个人版）”调查问卷，以资金供给个人的借贷认知及经历来反向展示信息中介组织的借贷行为。“民间非正式金融组织借贷供给行为（个人版）”的设计步骤与上文基本一致，不再一一赘述，仅将变量设计部分进行分析。通过文献资料的分析，新常态下民间非正式金融个人借贷供给行为及其影响的因素很多，本书将这些要素归纳为个人基本特征、民间借贷认知、借贷供给情况特征以及借贷违约情况调查四个部分，笔者参考李克特五级分类原理，设计了不同量表来对相关问题进行打分，并对相应问题的合理性进行信度检验分析。

三、问卷内容简介

围绕本书研究内容，本书设计了民间非正式金融组织借贷供给行为（企业版）、民间非正式金融组织借贷供给行为（个人版）、民间非正式金融组织借贷需求行为三份调查问卷，不同调查问卷的内容有所不同。

（一）民间非正式金融组织借贷供给行为（企业版）调查问卷内容

民间非正式金融组织借贷供给行为（企业版）调查问卷，主要包括民间非正式金融组织的基本状况等四个部分。

第一部分是民间非正式金融组织机构的基本特征，主要包括企业主的性别、年龄、受教育程度、婚姻状况，企业主的年均收入、企业的初创时间、注册资本、企业规模、企业类型，在此部分调查了民间非正式金融组织自身发展的基本情况，突出对企业成立时间、企业规模、企业盈利状况、企业主受教育程度等要素的考察。

第二部分是民间非正式金融组织借贷产品特征，主要包括贷款年利率、贷款产品的种类、5 万元以下审贷时间多长、5 万元以下贷款是否需要抵押物、借贷资金的用途五个方面，强化了对加速贷款的原因、借贷的“皮鞋成本”、借贷服务态度、借贷服务评价等内容的考察，其中，以 5 万元的小额贷款作为试点来分析民间借贷服务情况，试图从产品以及服务的角度来分析其对借贷供给行为的影响。

第三部分是民间非正式金融组织信用制度及信用建设的认知，主要包括企业主是否接受信用文化教育、如何看待民间借贷中的信用问题、有无违约防控机制。企业信用建设一直是国家大力加强的社会信用体系建设的重要组成部分，也是影响民间非正式金融组织借贷行为的重要因素，本部分重点以企业主对信用相关问题的认识以及企业风险防控机制的建设状况来探索信用对民间非正式金融组织借贷供给行为的影响。

第四部分是民间非正式金融组织借贷行为及国家政策认知，主要包括导致民间借贷产生的优势及劣势、当前民间借贷潜在问题的重要性程度、导致当前民间借贷危机产生的要素的重要性程度、解决民间借贷危机要素的重要性程度。本部分试图从认知角度入手，探索民间借贷优势产生的原因、民间借贷问题的认知及解决方式，以及国家借贷政策认识对民间非正式金融组织借贷供给行为的影响。

（二）民间非正式金融组织借贷供给行为（个人版）调查问卷内容

民间非正式金融组织借贷供给行为（个人版）调查问卷，主要包括个人基本特征、民间借贷认知、借贷供给产品特征以及民间非正式金融借贷违约情况调查四个部分。

第一部分是民间借贷供给个人（投资者）基本特征，主要包括性别、年龄、受教育程度、当前工作状态、月均收入、婚姻状况、家庭总人数，此部分主要调查分析个人的异质性特征。

第二部分是民间非正式金融借贷认知调查，主要包括民间非正式金融借贷是什么、民间非正式金融借贷的途径认知、导致民间非正式金融借贷产生的优势及劣势、企业主是否接受信用文化教育、如何看待民间非正式金融借贷中的信用问题、当前民间非正式金融借贷潜在问题的重要性程度、当前民间非正式金融借贷危机产生的要素的重要性程度、是否赞同政府管制民间资金、解决民间非正式金融借贷危机要素的重要性程度。本部分试图从认知角度入手，探索民间非正式金融借贷优势产生的原因、民间非正式金融借贷问题的认知及解决方式，以及国家借贷政策认识，对民间非正式金融组织借贷供给行为的影响。

第三部分民间非正式金融组织借贷供给产品特征，主要包括最近一次借贷的金额、最近一次投资占家庭累计总收入的比重、最近一次资金借出的具体途径、最近一次资金借出的预期年收益率、最近一次资金借出的时间期限、最近一次资金借出的利率确定方式、最近一次对贷款机构人员服务态度的评价、对借贷机构资金处置方式的了解程度。本部分从借贷供给者个人的经历角度来探索金融借贷组织的行为特征及潜在风险状况。

第四部分民间非正式金融组织借贷违约情况调查，主要包括所投的机构是否出现违约问题、违约后贷款机构人员服务态度评价、违约后自己损失占本金的比重、机构出现违约的原因、维权方式、维权的渠道、维权后收到的资金占本金的比重、是否还会继续维权等。本部分是调查的重点，主要探索民间非正式金融组织借贷危机的程度、处理方式，以及对民间借贷行为的影响。

（三）民间非正式金融组织借贷需求行为调查问卷内容

民间非正式金融组织借贷需求行为调查问卷内容，主要包括个人（企业主）基本特征、民间借贷认知、借贷产品特征、借贷是否违约四个部分。

第一部分是个体基本特征，主要包括是否来自城镇、性别、年龄、受教育程度、当前工作状态、月均收入、婚姻状况、家庭总人数，此部分主要调查分析个人的异质性特征。

第二部分是民间借贷认知调查，主要包括民间非正式金融组织借贷的外在表现形式的重要性、民间非正式金融组织借贷途径的重要性、导致民间非正式金融组织借贷产生的优势及劣势、是否接受信用文化教育、如何看待民间非正式金融组织借贷中的信用问题、是否会选择民间非正式金融组织借贷缓解资金压力、当前民间非正式金融组织借贷潜在问题的重要性程度、当前民间非正式金融组织借贷危机产生的要素的重要性程度、解决民间非正式金融组织借贷危机要素的重要性程度。本部分试图从认知角度入手，探索信用等相关问题的认知、民间非正式金融组织借贷优势产生的原因、民间非正式金融组织借贷问题的认知及解决方式，以及国家借贷政策认识对民间非正式金融组织借贷供给行为的影响。

第三部分民间非正式金融组织借贷需求产品特征，主要包括近三年平均借贷额、最近一次借贷的金额、最近一次借贷的具体途径、最近一次借贷从申请到借贷成功赴借款机构的次数、最近一次借贷的年利率、最近一次资金借出的时间期限、最近一次资金借出的利率确定方式、最近一次对贷款机构人员服务态度的评价、借贷资金的用途。本部分是调查的重点，从借贷供给者个人的经历角度来探索民间非正式金融组织借贷行为特征及潜在风险状况。

第四部分民间非正式金融借贷是否违约情况调查，主要包括借贷是否有担保、担保物对借贷的重要性、身边是否出现违约事件、导致违约事件的因素的重要性程度、导致按时还贷的因素的重要性程度、是否提前还贷、提前还贷的时间、加速还贷的因素的重要性、导致不会提前还贷的因素的重要性。本部分是调查的重点，主要探索民间非正式金融借贷违约的主要原因及其对民间借贷行为的影响。

四、调查问卷的信度检验分析

作为衡量调查问卷合理性的重要指标，信度主要测度的是对调查问卷同一重复观测对象的一致性的稳定性或可靠性，信度值越高，表明问卷的可靠性越高；反之越低，可靠性越差。按照评价对象的不同，信度测试可以分为两种：一是内在信度，主要衡量的是调查表中某一组问题测量的主题是否一致；二是外在信度，衡量的是不同时间范围内同一对象的重复测试结果是否一致，即重复测试程度。依据本书调查问卷的实际，本书主要采取的是内在信度测试。

一般而言，Cronbach α 系数是衡量信度大小的重要系数，本书也采取此指标来对调查问卷进行信度分析。信度系数 α 值可以用下列公式进行计算：

$$\alpha = \left(\frac{k}{1-k}\right)\left(1 - \frac{\sum s_i^2}{s_x^2}\right) \tag{4-1}$$

式 4-1 中，S_i、S_x 分别表示第 i 题的得分以及总分的方差，X、i、k 分别表示被调查的人数、题目序号以及题目数量。依据分析结果，当 $\alpha > 0.8$ 时，问卷的可靠性高；当 $0.7 \leqslant \alpha \leqslant 0.8$ 时，问卷的可靠性一般；当 $\alpha < 0.7$ 时，问卷的可靠性差。此外，调查问卷的题目涉及越多，信度系数 α 值也会相应提升。

为此，在进行调查问卷的信度分析时，必须要考察题目相应部分的题目数。通过 SPSS 20.0 统计分析，本书调查问卷的各个维度的信度分析结果如表 4-1、表 4-2、表 4-3 所示。

表 4－1 民间非正式金融组织借贷供给行为（企业版）问卷信度分析结果

维度	题目数量	α 系数	检验结果
机构（企业主）的基本情况	9	0.932	优
民间非正式金融组织借贷产品特征	5	0.879	优
民间非正式金融组织信用制度及信用建设的认知	3	0.851	优
民间非正式金融借贷行为及国家政策认知	5	0.873	优

表 4－2 民间非正式金融组织借贷供给行为（个人版）问卷信度分析结果

维度	题目数量	α 系数	检验结果
个人的基本特征	8	0.911	优
民间非正式金融借贷认知调查	10	0.926	优
民间非正式金融借贷供给产品特征	8	0.917	优
民间非正式金融借贷违约情况调查	8	0.907	优

表 4－3 民间非正式金融组织借贷需求行为问卷信度分析结果

维度	题目数量	α 系数	检验结果
个人（企业主）的基本特征	8	0.911	优
民间非正式金融借贷认知调查	10	0.928	优
民间非正式金融借贷供给产品特征	9	0.917	优
民间非正式金融借贷是否违约情况调查	9	0.913	优

从表 4－1、表 4－2、表 4－3 中，我们可以看出：调查问卷的信度系数 α 值均大于 0.80，表明设计的三套问卷可靠性较高、稳定性强。

第二节 民间非正式金融组织借贷供给行为描述统计分析

为了进一步分析民间非正式金融组织借贷行为及其借贷风险控制的情况，笔者于 2017 年开展课题专项调研工作。样本选择上，主要考虑国内民间借贷热点地域，同时兼顾东部、中西部地区民间非正式金融借贷的发展现状，最后选择了平顶山、安阳、温州、广州、成都等地的民间非正式金融组织机构以及居民进行了随机抽样调查，其中，平顶山、安阳等地侧重于居民借贷需求调查，温州、广州、成都等地侧重于借贷供给调查。最终从上述地区采集到民间非正式金融借贷供给行为调查问卷（企业版）、民间非正式金融借贷供给行为调查问卷（个人版）、民间非正式金融借贷需求行为调查问卷363份、513份、401份，剔除“拒绝回答”“情况不适用”“不知道”等模糊状态下的问卷信息，共获得308份、448份、335份有效问卷，样本有效率分别达到84.85%、87.33%、83.54%。本部分以及下文将对调查问卷的调查内容进行描述性统计分析。

一、民间非正式金融组织借贷供给行为调查描述统计分析

民间非正式金融组织调查问卷主要包括企业基本特征、借贷产品特征、民间非正式金融组织信用制度及信用建设的认知特征、民间非正式金融组织借贷行为及国家政策认知特征四个部分。

（一）民间非正式金融组织基本情况描述统计分析

表4-4显示了民间非正式金融组织基本情况。从该表可以看出：一是企业主以男性为主。样本中，男性、女性企业主的比例分别达到78.90%、21.10%，被调查的民间非正式金融组织企业主男性多于女性。二是企业主以中青年为主。样本中，企业主年龄位居36~45岁的比例高达46.11%，其次依次是46岁及以上年龄段（33.12%）、31~35岁年龄段（14.29%），表明被调查企业主主要以中青年为主。三是企业主的受教育程度主要以本科（大专）及以上学历为主。样本中，企业主受教育程度位于本科/大专以上学历的比例达到50.97%，其次依次是高中（技校/中专）（25.32%）、初中（17.86%），超过一半的企业主教育学历在本科（大专）及以上，表明被调查样本的企业主的受教育程度较高，以本科（大专）为主。四是企业主多以已婚为主。样本中，70.13%的被调查企业主“已婚且与配偶同住”，未婚的被调查者仅占4.87%，表明大多数被调查者婚姻状况较为稳定。五是多数企业为3年以下的新企业。样本中，44.16%的被调查企业成立时间为3年及以下，其次是10年及以上（18.83%）和4~6年（18.83%），表明被调查企业多为新设企业。六是多数企业年均收入高于200万元。样本中，被调查企业年均收入位于200万元以上的比例达到61.69%，表明被调查企业年均收入较高。七是多数企业注册资本普遍较高。样本中，被调查企业注册资本在5001万~10000万元的比例达到76.30%，表明被调查企业多以中型企业为主。八是企业规模普遍偏小。样本中，企业规模在50人及以下、51~100人规模的比例分别为54.55%、37.01%，表明被调查企业规模偏小。九是企

业类型多以投资担保公司以及P2P网络贷款公司为主。样本中，被调查企业类型为投资担保公司、P2P网贷、合会（互助）及其他的比例分别为48.70%、38.64%、12.66%，表明被调查民间非正式金融组织主要以投资担保公司、P2P网络贷款公司为主。

表4-4 民间非正式金融供给企业基本情况

变量名	分类	频数（个）	占比（%）	累计比（%）
企业主性别	男	243	78.90	78.90
	女	65	21.10	100.00
企业主年龄	30岁以下	28	9.09	9.09
	31~35岁	44	14.29	23.38
	36~40岁	40	12.99	36.36
	41~45岁	102	33.12	69.48
	46岁及以上	94	30.52	100.00
企业主受教育程度	小学	18	5.84	5.84
	初中	55	17.86	23.70
	高中/技校/中专	78	25.32	49.03
	本科/大专	100	32.47	81.49
	硕士	48	15.58	97.08
	博士	9	2.92	100.00
企业主婚姻状况	已婚且与配偶同住	216	70.13	70.13
	分居	43	13.96	84.09
	离异	34	11.04	95.13
	未婚	15	4.87	100.00
企业成立时间	3年及以下	136	44.16	44.16
	4~6年	58	18.83	62.99
	7~9年	56	18.18	81.17
	10年及以上	58	18.83	100.00
企业年均收入	50万元及以下	6	1.95	1.95
	51万元~100万元	13	4.22	6.17
	101万元~150万元	37	12.01	18.18
	151万元~200万元	62	20.13	38.31

续表

变量名	分类	频数（个）	占比（%）	累计比（%）
企业年均收入	201 万元～250 万元	92	29.87	68.18
	251 万元～300 万元	46	14.94	83.12
	301 万元及以上	52	16.88	100.00
企业注册资本	5000 万元及以下	50	16.23	16.23
	5001 万元～10000 万元	235	76.30	92.53
	10001 万元及以上	23	7.47	100.00
企业总人数	50 人及以下	168	54.55	54.55
	51～100 人	114	37.01	91.56
	101 人及以上	26	8.44	100.00
企业类型	投资担保公司	150	48.70	48.70
	P2P 网络贷款公司	119	38.64	87.34
	合会（互助）及其他	39	12.66	100.00

（二）民间非正式金融组织借贷产品特征描述统计分析

表 4-5 显示了民间非正式金融组织借贷产品特征。从该表可以看出：一是贷款的年利率普遍偏高。样本中，贷款年利率位于 11%～25%、26%～40% 的比例分别达到 34.42%、31.17%，累计占比达到 65.59%，表明被调查企业的年贷款利率普遍偏高。二是贷款种类相对较多。样本中，贷款产品种类数量为 3 种的比例达到 49.68%，其次依次是 1 种（18.83%）、2 种（16.56%）、4 种（14.94%），3 种及以上的累计比例达到 64.62%，表明被调查企业的贷款产品种类普遍偏多。三是 5 万元以下审贷时间较短。样本中，5 万元以下审贷时间为 1 天的比例为 78.57%，5 万元以下审贷快。四是大部分企业 5 万元以下贷款不需要抵押物。样本中，5 万元以下贷款不需要抵押物、需要抵押物的比例分别为 65.91%、34.09%，表明大部分企业对 5 万元及以下的贷款产品不需要抵押物。五是大部分企业需要跑 3 次。样本中，企业申请贷款需要跑的次数在 3 次的就高达 69.16%，表明大部分企业在申请民间借贷时需要的皮鞋成本较高。六是借贷资金主要以应急周转以及个人消费借款为主。样本中，贷款资金用途用于短期应急周转型借贷、个人消费性借贷项目（买房、汽车等）的比例分别达到 36.69%、34.74%，两项累计比例达到 71.43%，表明应急性资金周转以及个人消费是被调查企业资金的主要用途。

表 4－5　民间非正式金融组织产品特征

变量名	分类	频数（个）	占比（%）	累计比（%）
年贷款利率水平	10% 及以下	60	19.48	19.48
	11% ~25%	106	34.42	53.90
	26% ~40%	96	31.17	85.06
	41% ~55%	25	8.12	93.18
	56% ~70%	21	6.82	100.00
贷款产品的种类数量	1 种	58	18.83	18.83
	2 种	51	16.56	35.39
	3 种	153	49.68	85.06
	4 种及以上	46	14.94	100.00
5 万元以下审贷时间（天）	1 天	242	78.57	78.57
	2 天	59	19.16	97.73
	3 天	7	2.27	100.00
5 万元以下贷款是否需要抵押物	不需要	203	65.91	65.91
	需要	105	34.09	100.00
最近一次您放贷申请人跑的次数	1 次	16	5.19	5.19
	2 次	71	23.05	28.25
	3 次	213	69.16	97.40
	4 次及以上	8	2.60	100.00
借贷机构资金的一般用途	投资房地产项目	68	22.08	22.08
	短期应急周转型借贷	113	36.69	58.77
	个人消费性借贷项目（买房、汽车等）	107	34.74	93.51
	其他	20	6.49	100.00

（三）民间非正式金融组织信用制度及信用建设的认知特征描述统计分析

表 4－6 显示了民间非正式金融组织的信用认识特征。从该表可以看出：一是大多数被调查企业主未接受过信用文化教育。样本中，67.31% 的被调查者未接受过信用文化教育，23.7% 的被调查者部分接受过，仅有 4.22% 的被调查者完全接受过。二是大多数被调查者认可信用在民间借贷中的重要性。样本中，高达 85.71% 的被调查认为民间借贷中的信用问题非常重要，仅有 1.62% 的被调查者不知道。三是大多数企业建立了借贷违约风险控制机制。样本中，78.25% 的被调查企业建立了借贷违约风险控制机制，21.75% 的被调查企业尚未建立违约处理机制。

表 4－6　民间非正式金融供给企业信用认知特征

变量名	分类	频数（个）	占比（%）	累计比（%）
是否接受过信用文化教育	不知道	15	4.87	4.87
	未接受过	207	67.21	72.08
	部分接受过	73	23.7	95.78
	完全接受过	13	4.22	100.00
如何看待民间借贷中的信用问题	不知道	5	1.62	1.62
	一般	21	6.82	8.44
	重要	18	5.84	14.29
	非常重要	264	85.71	100.00
有无违约防控机制	没有	67	21.75	21.75
	有	241	78.25	100.00

（四）民间非正式金融组织借贷行为及国家政策认知描述统计分析

为了有效地分析民间非正式金融组织借贷行为及国家政策认知情况，基于李克特打分法，设定分数在 4 分及以上的因素为重要性因素。

表 4－7 显示了发挥民间非正式金融组织借贷优势的因素重要性认知特征。从该表可以看出：样本中，被调查者对审贷时间短、放贷额度大的打分在 4 分的比例分别达到 72.40%、69.81%，对不需要抵押物、贷款产品种类多的打分在 4 分及以上的比例分别达到 48.06%、39.94%，表明贷款时间短、放贷额度大是被调查者认为是发挥民间非正式金融组织借贷优势的重要优势，不需要抵押物、贷款产品种类多等要素的重要性不突出。

表 4－7　发挥民间非正式金融组织借贷优势的因素重要性认知特征

变量名	分类（分）	频数（个）	占比（%）	累计比（%）
审贷时间短	1	1	0.32	0.32
	2	6	1.95	2.27
	3	11	3.57	5.84
	4	223	72.40	78.25
	5	23	7.47	85.71
	6	44	14.29	100.00

续表

变量名	分类（分）	频数（个）	占比（%）	累计比（%）
放贷额度大	1	5	1.62	1.62
	2	13	4.22	5.84
	3	39	12.66	18.51
	4	215	69.81	88.31
	5	20	6.49	94.81
	6	16	5.19	100.00
不需要抵押物	1	13	4.22	4.22
	2	58	18.83	23.05
	3	89	28.90	51.95
	4	87	28.25	80.19
	5	32	10.39	90.58
	6	29	9.42	100.00
贷款产品种类多	1	13	4.22	4.22
	2	22	7.14	11.36
	3	150	48.70	60.06
	4	89	28.90	88.96
	5	23	7.47	96.43
	6	11	3.57	100.00

注：数值越大，重要性越高，下同。

表4－8显示了导致民间非正式金融组织借贷劣势的因素重要性认知特征。从该表可以看出：样本中，被调查者对贷款利率高、对逾期的惩罚严重、缺乏有效的制度规范的打分在4分及以上的比例分别达到93.83%、88.31%、95.46%，表明贷款利率高、缺乏有效的制度规范、对逾期的惩罚严重是导致民间非正式金融组织凸显借贷劣势的重要要素。

表4－8　导致民间非正式金融组织借贷劣势的因素重要性认知特征

变量名	分类（分）	频数（个）	占比（%）	累计比（%）
贷款利率高	1	10	3.25	3.25
	2	8	2.60	5.84
	3	1	0.32	6.17

续表

变量名	分类（分）	频数（个）	占比（%）	累计比（%）
贷款利率高	4	122	39.61	45.78
	5	133	43.18	88.96
	6	34	11.04	100.00
对逾期的惩罚严重	1	18	5.84	5.84
	2	6	1.95	7.79
	3	14	4.55	12.34
	4	124	40.26	52.60
	5	125	40.58	93.18
	6	21	6.82	100.00
缺乏有效的制度规范	1	2	0.65	0.65
	2	6	1.95	2.60
	3	6	1.95	4.55
	4	151	49.03	53.57
	5	82	26.62	80.19
	6	61	19.81	100.00

表4－9显示了当前民间非正式金融组织借贷潜在问题的重要性认识特征。从该表可以看出：样本中，被调查者对寻找放贷人困难、利率太高、不规范容易引发纠纷、信用风险太高、缺乏有效监管机制及措施、相关法律不够完善、扰乱了正规金融秩序、影响政府宏观经济调控的潜在问题重要性打分在4分及以上的比例分别达到25.97%、78.57%、77.28%、94.48%、96.43%、96.43%、59.41%、71.75%，表明被调查者普遍认为缺乏有效的监管机制及措施、相关法律不够完善、信用风险太高等借贷潜在问题非常重要，利率太高、不规范容易引发纠纷、扰乱了正规金融秩序、影响政府宏观经济调控等借贷潜在问题较为重要，寻找放贷人困难的问题不重要。

表4－9　当前民间非正式金融组织借贷潜在问题的重要性认识特征

变量名	分类（分）	频数（个）	占比（%）	累计比（%）
寻找放贷人困难	1	50	16.23	16.23
	2	130	42.21	58.44
	3	48	15.58	74.03

续表

变量名	分类（分）	频数（个）	占比（%）	累计比（%）
寻找放贷人困难	4	37	12.01	86.04
	5	32	10.39	96.43
	6	11	3.57	100.00
利率太高	1	5	1.62	1.62
	2	3	0.97	2.60
	3	58	18.83	21.43
	4	113	36.69	58.12
	5	96	31.17	89.29
	6	33	10.71	100.00
不规范，容易引发纠纷	1	23	7.47	7.47
	2	8	2.60	10.06
	3	39	12.66	22.73
	4	115	37.34	60.06
	5	77	25.00	85.06
	6	46	14.94	100.00
信用风险太高	1	1	0.32	0.32
	2	4	1.30	1.62
	3	12	3.90	5.52
	4	161	52.27	57.79
	5	87	28.25	86.04
	6	43	13.96	100.00
缺乏有效的监管机制及措施	1	1	0.32	0.32
	2	4	1.3	1.62
	3	6	1.95	3.57
	4	162	52.6	56.17
	5	73	23.7	79.87
	6	62	20.13	100.00
相关法律不够完善	1	1	0.32	0.32
	2	4	1.3	1.62
	3	6	1.95	3.57
	4	186	60.39	63.96
	5	61	19.81	83.77
	6	50	16.23	100.00

续表

变量名	分类（分）	频数（个）	占比（%）	累计比（%）
扰乱了正规金融秩序	1	13	4.22	4.22
	2	16	5.19	9.42
	3	96	31.17	40.58
	4	140	45.45	86.04
	5	28	9.09	95.13
	6	15	4.87	100.00
影响政府宏观经济调控	1	9	2.92	2.92
	2	14	4.55	7.47
	3	64	20.78	28.25
	4	190	61.69	89.94
	5	18	5.84	95.78
	6	13	4.22	100.00

表4－10显示了导致民间非正式金融组织借贷风险的因素重要性认知特征。从该表可以看出：样本中，被调查者对经济不景气、缺乏政府监管机制、诚信缺失问题的因素重要性打分在4分及以上的比例分别为80.19%、93.51%、79.23%，表明被调查者普遍认为缺乏政府监管机制、经济不景气等因素是导致民间非正式金融组织借贷风险非常重要的因素，诚信缺失问题为重要因素。

表4－10 导致民间非正式金融组织借贷风险的因素重要性认知特征

变量名	分类（分）	频数（个）	占比（%）	累计比（%）
经济不景气	1	1	0.32	0.32
	3	60	19.48	19.81
	4	188	61.04	80.84
	5	28	9.09	89.94
	6	31	10.06	100.00
缺乏政府监管机制	1	1	0.32	0.32
	3	19	6.17	6.49
	4	172	55.84	62.34
	5	87	28.25	90.58
	6	29	9.42	100.00

续表

变量名	分类（分）	频数（个）	占比（%）	累计比（%）
诚信缺失问题	1	1	0.32	0.32
	2	4	1.3	1.62
	3	59	19.16	20.78
	4	160	51.95	72.73
	5	40	12.99	85.71
	6	44	14.29	100.00

表4－11显示了解决民间非正式金融组织借贷危机的因素重要性认知特征。从该表可以看出：样本中，被调查者对建立民间借贷监管体制、强化社会诚信体系建设、增强对个人的信用教育的因素重要性打分在4分及以上的比例分别为56.17%、92.86%、78.24%，表明大部分被调查者普遍认为强化社会诚信体系建设、增强对个人的信用教育是解决民间非正式金融借贷危机重要的因素，但是对于建立民间借贷监管体制仍有不少被调查者持模糊态度。

表4－11　解决民间非正式金融组织借贷危机的因素重要性认知特征

变量名	分类（分）	频数（个）	占比（%）	累计比（%）
建立民间借贷监管体制	1	23	7.47	7.47
	2	31	10.06	17.53
	3	81	26.30	43.83
	4	96	31.17	75.00
	5	41	13.31	88.31
	6	36	11.69	100.00
强化社会诚信体系建设	1	5	1.62	1.62
	2	1	0.32	1.95
	3	16	5.19	7.14
	4	168	54.55	61.69
	5	53	17.21	78.90
	6	65	21.1	100.00

续表

变量名	分类（分）	频数（个）	占比（%）	累计比（%）
增强对个人的信用教育	1	2	0.65	0.65
	2	11	3.57	4.22
	3	54	17.53	21.75
	4	165	53.57	75.32
	5	20	6.49	81.82
	6	56	18.18	100.00

二、民间非正式金融组织个人投资行为调查描述统计分析

民间非正式金融组织借贷供给行为（个人版）调查问卷包括个人的基本特征、民间借贷认知特征、民间非正式金融借贷供给产品特征以及民间非正式金融借贷违约情况特征四部分。

（一）个体异质性特征描述统计分析

表4－12显示了个体异质性特征。从该表可以看出：一是大多数被调查者为男性。样本中，71.65%的被调查者为男性，女性仅占28.35%。二是被调查者年龄偏高。样本中，年龄在41岁及以上的被调查者累计比例达到59.15%，其中，46岁及以上的比例达到42.19%，接近一半的被调查者年龄超过46岁。三是被调查者学历主要以高中和本科为主。样本中，被调查者学历为高中（技校/中专）、本科（大专）的比例分别为31.03%、32.81%，累计比例达到63.84%，有22.55%的被调查者学历在初中及以下，被调查者学历水平普遍偏低。四是大多数被调查者处于正常就业状态。样本中，工作状况为正常工作、无业、上学中的比例分别为95.54%、0.89%、3.57%。五是被调查者月均收入大部分在9000元以上。样本中，被调查者月均收入在7001～9000元、9001～11000元、11001～13000元、13001元及以上的比例分别为23.21%、32.59%、16.96%、12.28%，表明被调查者月均收入普遍较高。六是被调查者大多已婚且与配偶同住。样本中，81.47%的被调查者已婚且与配偶同住，仅10.94%的被调查者未婚。七是被调查者家庭规模多以4人为主。样本中，家庭总人数为3人、4人、5人的比例分别为28.57%、50.22%、17.63%，4人及以上的累计比例达到69.64%。

表 4－12 样本个体异质性特征

变量名	分类	频数（个）	占比（%）	累计比（%）
性别	男	321	71.65	100.00
	女	127	28.35	28.35
年龄	30 岁以下	94	20.98	20.98
	31～35 岁	49	10.94	31.92
	36～40 岁	40	8.93	40.85
	41～45 岁	76	16.96	57.81
	46 岁及以上	189	42.19	100.00
受教育程度	小学	21	4.69	4.69
	初中	80	17.86	22.54
	高中/技校/中专	139	31.03	53.57
	本科/大专	147	32.81	86.38
	硕士	52	11.61	97.99
	博士	9	2.01	100.00
工作状态	正常工作	428	95.54	95.54
	无业	4	0.89	96.43
	上学中	16	3.57	100.00
月均收入	3000 元及以下	15	3.35	3.35
	3001～5000 元	10	2.23	5.58
	5001～7000 元	42	9.38	14.96
	7001～9000 元	104	23.21	38.17
	9001～11000 元	146	32.59	70.76
	11001～13000 元	76	16.96	87.73
	13001 元及以上	55	12.28	100.00
婚姻状况	已婚且与配偶同住	365	81.47	81.47
	分居	18	2.23	83.71
	离异	16	2.23	87.72
	未婚	49	10.94	100.00
家庭总人数	1 人	2	0.45	0.45
	2 人	6	1.34	1.79
	3 人	128	28.57	30.36
	4 人	225	50.22	80.58
	5 人	79	17.63	98.21
	6 人	6	1.34	99.55
	7 人及以上	2	0.45	100.00

（二）民间非正式金融借贷认知特征

表4－13显示了民间非正式金融借贷相关问题认知特征。从该表可以看出：一是投资理财的一种渠道和高利贷，是大多数被调查者认为民间非正式金融组织借贷的主要形态。样本中，认为民间非正式金融借贷是高利贷、非法集资、投资理财的一种渠道及其他的比例分别为37.28%、7.59%、51.34%、3.79%，表明被调查者普遍认为民间非正式金融借贷是投资理财的一种渠道和高利贷。二是被调查者普遍没有接受过信用文化教育。样本中，66.29%的被调查者未接受过个人信用文化教育，仅有4.69%的被调查者完全接受过个人信用文化教育，表明大多数被调查者普遍没有接受过个人信用文化教育。三是大多数被调查者认为民间非正式金融借贷中的信用问题非常重要。样本中，68.08%的被调查者认为民间非正式金融组织借贷中的信用问题非常重要，仅有4.69%的被调查者对信用问题表示不知道。四是绝大多数被调查者赞同政府对民间资金的管制。样本中，赞同、不赞同政府管制民间资金的比例分别为81.47%、18.53%，表明绝大多数被调查者持赞同态度。

表4－13　民间非正式金融借贷相关问题认知特征

变量名	分类	频数（个）	占比（%）	累计比（%）
您认为民间非正式金融借贷是什么	高利贷	167	37.28	37.28
	非法集资	34	7.59	44.87
	投资理财的一种渠道	230	51.34	96.21
	其他	17	3.79	100.00
您是否接受过个人信用文化教育	不知道	30	6.7	6.70
	未接受过	297	66.29	72.99
	部分接受过	100	22.32	95.31
	完全接受过	21	4.69	100.00
如何看待民间非正式金融借贷中的信用问题	不知道	21	4.69	4.69
	一般	55	12.28	16.96
	重要	67	14.96	31.92
	非常重要	305	68.08	100
是否赞同政府管制民间资金	赞同	365	81.47	81.47
	不赞同	83	18.53	100.00

表4－14显示了民间非正式金融组织借贷途径了解程度的认知特征。从该表可以看出：样本中，被调查者对亲戚（朋友）、典当行、地下钱庄、P2P互联网

借贷、担保公司五类民间非正式金融组织借贷途径的了解程度打分在 4 分及以上的比例分别为 91. 74%、25. 89%、10. 27%、62. 05%、28. 35%，表明被调查者对亲戚（朋友）、P2P 互联网借贷两种借贷途径了解程度较深，对其他借贷途径了解程度略浅。

表 4－14 民间非正式金融借贷途径了解程度的认知特征

变量名	分类（分）	频数（个）	占比（%）	累计比（%）
亲戚/朋友	1	6	1. 34	1. 34
	2	10	2. 23	3. 57
	3	21	4. 69	8. 26
	4	228	50. 89	59. 15
	5	183	40. 85	100. 00
典当行	1	129	28. 79	28. 79
	2	135	30. 13	58. 93
	3	68	15. 18	74. 11
	4	113	25. 22	99. 33
	5	3	0. 67	100. 00
地下钱庄	1	172	38. 39	38. 39
	2	167	37. 28	75. 67
	3	63	14. 06	89. 73
	4	43	9. 6	99. 33
	5	3	0. 67	100. 00
P2P 互联网借贷	1	82	18. 3	18. 30
	2	51	11. 38	29. 69
	3	37	8. 26	37. 95
	4	128	28. 57	66. 52
	5	150	33. 48	100. 00
担保公司	1	110	24. 55	24. 55
	2	91	20. 31	44. 87
	3	120	26. 79	71. 65
	4	118	26. 34	97. 99
	5	9	2. 01	100. 00

注：数字越大，重要性程度越高，下同。

表4－15显示了发挥民间非正式金融组织借贷优势的因素重要性认知特征。从该表可以看出：样本中，被调查者对审贷时间短、放贷额度大、不需要抵押物、贷款产品种类多四种发挥民间非正式金融组织借贷优势的因素重要性打分在4分及以上的比例分别为96.43%、69.2%、61.16%、31.02%，表明审贷时间短、放贷额度大、不需要抵押物是发挥民间非正式金融组织借贷优势的重要因素，贷款产品种类多这一要素的重要性不突出，与借贷组织企业主调查认知基本一致。

表4－15　发挥民间非正式金融组织借贷优势的因素重要性认知特征

变量名	分类（分）	频数（个）	占比（%）	累计比（%）
审贷时间短	1	1	0.22	0.22
	2	4	0.89	1.12
	3	11	2.46	3.57
	4	264	58.93	62.50
	5	140	31.25	93.75
	6	28	6.25	100.00
放贷额度大	1	3	0.67	0.67
	2	34	7.59	8.26
	3	101	22.54	30.80
	4	256	57.14	87.95
	5	42	9.38	97.32
	6	12	2.68	100.00
不需要抵押物	1	7	1.56	1.56
	2	57	12.72	14.29
	3	110	24.55	38.84
	4	200	44.64	83.48
	5	55	12.28	95.76
	6	19	4.24	100.00
贷款产品种类多	1	23	5.13	5.13
	2	70	15.63	20.76
	3	216	48.21	68.97
	4	113	25.22	94.20
	5	19	4.24	98.44
	6	7	1.56	100.00

表4－16显示了导致民间非正式金融组织借贷劣势的因素重要性认知特征。从该表可以看出：样本中，被调查者对贷款利率高、对逾期惩罚严重、缺乏有效制度规范的打分在4分及以上的比例分别达到76.12%、69.2%、61.83%，表明贷款利率高、缺乏有效制度规范、对逾期惩罚严重是导致民间非正式金融组织借贷劣势的较为重要的因素，重要性程度认知与企业主略有不同。

表4－16　导致民间非正式金融组织借贷劣势的因素重要性认知特征

变量名	分类（分）	频数（个）	占比（%）	累计比（%）
贷款利率高	1	20	4.46	4.46
	2	46	10.27	14.73
	3	41	9.15	23.88
	4	174	38.84	62.72
	5	145	32.37	95.09
	6	22	4.91	100
对逾期的惩罚严重	1	19	4.24	4.24
	2	53	11.83	16.07
	3	66	14.73	30.80
	4	142	31.70	62.50
	5	153	34.15	96.65
	6	15	3.35	100.00
缺乏有效的制度规范	1	36	8.04	8.04
	2	70	15.63	23.66
	3	65	14.51	38.17
	4	142	31.7	69.87
	5	94	20.98	90.85
	6	41	9.15	100

表4－17显示了当前民间非正式金融组织借贷潜在问题的重要性认识特征。从该表可以看出：样本中，被调查者对寻找放贷人困难、利率太高、不规范容易引发纠纷、信用风险太高、缺乏有效的监管机制及措施、相关法律不够完善、扰乱了正规金融秩序及影响政府宏观经济调控的潜在问题重要性打分在4分及以上的比例分别达到14.29%、66.52%、75.00%、81.92%、83.48%、77.67%、45.32%、45.76%，表明被调查者普遍认为信用风险太高、缺乏有效的监管机制

及措施等借贷潜在问题非常重要，利率太高、不规范容易引发纠纷、相关法律不够完善的借贷潜在问题较为重要，寻找放贷人困难、扰乱了正规金融秩序、影响政府宏观经济调控的借贷潜在问题不太重要，重要性与企业主认知略有不同。

表4－17 民间非正式金融组织借贷潜在问题的重要性认知特征

变量名	分类（分）	频数（个）	占比（%）	累计比（%）
寻找放贷人困难	1	123	27.46	27.46
	2	199	44.42	71.88
	3	62	13.84	85.71
	4	39	8.71	94.42
	5	18	4.02	98.44
	6	7	1.56	100.00
利率太高	1	27	6.03	6.03
	2	24	5.36	11.38
	3	99	22.1	33.48
	4	165	36.83	70.31
	5	112	25	95.31
	6	21	4.69	100.00
不规范，容易引发纠纷	1	26	5.8	5.80
	2	31	6.92	12.72
	3	55	12.28	25.00
	4	217	48.44	73.44
	5	87	19.42	92.86
	6	32	7.14	100.00
信用风险太高	1	33	7.37	7.37
	2	16	3.57	10.94
	3	32	7.14	18.08
	4	241	53.79	71.88
	5	95	21.21	93.08
	6	31	6.92	100.00
缺乏有效的监管机制及措施	1	25	5.58	5.58
	2	17	3.79	9.38
	3	32	7.14	16.52

续表

变量名	分类（分）	频数（个）	占比（%）	累计比（%）
缺乏有效的监管机制及措施	4	219	48.88	65.40
	5	113	25.22	90.63
	6	42	9.38	100.00
相关法律不够完善	1	27	6.03	6.03
	2	36	8.04	14.06
	3	37	8.26	22.32
	4	253	56.47	78.79
	5	63	14.06	92.86
	6	32	7.14	100.00
扰乱了正规金融秩序	1	53	11.83	11.83
	2	50	11.16	22.99
	3	142	31.7	54.69
	4	171	38.17	92.86
	5	21	4.69	97.54
	6	11	2.46	100.00
影响政府宏观经济调控	1	43	9.6	9.60
	2	68	15.18	24.78
	3	132	29.46	54.24
	4	186	41.52	95.76
	5	10	2.23	97.99
	6	9	2.01	100.00

表4-18显示了导致民间非正式金融组织借贷风险的因素重要性认知特征。从该表可以看出：样本中，被调查者对经济不景气、缺乏政府监管机制、诚信缺失问题的因素重要性打分在4分及以上的比例分别为61.38%、67.19%、73.89%，表明被调查者普遍认为缺乏政府监管机制、经济不景气、诚信缺失问题的因素是导致民间非正式金融组织借贷风险较为重要的因素，重要性认知程度略低于企业主认知程度。

表 4 - 18　导致民间非正式金融组织借贷危机的因素重要性认知特征

变量名	分类（分）	频数（个）	占比（%）	累计比（%）
经济不景气	1	26	5.8	5.80
	2	47	10.49	16.29
	3	100	22.32	38.62
	4	215	47.99	86.61
	5	41	9.15	95.76
	6	19	4.24	100.00
缺乏政府监管机制	1	51	11.38	11.38
	2	14	3.13	14.51
	3	82	18.3	32.81
	4	187	41.74	74.55
	5	95	21.21	95.76
	6	19	4.24	100.00
诚信缺失问题	1	13	2.9	2.90
	2	17	3.79	6.70
	3	87	19.42	26.12
	4	229	51.12	77.23
	5	74	16.52	93.75
	6	28	6.25	100.00

表 4 - 19 显示了被调查者对解决民间非正式金融组织借贷危机的因素重要性的认知特征。从该表可以看出：样本中，被调查者对建立民间借贷监管体制、强化社会诚信体系建设、增强对个人的信用教育的因素重要性打分在 4 分及以上的比例分别为 88.83%、83.04%、60.28%，表明被调查者普遍认为建立民间借贷监管体制、强化社会诚信体系建设是解决民间非正式金融组织借贷危机非常重要的因素，增强对个人的信用教育为重要举措，与企业主认知调查结果基本一致。

表 4 - 19　解决民间非正式金融组织借贷危机因素重要性认知

变量名	分类（分）	频数（个）	占比（%）	累计比（%）
建立民间借贷监管体制	1	15	3.35	3.35
	2	13	2.9	6.25
	3	22	4.91	11.16

续表

变量名	分类（分）	频数（个）	占比（%）	累计比（%）
建立民间借贷监管体制	4	240	53.57	64.73
	5	129	28.79	93.53
	6	29	6.47	100.00
强化社会诚信体系建设	1	25	5.58	5.58
	2	14	3.13	8.71
	3	37	8.26	16.96
	4	238	53.13	70.09
	5	93	20.76	90.85
	6	41	9.15	100.00
增强对个人的信用教育	1	49	10.94	10.94
	2	28	6.25	17.19
	3	101	22.54	39.73
	4	204	45.54	85.27
	5	30	6.7	91.96
	6	36	8.04	100.00

（三）民间非正式金融组织借贷产品特征

表4-20显示了民间非正式金融组织借贷产品特征的描述性统计。

表4-20　民间非正式金融组织借贷产品特征描述统计

变量名	分类	频数（个）	占比（%）	累计比（%）
最近一次您借贷的金额	1万元以下	135	30.13	30.13
	1万元～5万元	107	23.88	54.02
	6万元～10万元	73	16.29	70.31
	11万元～15万元	44	9.82	80.13
	16万元～20万元	55	12.28	92.41
	21万元～25万元	27	6.03	98.44
	26万元以上	7	1.56	100.00
最近一次投资占家庭累计总收入的比重	20%及以下	259	57.81	57.81
	20%～40%	134	29.91	87.72
	41%～60%	40	8.93	96.65

续表

变量名	分类	频数（个）	占比（%）	累计比（%）
最近一次投资占家庭累计总收入的比重	61%～80%	8	1.79	98.44
	81%～100%	2	0.45	98.88
	101%及以上	5	1.12	100.00
最近一次资金借出的具体途径	互助组	91	20.31	20.31
	亲戚/朋友	44	9.82	30.13
	投资担保公司	167	37.28	67.41
	P2P 网贷	133	29.69	97.10
	典当行	4	0.89	97.99
	其他	9	2.01	100.00
最近一次借出资金的预期年化收益率	10%及以下	175	39.06	39.06
	11%～25%	154	34.38	73.44
	26%～40%	69	15.40	88.84
	41%～55%	44	9.82	98.66
	56%～70%	6	1.34	100.00
最近一次您投资的期限	1 年以下	202	45.09	45.09
	1～3 年	169	37.72	82.81
	4～5 年	67	14.96	97.77
	6～7 年	9	2.01	99.78
	7 年以上	1	0.22	100.00
最近一次借出资金的利率确定方式	参考当地银行利率	125	27.90	27.90
	参考本地借贷市场利率	208	46.43	74.33
	出资人视借贷额度自行协商确定	95	21.21	95.54
	其他	20	4.46	100.00
最近一次您对贷款机构人员服务态度的评价	差	37	8.26	8.26
	一般	107	23.88	32.14
	好	238	53.13	85.27
	非常好	66	14.73	100.00
是否了解贷款机构将您的资金处置的方式	不知道	69	15.40	15.40
	部分了解	132	29.46	44.87
	知道	217	48.44	93.30
	非常清楚	30	6.70	100.00

从该表可以看出：

一是借出的资金主要以小额资金为主。样本中，被调查者最近一次借贷金额为 1 万元以下、1 万 ~5 万元、6 万 ~10 万元的比例分别为 30.13%、23.88%、16.29%，5 万元以下、10 万元以下累计占比分别为 54.02%、70.31%，表明大多数借贷资金主要以 10 万元以下的小额贷款为主。

二是最近一次投资占家庭累计收入比重不高。样本中，最近一次投资占家庭累计总收入的比重为 20% 及以下、20% ~40% 的比例分别为 57.81%、29.91%，表明大多数小额贷款占家庭收入的比重普遍低于 20%，值得注意的是，仍有 12.29% 的被调查者借贷资金超过家庭收入的 40%。

三是投资担保公司、P2P 网贷、互助组是个人资金借出的主要渠道。样本中，个人最近一次资金借出的具体途径为互助组、亲戚（朋友）、投资担保公司、P2P 网贷、典当行的比例分别为 20.31%、9.82%、37.28%、29.69%、0.89%，可见，投资担保公司、P2P 网贷、互助组是大多数资金借出者的主要借出途径。

四是资金借出的年化收益率偏高。样本中，仅有 39.06% 的被调查者的借出资金年化收益率为 10% 及以下，其余被调查者的年化收益率高于 10%，其中，年化收益率位于 11% ~25% 的比例达到 34.38%，年化收益率高于 26% 的比例达到 26.56%，个人资金借贷者的借出资金年化收益率普遍偏高。

五是大多数被调查者的资金借出期限较短。样本中，被调查者最近一次借贷资金期限为 1 年以下、1 ~3 年的比例分别为 45.09%、37.72%，表明被调查者借出资金期限普遍低于 3 年。

六是参考本地借贷市场利率是被调查者普遍的利率确定方式。样本中，个人借贷者最近一次借出资金的利率确定方式为参考当地银行利率、参考本地借贷市场利率、出资人视借贷额度自行协商确定及其他的比例分别为 27.90%、46.43%、21.21%、4.46%，表明参考本地借贷市场利率是大多数被调查者确定借贷利率的主要方式。

七是大多数被调查者对借贷平台（机构）的服务态度表示满意。样本中，个人借贷者最近一次对贷款机构人员服务态度的评价为差、一般、好、非常好的比例依次是 8.26%、23.88%、53.13%、14.73%，服务评价为好及以上的比例为 67.86%，表明大多数个人借贷者认为借贷（平台）机构的服务态度好。

八是被调查者普遍了解资金的处置方式。样本中，个人借贷者对贷款机构对资金处置的方式的了解程度为不知道、部分了解、知道、非常清楚的比例分别为

15.40%、29.46%、48.44%、6.70%，大多数被调查者知道资金的处置方式，但仍有15.40%的被调查者不知道资金的处置方式，29.46%的被调查者部分了解，可见，处置借贷资金的透明度相对不高。

（四）民间非正式金融组织借贷违约情况特征

表4-21显示了民间非正式金融组织借贷违约的情况特征。

表4-21　民间非正式金融组织借贷违约情况特征

变量名	分类	频数（个）	占比（%）	累计比（%）
所投的机构是否出现违约问题	是	249	55.58	55.58
	否	199	44.42	100.00
违约后，您进行维权时，贷款机构人员的服务态度评价	不适用	199	—	—
	差	103	41.37	41.37
	一般	105	42.17	83.53
	好	30	12.05	95.58
	非常好	11	4.42	100.00
违约发生后，您的损失占全部本金的比重	不适用	199	—	—
	20%及以下	14	5.62	5.62
	20%~40%	24	9.64	15.26
	41%~60%	94	37.75	53.01
	61%~80%	84	33.73	86.75
	81%~100%	33	13.25	100.00
机构出现违约的原因	不适用	199	—	—
	投资/生意出现亏损，资金周转困难	114	45.78	45.78
	机构本身的欺骗性，老板“跑路”	89	35.74	81.53
	信贷市场压力传闻，导致兑现危机	44	17.67	99.20
	宏观经济不景气	2	0.80	100.00
违约，维权的主要方式	不适用	199	—	—
	启动法律程序	63	25.30	25.30
	上访	52	20.88	46.18
	等待机构的资金周转	86	34.54	80.72
	组织受损失的群众找机构私了	21	8.43	89.16
	等待当地政府解决	27	10.84	100.00

续表

变量名	分类	频数（个）	占比（%）	累计比（%）
违约，常用的维权渠道	不适用	199	—	—
	手机	122	49.00	49.00
	电脑	22	8.84	57.83
	微信	75	30.12	87.95
	微博	10	4.02	91.97
	海报	16	6.43	98.39
	其他	4	1.61	100.00
维权后，资金收回比例	不适用	199	—	—
	0	153	61.45	61.45
	1%～10%	40	16.06	77.51
	11%～20%	42	16.87	94.38
	21%～30%	9	3.61	97.99
	31%～40%	2	0.80	98.80
	81%～90%	2	0.80	99.60
	91%～100%	1	0.40	100.00
是否继续需求维权	不适用	199	—	—
	会	231	92.77	92.77
	不会	18	7.23	100.00

注：不适用，是表示该被调查者没有选择违约的样本，下同。

从该表可以看出：一是超过一半的机构出现违约问题。样本中，55.58%的被调查者所投的机构出现了违约问题。

二是违约后借贷机构（平台）的服务态度偏差。样本中，违约后，个人资金借出者进行维权时贷款机构人员的服务态度评价为差、一般、好、非常好的比例依次为41.37%、42.17%、12.05%、4.42%，一般及以下的评价比例为83.54%，可见，出现违约后借贷机构（平台）的服务态度明显变差。

三是违约后损失比重占被调查者本金的比重偏高。样本中，违约后损失占全部本金的比重为41%～60%、61%～80%的比例分别为37.75%、33.73%，损失超过61%的比重达到46.98%，可见，违约后被调查者损失占全部本金的比重偏高。

四是投资亏损以及欺诈性“跑路”是机构违约的主要原因。样本中，被调查者认为机构违约的原因为“投资（生意）出现亏损，资金周转困难”“机构本身的欺骗性，老板‘跑路’”的比例分别是45.78%、35.74%，同时，“信贷市场压力传闻，导致兑现危机”的比例也高达17.67%，值得关注。

五是启动法律程序、上访、等待机构的资金周转是违约后被调查者选择的主要维权方式。样本中，违约后被调查者选择的维权方式为启动法律程序、上访、等待机构的资金周转的比例分别为25.30%、20.88%、34.54%，此外，还有10.84%的被调查者选择等待当地政府解决。

六是手机和微信是借贷维权者选择的主要维权渠道。样本中，选择手机、微信为维权渠道的被调查者的比例分别为49.00%、30.12%，此外，电脑、微博的比例也分别达到8.84%、4.02%，表明大多数被调查者选择新型媒介作为主要的维权渠道。

七是大多数被调查者维权效果不佳。样本中，维权后资金回收比例为0、1%~10%、11%~20%的样本比例分别为61.45%、16.06%、16.87%，高达61.45%的被调查者没有收回资金，大部分被调查的资金回笼比例偏低，表明大多数被调查者的维权效果不佳。

八是绝大多数被调查选择继续维权。样本中，92.77%的被调查者选择继续维权，仅有7.23%的被调查者选择不继续维权。

第三节　民间非正式金融组织借贷需求行为描述统计分析

民间非正式金融组织借贷需求行为调查问卷，主要包括借贷者个体的基本特征、民间借贷认知特征、借贷产品特征及借贷违约情况四个部分。

一、借贷个体异质性特征描述统计分析

表4-22显示了借贷个体异质性特征。从该表可以看出：一是大多数被调查者不是来自城镇的。样本中，被调查者不是、是来自城镇的比例分别为52.24%、47.76%，城镇和非城镇样本数量大致相当。二是大多数被调查者为男性。样本中，被调查者性别为男性、女性的比例分别为71.64%、28.36%，被调查者男性多、女性偏少。三是45岁及以下的人群居多。样本中，年龄为30岁以下、41~45岁、46岁及以上的比例分别为27.16%、19.10%、46.87%，其中45岁以下样本占比为53.13%，年龄偏小。四是大多数样本学历为高中及以下水平。样本

中，被调查者为小学、初中、高中（技校/中专）、本科（大专）的比例分别为11.34%、21.49%、32.84%、26.57%，高中（技校/中专）及以下学历人数比例达到65.67%，大多数被调查者学历偏低。五是绝大多数被调查者处于正常工作状态。样本中，96.42%的被调查者处于正常工作状态，仅有3.58%的被调查者正在上学中。六是被调查者月均收入水平偏低。样本中，月均收入水平位于1001~3000元、3001~5000元、5001~7000元的比例依次为16.12%、42.99%、18.81%，5000元以下月收入的样本比例达到59.11%，大多数被调查者收入偏低。七是被调查者家庭规模多为4人和5人。样本中，家庭总人数为4人、5人的样本比例分别为59.40%、22.99%，累计比例达到82.39%。八是绝大多数被调查者已婚。样本中，89.25%的被调查者已婚且与配偶同住，仅有5.97%的未婚，4.78%离异，婚姻状况较为稳定。

表4-22　借贷个体异质性特征

变量名	分类	频数（个）	占比（%）	累计比（%）
是否来自城镇	否	175	52.24	52.24
	是	160	47.76	100.00
性别	男	240	71.64	71.64
	女	95	28.36	100.00
年龄	30岁以下	91	27.16	27.16
	31~35岁	12	3.58	30.75
	36~40岁	11	3.28	34.03
	41~45岁	64	19.10	53.13
	46岁及以上	157	46.87	100.00
受教育程度	小学	38	11.34	11.34
	初中	72	21.49	32.84
	高中/技校/中专	110	32.84	65.67
	本科/大专	89	26.57	92.24
	硕士	24	7.16	99.40
	博士	2	0.60	100.00
工作	正常工作	323	96.42	96.42
	上学中	12	3.58	100.00
月均收入	1000元及以下	13	3.88	3.88
	1001~3000元	54	16.12	20.00

续表

变量名	分类	频数（个）	占比（%）	累计比（%）
月均收入	3001～5000 元	144	42.99	62.99
	5001～7000 元	63	18.81	81.79
	7001～9000 元	22	6.57	88.36
	9000～11001 元	32	9.55	97.91
	11001 元及以上	7	2.09	100.00
家庭总人数	3 人	33	9.85	9.85
	4 人	199	59.40	69.25
	5 人	77	22.99	92.24
	6 人	25	7.46	99.70
	7 人及以上	1	0.30	100.00
婚姻状况	已婚且与配偶同住	299	89.25	89.25
	离异	16	4.78	94.03
	未婚	20	5.97	100.00

二、民间非正式金融组织借贷认知特征描述统计分析

表 4－23 显示了民间非正式金融组织借贷表现形式的认知特征。从该表可以看出：样本中，被调查者认为民间非正式金融组织借贷表现形式为高利贷的打分在 4 分及以上的比例为 94.03%，表现为非法集资的打分在 4 分及以上的比例为 54.63%，高利贷是被调查者认为的民间非正式金融组织借贷的主要表现形式。结合上文调查结果，高利贷是被调查者普遍认为的民间非正式金融组织借贷的表现形式之一。

表 4－23 民间非正式金融组织借贷表现形式认知特征

变量名	分类	频数（个）	占比（%）	累计比（%）
高利贷	2	11	3.28	3.28
	3	9	2.69	5.97
	4	160	47.76	53.73
	5	155	46.27	100.00
非法集资	1	6	1.79	1.79
	2	43	12.84	14.63
	3	103	30.75	45.37
	4	168	50.15	95.52
	5	15	4.48	100.00

表4-24显示了民间非正式金融组织借贷途径的了解程度认知特征。从该表可以看出：样本中，被调查者对亲戚（朋友）、典当行、地下钱庄、P2P互联网借贷、担保公司的民间非正式金融组织借贷途径的了解程度打分在4分及以上的比例分别为92.54%、25.38%、17.91%、45.97%、66.27%，表明被调查者亲戚（朋友）、P2P互联网借贷两种借贷途径了解程度较深，对其他借贷途径的了解程度略浅，与个人借贷供给者的认知结果大致相同。

表4-24 民间非正式金融组织借贷途径的了解程度认知特征

变量名	分类	频数（个）	占比（%）	累计比（%）
亲戚/朋友	2	16	4.78	4.78
	3	9	2.69	7.46
	4	75	22.39	29.85
	5	235	70.15	100.00
典当行	1	10	2.99	2.99
	2	106	31.64	34.63
	3	134	40	74.63
	4	82	24.48	99.10
	5	3	0.9	100.00
地下钱庄	1	58	17.31	17.31
	2	171	51.04	68.36
	3	46	13.73	82.09
	4	59	17.61	99.70
	5	1	0.3	100.00
P2P互联网借贷	1	47	14.03	14.03
	2	110	32.84	46.87
	3	24	7.16	54.03
	4	33	9.85	63.88
	5	121	36.12	100.00
担保公司	1	8	2.39	2.39
	2	37	11.04	13.43
	3	68	20.3	33.73
	4	148	44.18	77.91
	5	74	22.09	100.00

表4－25显示了发挥民间非正式金融组织借贷优势的因素重要性认知特征。从该表可以看出：样本中，被调查者对审贷时间短、放贷额度大、不需要抵押物、贷款产品种类多的发挥民间非正式金融组织借贷优势的因素重要性打分在4分及以上的比例分别为100.00%、46.86%、48.96%、5.97%，表明审贷时间短是借款者认为的发挥民间非正式金融组织借贷优势的重要优势，与企业主、个人借款者的认知结果基本相同。

表4－25　发挥民间非正式金融组织借贷优势的因素重要性认知特征

变量名	分类	频数（个）	占比（%）	累计比（%）
审贷时间短	4	134	40.00	40.00
	5	201	60.00	100.00
放贷额度大	2	42	12.54	12.54
	3	136	40.6	53.13
	4	79	23.58	76.72
	5	78	23.28	100.00
不需要抵押物	2	100	29.85	29.85
	3	71	21.19	51.04
	4	141	42.09	93.13
	5	23	6.87	100.00
贷款产品种类多	1	24	7.16	7.16
	2	190	56.72	63.88
	3	101	30.15	94.03
	4	18	5.37	99.40
	5	2	0.60	100.00

表4－26显示了导致民间非正式金融组织借贷劣势的因素重要性认知特征。从该表可以看出：样本中，被调查者对贷款利率高、对逾期的惩罚严重、缺乏有效的制度规范的打分在4分及以上的比例分别达到97.02%、99.41%、74.63%，表明贷款利率高是导致民间非正式金融组织产生借贷劣势的最重要因素，缺乏有效的制度规范、对逾期的惩罚严重是导致民间非正式金融组织产生借贷劣势的较为重要的因素，重要性程度与个人借贷者的认知程度基本相同，与企业主的认知略有不同。

表4-26 导致民间非正式金融组织借贷劣势的因素重要性认知特征

变量名	分类	频数（个）	占比（%）	累计比（%）
贷款利率高	3	10	2.99	2.99
	4	115	34.33	37.31
	5	210	62.69	100
对逾期的惩罚严重	3	2	0.6	0.6
	4	164	48.96	49.55
	5	169	50.45	100
缺乏有效的制度规范	2	5	1.49	1.49
	3	80	23.88	25.37
	4	243	72.54	97.91
	5	7	2.09	100

表4-27显示了民间非正式金融组织借贷相关问题认知特征。从该表可以看出：一是被调查者普遍没有接受过信用文化教育。83.28%的被调查者未接受过个人信用文化教育，仅有0.90%的被调查者完全接受过个人信用文化教育，表明绝大多数被调查者普遍个人信用文化教育水平不足。二是大多数被调查者认为民间非正式金融组织借贷中的信用问题非常重要。63.28%的被调查者认为民间非正式金融组织借贷中的信用问题非常重要，仅有1.79%的被调查者对信用问题表示不知道。三是绝大多数会选择民间非正式金融组织来缓解资金压力。98.81%的被调查者表示会选择民间非正式金融组织来缓解资金压力，仅有1.19%的被调查者不会选择这种解决方式。

表4-27 民间非正式金融组织借贷相关问题认知特征

变量名	分类	频数（个）	占比（%）	累计比（%）
个人是否接受过信用文化教育	不知道	21	6.27	6.27
	未接受过	279	83.28	89.55
	部分接受过	32	9.55	99.10
	完全接受过	3	0.9	100.00
如何看待民间借贷的信用问题	一般	6	1.79	1.79
	重要	117	34.93	36.72
	非常重要	212	63.28	100.00
是否会选择民间借贷来缓解资金压力	会	331	98.81	98.81
	不会	4	1.19	100.00

表4－28显示了当前民间非正式金融组织借贷潜在问题的重要性认识特征。从该表可以看出：被调查者对寻找放贷人困难、利率太高、不规范容易引发纠纷、信用风险太高、缺乏有效地监管机制及措施、相关法律不够完善、扰乱了正规金融秩序、影响政府宏观经济调控的潜在问题重要性打分在4分及以上的比例分别达到17.61%、97.01%、82.98%、87.17%、69.85%、61.19%、37.31%、26.57%，表明被调查者普遍认为利率太高、不规范容易引发纠纷的借贷潜在问题非常重要，缺乏有效地监管机制及措施、相关法律不够完善的借贷潜在问题较为重要，寻找放贷人困难、扰乱了正规金融秩序、影响政府宏观经济调控借贷潜在问题不太重要，因素重要性认知与个人投资者认知基本一致，与企业主认知略有不同。

表4－28　当前民间非正式金融组织借贷潜在问题的重要性认识特征

变量名	分类	频数（个）	占比（%）	累计比（%）
寻找放贷人困难	1	85	25.37	25.37
	2	146	43.58	68.96
	3	45	13.43	82.39
	4	55	16.42	98.81
	5	4	1.19	100.00
利率太高	2	3	0.9	0.90
	3	7	2.09	2.99
	4	191	57.01	60.00
	5	134	40	100.00
不规范容易引发纠纷	2	4	1.19	1.19
	3	53	15.82	17.01
	4	238	71.04	88.06
	5	40	11.94	100.00
信用风险太高	2	3	0.9	0.90
	3	40	11.94	12.84
	4	223	66.57	79.40
	5	69	20.6	100.00
缺乏有效的监管机制及措施	2	18	5.37	5.37
	3	83	24.78	30.15
	4	192	57.31	87.46
	5	42	12.54	100.00

续表

变量名	分类	频数（个）	占比（%）	累计比（%）
相关法律不够完善	2	2	0.6	0.60
	3	128	38.21	38.81
	4	192	57.31	96.12
	5	13	3.88	100.00
影响政府宏观经济调控	2	53	15.82	15.82
	3	193	57.61	73.43
	4	83	24.78	98.21
	5	6	1.79	100.00
扰乱了正规金融秩序	1	1	0.3	0.30
	2	24	7.16	7.46
	3	185	55.22	62.69
	4	118	35.22	97.91
	5	7	2.09	100.00

表4－29显示了导致民间非正式金融组织借贷风险的因素重要性认知特征。从该表可以看出：被调查者对经济不景气、缺乏政府监管机制、诚信缺失问题的因素重要性打分在4分及以上的比例分别为29.86%、67.76%、73.73%，表明被调查者普遍认为缺乏政府监管机制、诚信缺失问题是导致民间非正式金融组织借贷风险较为重要的因素。

表4－29　导致民间非正式金融组织借贷风险的因素重要性认知特征

变量名	分类	频数（个）	占比（%）	累计比（%）
经济不景气	2	39	11.64	11.64
	3	196	58.51	70.15
	4	90	26.87	97.01
	5	10	2.99	100.00
缺乏政府监管机制	2	26	7.76	7.76
	3	82	24.48	32.24
	4	200	59.7	91.94
	5	27	8.06	100.00

续表

变量名	分类	频数（个）	占比（%）	累计比（%）
诚信缺失问题	2	12	3.58	3.58
	3	76	22.69	26.27
	4	169	50.45	76.72
	5	78	23.28	100.00

表4-30显示了解决民间非正式金融组织借贷危机的因素重要性认知特征。从该表可以看出：被调查者对建立民间借贷监管体制、强化社会诚信体系建设、增强对个人的信用教育的因素重要性打分在4分及以上的比例分别为89.25%、94.33%、92.83%，表明被调查者普遍认为建立民间借贷监管体制、强化社会诚信体系建设、增强对个人的信用教育是解决民间非正式金融组织借贷危机非常重要的因素，与个人投资者认知调查结果基本一致。

表4-30 解决民间非正式金融组织借贷危机的因素重要性认知特征

变量名	分类	频数（个）	占比（%）	累计比（%）
建立民间借贷监管体制	3	36	10.75	10.75
	4	138	41.19	51.94
	5	161	48.06	100.00
强化社会诚信体系建设	2	1	0.3	0.30
	3	18	5.37	5.67
	4	179	53.43	59.10
	5	137	40.9	100.00
增强对个人的信用教育	2	1	0.3	0.30
	3	23	6.87	7.16
	4	213	63.58	70.75
	5	98	29.25	100.00

三、民间非正式金融组织借贷产品特征描述统计分析

表4-31显示了民间非正式金融组织借贷产品特征。

表4-31 民间非正式金融组织借贷产品特征

变量名	分类	频数（个）	占比（%）	累计比（%）
近三年平均借款额（元）	1万及以下	123	36.72	36.72
	2万~4万	83	24.78	61.49
	4万~6万	47	14.03	75.52
	6万~8万	11	3.28	78.81
	8万~10万	18	5.37	84.18
	10万~12万	34	10.15	94.33
	12万及以上	19	5.67	100.00
最近一次借贷的金额（元）	1万以下	125	37.31	37.31
	1万~3万	52	15.52	52.84
	3万~5万	40	11.94	64.78
	5万~7万	23	6.87	71.64
	7万~9万	21	6.27	77.91
	9万~11万	45	13.43	91.34
	11万及以上	29	8.65	100.00
最近一次借贷的具体途径	合会（互助）	66	19.7	19.70
	亲戚/朋友	21	6.27	25.97
	投资担保公司	157	46.87	72.84
	P2P网贷	90	26.87	99.70
	典当行	1	0.3	100.00
最近一次借贷申请到获批去机构的次数	1次	195	58.21	58.21
	2次	87	25.97	84.18
	3次	53	15.82	100.00
最近一次借贷的年利率	4%及以下	126	37.61	37.61
	4%~7%	8	2.39	40.00
	7%~10%	13	3.88	43.88
	10%~13%	171	51.04	94.93
	13%~16%	16	4.78	99.70
	16%及以上	1	0.3	100.00
最近一次借贷的期限	1年以下	242	72.24	72.24
	1~3年	61	18.21	90.45
	3~5年	32	9.55	100.00

续表

变量名	分类	频数（个）	占比（%）	累计比（%）
最近一次借贷利率的确定方式	参考当地银行利率	143	42.69	42.69
	参考本地借贷市场利率	108	32.24	74.93
	出资人视借贷额度自行确定	84	25.07	100.00
最近一次借贷对贷款服务的评价	差	4	1.19	1.19
	一般	52	15.52	16.72
	好	174	51.94	68.66
	非常好	105	31.34	100.00

从该表可以看出：一是借出的资金主要以小额借贷为主。被调查者近三年平均借款额为1万元及以下、2万~4万元、4万~6万元的比例分别为36.72%、24.78%、14.03%，4万元以下累计占比为61.50%，表明大多数被调查者借贷资金主要以4万元以下的小额贷款为主。

二是最近一次借贷的资金仍旧以小额借贷为主。被调查者最近一次借贷金额为1万元以下、1万~3万元、3万~5万元的比例分别为37.31%、15.52%、11.94%，3万元以下累计占比为52.83%，表明大多数被调查者借贷资金主要以3万元以下的小额贷款为主。

三是投资担保公司和P2P网贷是被调查者资金借出的主要渠道。被调查者借款途径为投资担保公司、P2P网贷的比例分别为46.87%、26.87%。

四是大多数被调查者借贷的“皮鞋成本”较低。样本中，被调查者最近一次借贷从申请到获批去借贷机构的次数为1次、2次、3次的比例依次为58.21%、25.97%、15.82%，可见，大多数被调查者能够1次解决授信问题，借贷的“皮鞋成本”较低。

五是大多数被调查者借贷利率偏高。51.04%的被调查者最近一次贷款的年利率为10%~13%，显著高于同期银行贷款利率，仅有37.61%的被调查借贷年利率低于4%，表明被调查者借贷年利率明显偏高。

六是被调查者主要以1年期的短期借贷为主。样本中，被调查者最近一次借贷的期限为1年以下、1~3年、3~5年的比例依次是72.24%、18.21%、9.55%，表明被调查者主要以短期借贷为主。

七是被调查者借贷方式较为灵活。被调查者最近一次借贷的利率确定方式为参考当地银行利率、参考本地借贷市场利率、出资人视借贷额度自行确定的比例依次是42.69%、32.24%、25.07%，表明借贷利率确定较为灵活。

八是大多数被调查者对最近一次借贷服务的评价较高。样本中，对最近一次借贷服务的评价为差、一般、好、非常好的比例依次是1.19%、15.52%、51.94%、31.34%，其中，评价为好及以上的比例高达83.28%，表明大多数被调查者认为最近一次借贷的服务较好。

表4－32显示了个人借贷资金的用途重要性特征。从该表可以看出：62.69%的被调查者认为用于生意及投资资金周转的重要性为1分，83.28%的被调查者认为用于投资股票、基金及其他金融资产的重要性为1分，93.13%的被调查者认为用于短期应急的重要性为4分及以上，52.24%的被调查者认为用于家庭生活所需的重要性为1分，98.21%的被调查者认为用于转贷给其他人的重要性为1分，75.22%的被调查者认为用于买房、子女教育的重要性为1分，54.33%的被调查者认为用于结婚的重要性为1分，51.04%的被调查者认为用于医疗的重要性为1分，66.87%的被调查者认为用于其他的重要性为1分，可见，被调查者借贷资金主要用于短期应急，同时，结婚、医疗也是被调查者借贷资金的较为重要的用途。

表4－32　个人借贷资金的用途重要性特征

变量名	分类（分）	频数（个）	占比（%）	累计比（%）
生意及投资资金周转	1	210	62.69	62.69
	2	47	14.03	76.72
	4	20	5.97	82.69
	5	58	17.31	100.00
投资股票、基金及其他金融资产	1	279	83.28	83.28
	2	41	12.24	95.52
	3	1	0.3	95.82
	4	14	4.18	100.00
短期应急	1	21	6.27	6.27
	3	2	0.6	6.87
	4	158	47.16	54.03
	5	154	45.97	100.00
家庭生活所需	1	175	52.24	52.24
	2	67	20	72.24
	3	33	9.85	82.09
	4	56	16.72	98.81
	5	4	1.19	100.00

续表

变量名	分类（分）	频数（个）	占比（%）	累计比（%）
转贷给其他人	1	329	98.21	98.21
	2	1	0.3	98.51
	3	5	1.49	100.00
买房	1	252	75.22	75.22
	2	19	5.67	80.90
	3	4	1.19	82.09
	4	37	11.04	93.13
	5	23	6.87	100.00
子女教育	1	252	75.22	75.22
	2	48	14.33	89.55
	3	2	0.6	90.15
	4	31	9.25	99.40
	5	2	0.6	100.00
结婚	1	182	54.33	54.33
	2	24	7.16	61.49
	3	19	5.67	67.16
	4	76	22.69	89.85
	5	34	10.15	100.00
医疗	1	171	51.04	51.04
	2	44	13.13	64.18
	3	38	11.34	75.52
	4	67	20	95.52
	5	15	4.48	100.00
其他	1	224	66.87	66.87
	2	34	10.15	77.01
	3	45	13.43	90.45
	4	17	5.07	95.52
	5	15	4.48	100.00

四、民间非正式金融组织借贷违约情况特征描述统计分析

表4－33显示了民间非正式金融组织借贷担保物情况特征。从该表可以看

出：一是超过一半借贷没有担保物。样本中，最近一次借贷有担保物、没有担保物的比例分别是46.27%、53.73%，大部分借贷没有担保物。二是房产是被抵押的主要担保物。被调查者认为促成交易的因素——自己的房产作为抵押物、其他个人固定资产作为抵押物、纯信用担保的重要性打分在4分及以上的比例分别为54.84%、20.65%、43.87%，房产是被调查者主要的抵押物，其次是纯信用担保。

表4-33　民间非正式金融组织借贷担保物情况特征

变量名	分类	频数（个）	占比（%）	累计比（%）
最近一次借贷有无担保	有	155	46.27	46.27
	没有	180	53.73	100.00
自己的房产作为抵押物	不适用	180	—	—
	1	67	43.23	43.23
	3	3	1.94	45.16
	4	48	30.97	76.13
	5	37	23.87	100.00
其他个人固定资产作为抵押物	不适用	180	—	—
	1	61	39.35	39.35
	2	32	20.65	60.00
	3	30	19.35	79.35
	4	32	20.65	100.00
纯信用担保	不适用	180	—	—
	1	84	54.19	54.19
	2	3	1.94	56.13
	4	30	19.35	75.48
	5	38	24.52	100.00

表4-34显示了民间非正式金融组织借贷违约情况特征。从该表可以看出：一是大多数被调查者周边没有出现违约情况。样本中，68.66%的被调查者自身或周边没有出现违约情况，31.34%的被调查者身边出现过违约情况。二是投资或生意出现亏损、出现较大的医疗债务是被调查者违约的主要因素。被调查者认为导致违约的因素——投资或生意出现亏损、出现较大的医疗债务、教育负担过重、其他负担过重的重要性程度打分为4分及以上的比例依次为61.91%、

53.33%、2.86%、24.76%，表明投资或生意出现亏损、出现较大的医疗债务是被调查者主要违约因素。

表4-34　民间非正式金融组织借贷违约情况特征

变量名	分类	频数（个）	占比（%）	累计比（%）
您或您身边的人是否出现违约情况	是	105	31.34	31.34
	否	230	68.66	100
投资/生意出现亏损	不适用	230	—	—
	1	28	26.67	26.67
	3	12	11.43	38.10
	4	37	35.24	73.33
	5	28	26.67	100.00
出现较大的医疗债务	不适用	230	—	—
	1	21	20.00	20.00
	2	20	19.05	39.05
	3	8	7.62	46.67
	4	55	52.38	99.05
	5	1	0.95	100.00
教育负担过重	不适用	230	—	—
	1	52	49.52	49.52
	2	39	37.14	86.67
	3	11	10.48	97.14
	4	3	2.86	100.00
其他负担过重	不适用	230	—	—
	1	73	69.52	69.52
	2	1	0.95	70.48
	3	5	4.76	75.24
	4	22	20.95	96.19
	5	4	3.81	100.00

表4-35显示了导致民间非正式金融组织借贷按时还贷因素重要性认知特征。从该表可以看出：被调查认为导致民间非正式金融组织借贷按时还贷的因素——“以后可能会要借款，保持个人信用”、不想被加收滞纳金或违约金、怕抵押物

被没收、担心家人会因为自己违约受到伤害、资金周转开来的重要性打分在 4 分及以上的比例依次为 80.00%、99.13%、22.17%、6.52%、13.91%。可见，不想被加收滞纳金或违约金、“以后可能会要借款，保持个人信用”是影响民间非正式金融组织借贷按时还贷的最主要要素，怕抵押物被没收、资金周转开来的要素也起到一定作用。

表 4－35　导致民间非正式金融组织借贷按时还贷因素重要性认知特征

变量名	分类	频数（个）	占比（%）	累计比（%）
以后可能会要借款，保持个人信用	不适用	105	—	—
	3	46	20.00	20.00
	4	115	50.00	70.00
	5	69	30.00	100.00
不想被加收滞纳金或违约金	不适用	105	—	—
	3	2	0.87	0.87
	4	122	53.04	53.91
	5	106	46.09	100.00
怕抵押物被没收	不适用	105	—	—
	1	27	11.74	11.74
	2	47	20.43	32.17
	3	105	45.65	77.83
	4	21	9.13	86.96
	5	30	13.04	100.00
担心家人会因为自己违约受到伤害	不适用	105	—	—
	1	77	33.48	33.48
	2	74	32.17	65.65
	3	64	27.83	93.48
	4	13	5.65	99.13
	5	2	0.87	100.00
资金周转开来	不适用	105	—	—
	1	163	70.87	70.87
	2	33	14.35	85.22
	3	2	0.87	86.09
	4	21	9.13	95.22
	5	11	4.78	100.00

表4－36显示了民间非正式金融组织借贷提前还贷相关要素特征。从该表可以看出：一是大多数被调查者会选择提前还款。98.51%的被调查者表示会提前还款，仅有1.49%的被调查者表示不会提前还款，可见，绝大部分被调查者会提前还款。二是大多数被调查者会选择提前还款时间的60%以内进行提前还款。样本中，被调查者提前还款的时间进度为50%及以下、51%～60%、61%～70%、71%～80%的比例依次为34.24%、26.67%、29.70%、9.39%，其中，提前约定期限60%的被调查者人数比例达到60.93%。三是提前还款利息少，提前还款可以提高自身的信誉度是被调查者加速还款的重要因素。样本中，被调查者认为加速民间非正式金融借贷提前还款的因素提前还款利息少、提前还款可以提高自身的信誉度、可以“过桥”资金、贷款投资项目提前达到预期目的重要性打分在4分及以上的比例依次为81.21%、79.39%、18.18%、18.48%，可见，提前还款利息少、提前还款可以提高自身的信誉度是被调查者加速还款的重要因素。四是资金周转不灵是导致被调查者不选择提前还款的重要因素。在有限的5个样本中，重要性打4分超过3个样本的因素是“资金周转不灵”，在有限的样本中，资金周转不灵是导致被调查者不会提前还款的重要因素。

表4－36 民间非正式金融组织借贷提前还贷相关要素特征

变量名	分类	频数（个）	占比（%）	累计比（%）
是否会提前还款	会	330	98.51	98.51
	不会	5	1.49	100
会提前多久还款	不适用	5	—	—
	50%及以下	113	34.24	34.24
	51%～60%	88	26.67	60.91
	61%～70%	98	29.70	90.61
	71%～80%	31	9.39	100.00
提前还款利息少	不适用	5	—	—
	3	62	18.79	18.79
	4	119	36.06	54.85
	5	149	45.15	100.00
提前还款可以提高自身的信誉度	不适用	5	—	—
	2	7	2.12	2.12
	3	61	18.48	20.61
	4	132	40.00	60.61
	5	130	39.39	100.00

续表

变量名	分类	频数（个）	占比（%）	累计比（%）
可以“过桥”资金	不适用	5	—	—
	1	221	66.97	66.97
	2	49	14.85	81.82
	3	17	5.15	86.97
	4	43	13.03	100.00
贷款投资项目提前达到预期目的	不适用	5	—	—
	1	265	80.30	80.30
	2	3	0.91	81.21
	3	1	0.30	81.52
	4	20	6.06	87.58
	5	41	12.42	100.00
贷款资金收益未达到预期结果	不适用	330	—	—
	1	3	—	—
	3	1	—	—
	4	1	—	—
资金周转不灵	不适用	330	—	—
	2	1	—	—
	4	3	—	—
	5	1	—	—

第四节　结论

基于温州、成都、平顶山等全国多地的 1092 份调查问卷，从民间非正式金融组织借贷供给与需求角度分析借贷者行为，总结如下：

一、民间非正式金融组织借贷供给行为特征总结

（1）个体特征。大多数民间非正式金融组织设立时间短（低于 3 年），多以 P2P 网络贷款公司以及投资担保公司为主，企业普遍建立借贷风险违约机制，同时，企业主多为男性、本科及以上学历且已婚，缺乏信用文化教育，认可信用在借贷中的重要性。个体投资者月均收入多在 9000 元以上且正常就业、年龄偏高，以

高中和本科为主，大多已婚且与配偶同住、家庭规模 4 人居多，对亲戚（朋友）、P2P 互联网借贷两种借贷途径了解程度较深，对其他借贷途径的了解程度略浅。

（2）供给产品特征。民间非正式金融组织供给产品的贷款年利率普遍偏高、种类相对较多、5 万元以下审贷时间较短、大部分企业 5 万元以下贷款不需要抵押物，借贷资金主要以应急周转以及个人消费借款为主。个人投资者的产品主要以小额借贷为主且借出资金占家庭累计收入比重不高，以投资担保公司、P2P 网贷、互助组为资金借出主要渠道，借出资金年化收益率偏高、借出期限较短，利率确定主要参考本地借贷市场利率，了解借出资金的处置方式且对借贷平台（机构）的服务态度普遍了解且满意。

（3）信用认知特征。大多数民间非正式金融组织企业主和个人投资者并未接受过信用文化教育，但均认可信用在民间借贷中的重要性。多数借贷企业建立了借贷违约风险控制机制，多数个人投资者认为投资理财的一种渠道和高利贷是民间非正式金融组织的主要形态。

（4）借贷优劣势认知特征。大多数民间非正式金融组织企业主和个人投资者均认为审贷时间短、放贷额度大、不需要抵押物是发挥民间非正式金融组织借贷优势的重要优势，贷款产品种类多的重要性不突出。贷款利率高、缺乏有效的制度规范、对逾期的惩罚严重是导致民间非正式金融组织产生借贷劣势的较为重要因素。认为信用风险太高、缺乏有效的监管机制及措施是借贷的潜在风险。缺乏政府监管机制、经济不景气是导致借贷风险的重要因素。认为强化社会诚信体系建设、增强对个人的信用教育、建立民间借贷监管体制是解决民间非正式金融组织借贷危机非常重要的因素，但是对建立民间借贷监管体制对策仍旧有部分被调查者持模糊态度。

（5）借贷违约认知特征。个体投资者认为超过一半的机构出现违约问题，违约后损失比重占被调查者本金的比重偏高，投资亏损以及欺诈性“跑路”是机构违约的主要原因，违约后借贷机构（平台）的服务态度偏差，启动法律程序、上访、等待机构的资金周转是违约后被调查选择的主要维权方式，手机和微信是借贷维权者选择的主要维权渠道，大多数被调查者维权效果不佳。

二、民间非正式金融组织借贷需求行为特征总结

（1）个体特征。大多数被调查者来自城镇、男性、41 岁以下的居多，且学历为高中及以下水平、处于正常工作状态、月均收入水平偏低、已婚、家庭规模多为 4 人和 5 人。普遍认为高利贷是民间非正式金融组织借贷的主要表现形式，

对亲戚（朋友）、P2P 互联网借贷途径了解较深，同时，多数未接受过信用文化教育，认可信用在借贷中的重要性，常以民间非正式金融组织来缓解资金压力，借贷资金主要用于短期应急，同时，结婚、医疗也是被调查者借贷资金的较为重要的用途。

（2）借贷优劣势认知特征。大多数被调查者认为审贷时间短是发挥民间非正式金融组织借贷优势的重要因素，贷款利率高是导致民间非正式金融组织产生借贷劣势最为重要的因素，缺乏有效的制度规范、对逾期的惩罚严重是导致民间非正式金融组织产生借贷劣势较为重要的因素。

（3）民间非正式金融组织借贷治理认知。对于当前民间非正式金融组织借贷的潜在问题，多数认为利率太高、不规范容易引发纠纷的借贷潜在问题非常重要，缺乏有效的监管机制及措施、相关法律不够完善的借贷潜在问题较为重要，寻找放贷人困难、扰乱了正规金融秩序、影响政府宏观经济调控的借贷潜在问题不太重要，缺乏政府监管机制、诚信缺失问题是导致民间非正式金融组织借贷风险较为重要的因素，经济不景气并不是导致民间非正式金融组织借贷风险的关键因素，同时，建立民间借贷监管体制、强化社会诚信体系建设、增强对个人的信用教育等是解决民间非正式金融组织借贷危机非常重要的因素。

（4）借贷产品特征。借出的资金主要以小额借贷为主；最近一次借贷的资金仍旧以小额借贷为主；投资担保公司和 P2P 网贷是被调查者资金借出的主要渠道；大多数被调查者借贷的“皮鞋成本”较低；大多数被调查者借贷利率偏高；被调查者主要以 1 年期的短期借贷为主；被调查者借贷方式较为灵活；大多数被调查者对最近一次借贷服务的评价较高。

（5）借贷违约性特征。有一半借贷需求者未提供担保物，房产是被抵押的主要担保物。大多数被调查者周边没有出现违约情况，投资或生意出现亏损、出现较大的医疗债务是被调查者违约的主要因素。不想被加收滞纳金或违约金、“以后可能会要借款，保持个人信用”是影响民间非正式金融组织借贷按时还贷的最主要的因素，怕抵押物被没收、资金周转开来等因素也起到一定作用。此外，大多数被调查者会选择提前还款，提前还款时间会在原有时间的 60% 以内，提前还款利息少、提前还款可以提高自身的信誉度是被调查者加速还款的重要因素。资金周转不灵是导致被调查者不选择提前还款的重要因素。

第五章　民间非正式金融组织借贷行为的社会效应分析

民间非正式金融组织借贷行为是一把双刃剑，既能够起到融通民间资本，推动社会经济发展的正向积极作用，同时，又会由于监管难度高、灵活性太强、“失控性”高导致较大的社会负向影响。尤其是在互联网技术推动金融变革的时代，2018 年上海等地 P2P 网络借贷组织集中爆雷，更加剧了民间非正式金融组织社会效应的负向性。实际上，民间借贷对推动社会经济发展是起到积极作用的。由此，本章将利用 2006～2017 年中国 31 个省区市（除港澳台地区）的面板数据，利用传统面板数据模型以及空间时间地理加权回归模型（GTWR）来分别分析民间非正式金融组织借贷行为社会效应的总体情况以及区域差异。

第一节　基本事实与现实特征

一、民间非正式金融组织借贷行为的正向效应分析

民间非正式金融组织有着正式金融组织无法比拟的天然优势，在互联网等科技的快速融合下，民间非正式金融组织在满足民营中小微企业融资需求、释放居民投资活力等方面发挥了巨大的作用，从而对社会经济发展产生了显著的正向效应。

（一）有效地缓解中小微企业融资难问题

截至 2017 年末，小微企业法人约有 2800 万户，另外还有个体工商户约 6200

万户，中小微企业（含个体工商户）占全部市场主体的比重超过90%[①]。来自世界银行《中小微企业融资缺口：对新兴市场微型、小型和中型企业融资不足与机遇的评估》报告显示，2018年中国中小微企业潜在融资需求为4.4万亿美元，而正式金融组织的供给仅为2.5万亿美元，融资缺口高达43.18%。凭借贷程序简单、借贷信息及交易成本低、担保抵押简单等天然优势，民间非正式金融组织借贷一直是缓解小微企业融资难的重要手段。尤其是伴随互联网金融的快速发展，小微企业从网络中快速获得企业生产经营所需资金变得更加容易。截止到2018年，有10.14%的借贷需求是来自企业贷款的，借贷规模超过700多亿元，企业贷款成为仅次于个人信贷的网络借贷的重要表现形式[②]。

（二）满足普通民众的资金融通需求

一方面，中国是一个典型的“乡土社会”，基于血缘、地缘等传统社会关系的民间非正式金融组织具有天然的信息优势，通过便捷化的放贷程序以及简洁化的抵押担保方式，民间非正式金融组织能够较好地满足个人居民和小微企业应急性的资金需求，尤其是在农村以及经济欠发达地区，这种情况更为普遍。另一方面，在互联网信息技术的有力支持下，兴起的民间网络借贷方式通过发挥其信息中介功能，搭建起个人之间资金融通的中介平台，较好地满足了个人资金的投资需求。来自网贷之家等第三方网络借贷平台数据显示，2018年P2P网络借贷行业累计成交8万亿元，其中，个人信贷业务占全部贷款余额的比例达到84.49%，P2P网络借贷已经成为满足个人资金需求和投资的重要中介，较好地提高了信贷匹配的效率。

（三）推动偏远地区的普惠金融发展

在互联网金融快速发展的大背景下，民间非正式金融组织借贷行为的边界和范围进一步拓宽，对偏远地区的金融支撑力度也进一步加强。2019年2月，中国人民银行、财政部以及农业农村部等五部委联合发布了《关于金融服务乡村振兴的指导意见》，明确指出了积极实施互联网金融服务“三农”工作；中共中央办公厅、国务院办公厅印发了《关于促进小农户和现代农业发展有机衔接的意见》，明确指出鼓励产业链金融、互联网金融在依法合规前提下为小农户提供金融服务。早在2017年，以凡普信为代表的民间非正式金融网络借贷公司就积极布局金融扶贫计划，惠及云南、贵州等5个省份，先后为高原农牧民等偏远地区

① 数据来源于2018年6月在陆家嘴论坛央行行长易纲公开发布数据。

② 数据来源于网贷之家发布的《2018年中国网络借贷行业年报》，下同。

提供了超过1000万元的公益性小额低息借款信息服务，有力地支持了这些地区社会经济的发展。

（四）加速正式金融组织的变革

民间非正式金融组织借贷最大的弊端在于监管难，却又最贴近金融市场实际，民间非正式金融组织形式及经营方式的变化也加速了正式金融组织的变革，突出表现在互联网金融对传统正式金融机构的刺激作用，加速了传统正式金融组织，尤其是银行金融机构互联网化的步伐。来自《2018年中国直销银行白皮书》的数据显示，截至2018年，全国118家直销银行中有113家银行独立开发了直销银行APP（互联网银行除外），同时，中国建设银行已经开通了无人值守的ATM式银行，传统商业银行的变革正在逐步加速。此外，网络借贷利率的公开化、透明化，也有利于加速国内借贷利率的市场化进程。

（五）推动民间投资的快速发展

民间非正式金融组织是民间投资的重要组成部分，借贷行为的活跃对推动民间投资起到了重要作用。来自中国统计年鉴的数据显示，2006～2017年，中国民间借贷规模从2006年的90360.20亿元上升至2017年的526046.20亿元，年均上升39607.82亿元，年均增长1.75%，占全社会固定资产投资实际到位资金的比例也由2006年的75.96%上升至2017年的82.49%，占比和增幅较高①，资金规模明显高于国家预算、国内贷款以及利用外资资金，对推动社会经济发展起到了重要的资金支持作用。

二、民间非正式金融组织借贷行为的负向效应分析

民间非正式金融组织借贷是一把双刃剑，在推动社会经济发展的同时，由于监管难度大、自身灵活性太强等多种因素干扰，民间非正式金融组织借贷经常出现较大的社会负面效应，尤其是近年来，国内出现的非法集资、裸条贷等事件，极大地破坏了社会稳定性，造成了较大的社会负面影响。在第三章中，我们已经分析出，截至2018年4月，中国网络借贷平台达到6114家，借贷问题平台累计数达到4237家，问题发生率达到69.30%，分别较2017年12月底增加144家、198家，问题发生率提高1.65个百分点，正常运行平台及问题平台规模小幅上升，问题平台发生率稳步下降。2018年前4个月，中国网络借贷问题平台数量降至202家，民间网络借贷风险得到一定程度的控制，但是，类似于“e租宝”

① 具体计算方式在下文进行详细解答。

“泛亚有色交易所”等非法集资风险事件的沉淀存量风险损失并未有效解决，民间非正式金融组织借贷行为的社会负向效应仍旧存在。

第二节　研究设计和变量选取

一、研究设计

基于柯布－道格拉斯函数，在不考虑规模效应的情况下，产出主要受资本投入以及劳动力等要素的影响，有：

$$y = A \times k^{\alpha} \times l^{\beta}(0 < \alpha,\ \beta < 1) \tag{5-1}$$

其中，y 为产出，k、l 分别为劳动力、资本投入，A、α、β 分别表示相应参数。同时，将民间非正式金融组织借贷规模 $folk\_\ c$ 作为资本投入量，并将式（5－1）进行对数化处理，有：

$$\ln y = \alpha \ln k + \beta \ln folk\_\ c + c_0 \tag{5-2}$$

民间非正式金融组织借贷行为的社会效应还会受到财政政策等其他变量的影响，在李祎雯等（2018）、胡宗义等（2016）学者研究成果的基础上，以 GDP 作为社会效应的替代变量，有：

$$gdp_{it} = a_0 + \beta_1 folk\_\ c_{it} + \beta_2 fiscal_{it} + \beta_3 edu_{it} + \beta_4 foreigh_{it} + \lambda_{it} \tag{5-3}$$

式（5－3）中，$fiscal$、edu、$foreigh$ 分别表示财政政策、人力资源以及对外贸易因素，a_0、β_i、λ_{it} 分别表示常数项、自变量系数和误差项。下文将基于式（5－3），运用 STATA 15.0 软件对社会效应的其他变量进行参数估计。进一步地，以考虑到民间非正式金融组织借贷行为社会效应的区域差异。Huang 等（2010）构建的时空加权回归模型不仅能够全面反映模型的空间位置特性，同时，又充分考虑时间因素，由此，基于此模型来分析民间非正式金融组织借贷行为的社会效应，有：

$$y_{it} = \alpha_0(m_i, n_i, z_i) + \sum_{t=1}^{k} \beta_i(m_i, n_i, z_i) x_{it} + \varphi_{it} \tag{5-4}$$

式（5－4）中，（m_i，n_i，z_i）（$i = 1$，…，n）表示第 i 个观测的时空地理位置，y_{it} 表示第 t 年第 i 个地区经济发展变量，x_{it} 表示第 t 年第 i 个地区的民间非正式金融组织借贷因素及其他控制要素，φ_{it} 表示随机要素，（m_i，n_i）表示第 i 个地区的空间坐标。

时空分析中，数据点（m_0，n_0，z_0）离研究区域任一点（m_i，n_i，t_i）越近，以 d 来度量之间的时空距离，距离大的赋予较大的权值，反之赋予较小权值。时空距离可表示为时间距离 d^T 和空间距离 d^S 的线性组合：$d=\lambda d^T+\gamma d^S$。时空权重由高斯函数确定，有：$w_{ij}=e^{-\left(\frac{d_{ik}}{b}\right)^2}$，其中，$d_{ik}$ 为样本点 i、样本点 k 之间的距离，b 为带宽由 $cv=\min\left(\sum_{i=1}^{n}\left[y_i-\hat{y}_i(b)\right]^2\right)$ 取最小值时得出，$\hat{y}_i(b)$ 为 y_i 的拟合值。

二、变量选定

为了有效地分析民间非正式金融组织借贷行为的社会效应，基于现有学者的研究成果以及数据的可得性，将区域经济发展以及产业发展两个指标作为反映社会效应的替代变量，将民间借贷规模作为反映民间非正式金融组织借贷行为的替代变量，来分析借贷行为的社会效应。由于民间非正式金融组织借贷行为的社会影响还会受到其他变量的影响，为此，要继续控制财政政策、人力资源以及对外贸易度三个变量来综合分析民间非正式金融组织借贷行为的社会效应，详见表 5-1。

表 5-1　变量选择

指标	因素	变量	代码
因变量	经济发展	GDP	*gdp*
		人均 GDP	*avgdp*
	产业发展	第二产业占 GDP 比重	*secd_ industry*
		第三产业占 GDP 比重	*third_ industry*
核心变量	民间借贷规模	民间借贷占比	*folk_ c*
控制变量	财政支出压力	财政支出占 GDP 比重	*fiscal*
	人力资源	每十万人高校毕业生数	*edu*
	对外贸易度	进出口贸易总额占 GDP 比重	*foreigh*

（1）因变量。结合数据可得性，为反映经济发展以及产业高质量发展趋势，经济发展指标主要由 GDP、人均 GDP 两个指标来反映，产业发展指标主要由第二产业和第三产业占 GDP 的比重来反映。

（2）自变量。基于苏静等（2013）和胡宗义等（2016）对非正式金融借贷规模的测算方法，民间非正式金融组织借贷规模主要由各省市固定资产投资中的自筹资金和其他资金组成。同时，考虑到民间非正式金融组织借贷规模对社会发展的效应，最终采用自筹资金和其他资金之和占固定资产投资的比重来反映民间非正式金融组织的借贷规模。财政支出压力指标，财政支出过大将对经济发展产生挤出效应，适度才有利于经济发展，因此，财政支出压力主要由财政支出占GDP的比重来表示。人力资源反映了地区人才要素的质量，主要由每十万人高校毕业生人数表示。对外贸易度反映外贸经济发展程度，主要由进出口贸易总额占GDP的比重来表示。

三、数据来源

为了有效地反映民间非正式金融组织借贷行为的社会效应，本节采集的数据包括北京、上海等国内31省区市（不含港澳台）的面板数据，未经特别说明，所有数据均来自《中国统计年鉴》(2007～2018年)、各省市政府统计公报（2006～2017年)。变量描述统计详见表5－2。

表5－2　变量描述统计

变量名	样本量	均值	标准差	最小值	最大值
gdp	372	17244. 29	15692. 07	290. 76	89705. 23
secd_ industry	372	45. 97	8. 33	19. 01	59. 05
third_ industry	372	17. 95	11. 43	0. 24	59. 41
folk_ c	372	77. 00	10. 76	26. 44	94. 01
fiscal	372	25. 18	19. 20	8. 37	137. 92
edu	372	461. 95	158. 76	155. 57	944. 74
foreigh	372	23. 70	30. 02	0. 72	142. 17
avgdp	372	40021. 03	23959. 32	5787. 00	128994. 10

第三节　民间非正式金融组织借贷行为的总体效应

一、变量检验

为了保证数据的稳定性，在进行面板数据模型分析之前，需要先对变量进行稳定性检验。由于文中所含变量绝对值较大，在进行检验之前，先对部分变量进行对数化处理，再分别进行 *LLC*、*ADF_ Fisher*、*PP_ Fisher* 检验，检验结果如表 5－3 所示。表 5－3 中，变量 *lnfolk_ c*、*lnfiscal*、*lnedu*、*lnforeigh*、*lngdp*、*secd_ industry*、*third_ industry*、*lnavgdp* 均在 1%（或 10%，5%）的置信水平上通过了假设检验，为平稳序列。

表 5－3 变量单位根检验

变量名	LLC	ADF_ Fisher	PP_ fisher
lnfolk_ c	－5. 919 ***	－7. 4333 ***	－1. 3927 *
lnfiscal	－6. 4002 ***	－9. 374 ***	－0. 6451 ***
Lnedu	4. 1259 ***	7. 2486 ***	－6. 4955 ***
Lnforeigh	10. 2843 ***	12. 1426 ***	－2. 1821 **
Lngdp	－2. 0705 **	－4. 9173 ***	－16. 7421 ***
secd_ industry	6. 2863 ***	6. 2863 ***	5. 7141 ***
third_ industry	－5. 4228 ***	－5. 4228 ***	3. 5946 ***
Lnavgdp	－5. 1597 ***	－5. 1597 ***	－15. 8724 ***

注：*、**、*** 分别表示在 10%、5%、1% 的置信水平上显著。

二、模型估计结果及分析

（一）模型结果及检验

依据空间面板模型的 Hausman 检验结果，本书采用随机效应模型进行参数的估计。依次将 GDP、人均 GDP、第二产业及第三产业占比为因变量进行参数估计，四个模型估计结果的可决系数均在 1% 的置信水平上通过检验，且大于 0. 6，表明模型估计结果能够有效地解释变量之间的统计关系，估计结果如表 5－4 所示。

表 5－4 模型参数估计结果

变量名	模型一	模型二	模型三	模型四
	lngdp	*lnavgdp*	*secd_ industry*	*third_ industry*
lnfolk_ c	0. 0369 *** （10. 84）	0. 0337 *** （10. 89）	－0. 157 * （－2. 49）	0. 122 ** （2. 81）

续表

变量名	模型一	模型二	模型三	模型四
	lngdp	lnavgdp	secd_ industry	third_ industry
lnfiscal	0. 0406 ***	0. 0361 ***	-0. 0852	0. 0977 **
	(16. 36)	(15. 96)	(-1. 85)	(3. 10)
lnedu	0. 00254 ***	0. 00284 ***	-0. 000918	0. 0114 ***
	(9. 82)	(12. 07)	(-0. 19)	(3. 48)
lnforeigh	0. 000859	0. 0012	0. 00033	-0. 0132
	(1. 13)	(1. 73)	(0. 02)	(-1. 36)
常数项	4. 257 ***	5. 576 ***	60. 61 ***	1. 169
	(17. 62)	(25. 33)	(13. 56)	(0. 38)
R 值	0. 7543 ***	0. 7767 ***	0. 6406 ***	0. 6852 ***
F 值	258. 71 ***	293 ***	113. 56 **	109. 15 ***
样本量	372	372	372	372

注：*、**、*** 分别表示在 10%、5%、1% 的置信水平上显著，括号内为系数 T 值。

（二）估计结果分析

民间非正式金融组织借贷行为对 GDP 的增长产生正向影响。模型一中，民间非正式金融组织借贷规模系数在 1% 的置信水平上显著为正，民间非正式金融组织借贷规模的扩大有利于 GDP 的增长。民间正式金融组织的借贷作为正式金融组织借贷行为的有益补充，尤其是互联网金融组织的借贷行为，在一定程度上有效地解决了借贷双方的信息不对称问题，加速了民间资金的流动，充分满足了小微企业、普通民众的借贷需求以及民众的投资诉求，尤其是满足了长期被正式金融机构排斥的小微型企业的融资需求，而目前国内 70% 以上的企业是小微企业，从而有效地推动了经济的增长。财政政策对 GDP 的增长产生正向影响。模型一中，财政支出占 GDP 比重系数在 1% 的置信水平上显著为正，财政支出占 GDP 比重的提高，有利于 GDP 的增长。实践中，为应对美国次贷危机的影响，2008 年以来中国采取了宽松的财政政策，加大了财政支出的力度，有力地推动了经济的快速增长。人力资源对 GDP 的增长产生正向影响。模型一中，每十万人高校毕业生系数在 1% 的置信水平上显著为正，每十万人高校毕业生比例的提高，有利于 GDP 的增长。高校毕业生是优质人才资源的主要群体，是创新发展的主体，人才规模越大，越能够有效地促进区域经济创新发展，推动经济高质量增长。对外贸易系数不显著。同样，模型二中，民间非正式金融组织借贷行为、财政政策以及人力资源均对人均 GDP 的增长产生显著的正向影响，对外贸易系数不显著，由于各个变量对人均 GDP 及 GDP 的影响机理相似，故此不再赘述。

民间非正式金融组织借贷行为对第二产业的发展产生负向影响。模型三中，民间非正式金融组织借贷规模系数在 10% 的置信水平上显著为负，表明民间非正式金融组织借贷规模的扩大不利于第二产业的发展，民间非正式金融组织借贷行为并未起到推动第二产业发展的积极作用。第二产业主要以加工制造、能源等实体型经济为主，是银行等正式金融组织借贷的主体，在第二产业中正式金融组织对非正式金融组织的挤出效应非常明显，民间非正式金融组织并不是这类产业融资的主体。财政政策、人力资源以及对外贸易对第二产业发展的影响不显著。

民间非正式金融组织借贷行为对第三产业的发展产生正向影响。模型四中，民间非正式金融组织借贷规模系数在 5% 的置信水平上显著为正，表明民间非正式金融组织借贷规模的扩大有利于第三产业的发展。第三产业主要以服务业为主，产业本身的风险性较强，尤其是小微企业，民间非正式金融组织是其资金的重要来源，因而，民间非正式金融组织借贷规模的扩大有利于第三产业的发展。财政政策对第三产业的发展产生正向影响。模型四中，财政支出占 GDP 比重系数在 5% 的置信水平上显著为正，财政支出占 GDP 比重的提高有利于第三产业的发展。第三产业是创新创业门槛和难度较低的产业，在大众创业、万众创新的大背景下，需要国家加大对创业者的财税扶持力度，激发创新创业激情，从而推动第三产业的发展。每十万人高校毕业生系数在 1% 的置信水平上显著为正，每十万人高校毕业生比例的提高有利于第三产业的发展。同样，第三产业以服务业为主，金融类、管理类的高端人才对第三产业的引领发展作用十分明显，因而，以高校毕业生为代表的高素质人才越多，越有利于第三产业的发展。

三、结论

基于 2006 ~ 2017 年中国 31 个省区市（不含港澳台地区）的面板数据，分析了民间非正式金融组织借贷行为的社会效应，得出如下结论：总体上，民间非正式金融组织借贷规模的扩大，对 GDP 以及人均 GDP 的提高产生了积极的正向作用，同时，也有利于第三产业的发展，但是，并未起到促进第二产业发展的积极作用。因而，加大民间非正式金融借贷市场规模，激发民间资本活力，有利于推动产业结构优化，实现经济高质量发展。

第四节　民间非正式金融组织借贷行为的区域效应

一、变量检验[①]

在进行 GTWR 模型分析之前，需要检验 GDP 和第三产业发展是否存在空间自相关关系。基于 2006 ~ 2017 年中国 31 个样本地区（不含港澳台地区）的指数数据，利用 Arcgis 软件计算出 Moran's I 指数及相关的统计检验值。2006 ~ 2017 年，中国 31 个样本地区 GDP 发展及第三产业发展的 Moran's I 指数分别为 0.8213、0.9239，在 1% 的置信水平上通过假设检验，表明中国地区 GDP 发展及第三产业发展在地理空间上存在显著正相关关系的空间效应，即在地理上的分布格局有明显的聚集效应。

二、模型估计结果及分析

基于式（5 - 4）分别估计了民间非正式金融组织借贷行为对 GDP 和第三产业影响的区域效应，其中，以 GDP 为因变量，模型可决系数 R 值为 0.9316，对应的 AICc 值为 -918.0388，Spatio - temporal Distance Ratio 值为 1.0；以第三产业占 GDP 比重为因变量，模型可决系数 R 值为 0.9033，对应的 AICc 值为 1641.6986，Spatio - temporal Distance Ratio 值为 1.7476，可见，两个模型的解释程度较高且通过统计检验，能够有效地说明民间非正式金融组织借贷行为对 GDP 和第三产业发展之间的作用关系。

（一）民间非正式金融组织借贷对 GDP 增长影响的区域差异

总体上，样本地区民间非正式金融组织借贷行为对经济发展的影响区域差异较大，有 13 个地区的民间非正式金融组织借贷行为对经济发展的影响趋于负向，18 个地区的民间非正式金融组织借贷行为对经济发展的影响趋于正向。时空分布上，民间非正式金融组织借贷行为对经济发展的负向影响区域集中于中西部及东北地区，正向影响区域集中于东部及中部地区，民间非正式金融组织借贷行为对东部及中部地区经济发展的促进作用要好于中部及西部地区。

---

① 由于第二产业变量估计结果不佳，以及人均 GDP 与 GDP 存在的信息重叠，为此，部分检验并未显示第二产业以及人均 GDP 的区域效应估计结果。

2006~2017年，河北、山西、新疆等13个地区民间非正式金融组织借贷行为对经济发展的影响主要以负向为主，黑龙江地区民间非正式金融组织借贷行为对经济发展的影响由负转正，表明这些地区的民间非正式金融组织借贷行为不利于本地区经济的发展。空间上，此类地区以中国中部地区及西部地区为主。长期以来，中部及西部地区的金融发展及经济发展程度偏低，民间借贷活力不足，对经济发展的促进作用也相对偏弱。

上海、浙江以及江苏等18个地区民间非正式金融组织借贷行为对经济发展产生积极的正向影响。其中，上海、江苏以及浙江等12个地区的民间非正式金融组织借贷行为对经济发展的正向影响逐渐减弱，辽宁、重庆及四川等6个地区民间非正式金融组织借贷行为对经济发展的正向影响逐渐上升，表明这些地区的民间非正式金融组织借贷行为有利于本地区经济的发展。空间上，正向作用转弱的地区主要集中于东部地区，正向作用走强的地区主要集中于中西部地区，民间非正式金融组织借贷行为对中西部地区经济发展的正向作用明显高于东部沿海地区。在第三章中，我们已经指出，自2015年以来，国内以P2P网络借贷为主的互联网金融风险逐渐成为东部地区民间非正式金融组织借贷风险的主要表现形式，民间非正式金融组织借贷行为对区域社会经济发展产生了较大的负向影响，尤其是2018年以来，上海、杭州等地持续的“爆雷”事件，降低了民间非正式金融借贷行为对疏通民间资金活力、促进社会经济发展的积极作用力。同时，第三产业是吸纳小微企业最多的行业，除了金融、房地产行业本身具有较强的金融资源吸附力外，其他行业的企业，尤其是小微企业往往受到正式金融资源的排斥，而这些企业也主要依靠民间借贷来进行融资。辽宁、重庆等地区金融发展程度本身就偏弱，在经济下行压力逐步加大的情况下，本着审慎监管的原则，正式金融组织对小微企业的授信更加苛刻，从而导致此类地区的中小微型企业更多地依靠民间借贷来推动发展，从而导致民间借贷对经济发展的作用逐渐增强。

（二）民间非正式金融组织借贷对第三产业发展的区域差异

总体上，样本地区民间非正式金融组织借贷行为对经济发展的影响区域差异较大，有10个地区民间非正式金融借贷行为对第三产业发展的影响趋于负向，21个地区民间非正式金融借贷行为对第三产业发展的影响趋于正向。空间分布上，民间非正式金融组织借贷行为对第三产业发展的负向影响区域集中于中西部及东北地区，正向影响区域集中于中部及东部地区，民间非正式金融组织借贷行为对东部及中部地区经济发展的促进作用要好于中部及西部地区，与上文民间非正式金融组织借贷行为对GDP增长的区域影响相似。

河北、山东、广西等8个地区民间非正式金融组织借贷行为对第三产业发展的影响主要以负向为主，吉林、海南2个地区民间非正式金融组织借贷行为对经济发展的影响由负转正，表明这些地区的民间非正式金融组织借贷行为不利于本地区经济的发展。空间上，此类地区以中西部及东北地区为主。长期以来，国内中西部及东北部地区第三产业发展程度偏低，尤其是金融产业发展水平与东部发达地区相比仍有较大差距，同时，根据网贷之家等第三方网络借贷平台的数据我们可以看出，中西部及东北部地区的网络借贷机构明显少于其他地区，民间借贷主要以非网络借贷为主，金融资源对产业发展的支撑作用力不足。

湖北、上海以及江苏等21个地区民间非正式金融组织借贷行为对第三产业发展产生积极的正向影响。其中，上海、江苏以及浙江等6个地区的民间非正式金融组织借贷行为对第三产业发展的正向影响逐渐减弱，辽宁、内蒙古及云南等15个地区的民间非正式金融组织借贷行为对经济发展的正向影响逐渐上升，表明这些地区的民间非正式金融组织借贷行为有利于本地区经济的发展，但影响程度差异明显。空间上，正向作用转弱的地区主要集中于东部地区，正向作用走强的地区主要集中于中西部地区，民间非正式金融组织借贷行为对中西部地区经济发展的正向作用明显高于东部沿海地区。与上文结论基本相似，上海等正向作用减弱地区主要受到P2P网络借贷风险事件的影响，在此不再赘述。同样，在经济下行压力加大的情况下，即使国家要求加大对小微企业的金融扶持力度，受到自身盈利目的以及抗风险性要求，辽宁、贵州等地区的正式金融机构对小微企业的排斥作用在加强，导致民间借贷对第三产业发展的作用逐渐增强。

三、结论

基于2006~2017年中国31个省区市（不含港澳台地区）的面板数据，选择GDP增长以及第二、三产业发展作为反映社会效应的替代变量，利用GTWR模型分析了民间非正式金融组织借贷行为社会效应的区域差异，得出如下结论：一是样本地区民间非正式金融组织借贷行为对经济发展的影响区域差异较大，有13个地区的民间非正式金融借贷行为对经济发展的影响趋于负向，18个地区的民间非正式金融借贷行为对经济发展的影响趋于正向。空间分布上，民间非正式金融组织借贷行为对经济发展的负向影响区域集中于中西部及东北地区，正向影响区域集中于东部及中部地区，民间非正式金融组织借贷行为对东部及中部地区经济发展的促进作用要好于中部及西部地区。二是样本地区民间非正式金融组织借贷行为对第三产业发展的影响区域差异较大，有10个地区民间非正式金融借贷行为对第三产业发展的影响趋于负向，21 个地区民间非正式金融借贷行为对第三产业发展的影响趋于正向。空间分布上，民间非正式金融组织借贷行为对第三产业发展的负向影响区域集中于中西部及东北地区，正向影响区域集中于中部及东部地区，民间非正式金融组织借贷行为对东部及中部地区经济发展的促进作用要好于中部及西部地区。

第六章 民间非正式金融组织借贷行为的影响因素分析

经济新常态下，中国社会经济已经由高速增长阶段转向中高速增长阶段，社会经济环境发生了巨大变化。近年来，面对互联网金融“爆雷”事件的持续发生，国家对民间非正式金融组织的监管力度也稳步加大，影响民间非正式金融组织及个人借贷行为的要素也发生了新变化。本章将基于社会调查的统计数据，利用Logist模型从民间非正式金融借贷供给行为、需求行为两个角度，运用STATA15.0软件分析影响民间非正式金融组织借贷行为、个人投资行为以及借贷需求行为的要素。

第一节 民间非正式金融组织借贷供给行为的影响因素分析

作为传统的借贷主体，民间非正式金融组织一直扮演着解决民间信贷配给问题的关键角色，但是，现有学者针对资金供给方的研究相对较少。为此，本节将在学者们研究成果的基础上分析影响民间非正式金融组织借贷行为的因素。

一、研究方法

概率逻辑模型是研究行为经济学的重要方式，为了更加清晰地反映影响民间非正式金融组织借贷行为的因素，本书将民间非正式金融组织的借贷行为方向设定为无序离散型变量，运用概率逻辑模型来进行分析。技术上，多元线性概率模型能够很好地反映民间非正式金融组织借贷的整体情况，但是，为了深入地分析民间非正式金融组织借贷行为的具体情况，设定在考察期间内民间非正式金融组织的具体类型为因变量，将其设定为一个二元定性变量，通过设定虚拟变量的方式，全面分析影响民间非正式金融组织借贷行为的要素，定义二元逻辑概率模型 Logist 模型为：

$$Y_i^* = F(\sum_{i=1}^{N}\beta_1 X_i + \alpha_i) + \mu_i (i = 1, \cdots, N) \tag{6-1}$$

指示函数仍为：

$$Y_i = I\ (Y_i^* = \delta)\ (i = 1,\ \cdots,\ N) \tag{6-2}$$

其中，Y_i^* 为可观测部分的被解释变量，表示的是样本 i 的借贷组织类型，Y_i 的取值为 0、1，Y_i 是 Y_i^* 的可观测部分。X_i 表示的是处于上述两种状态下的 $1 \times K$ 维解释变量，即影响民间非正式金融组织借贷行为的因素。$I\ (Y_i^* = \delta)$ 是指示函数，括号内为真，则函数值为 1；否则，函数值为 0。

利用极大似然法，可将公式（6－1）展开为：

$$\ln L = \sum_{i=1}^{N}[Y_i \ln(Y_i - \mu_i) + (1 - Y_i)\ln(1 - Y_i - \mu_i)] \tag{6-3}$$

同样，Arellano（2004）的偏误修正方法提高了模型的精确度，则式（6－3）变形为：

$$\ln L = \sum_{i=1}^{N} \frac{\exp(\sum_{i=1}^{N} Y_i \times f_i(\sum_{i=1}^{N}\beta_i X_i + \alpha_i))}{\sum_{\sum_{i=1}^{N} d_i = \sum_{i=1}^{N} y_i} \exp(d_i(\sum_{i=1}^{N}\beta_i X_i + \alpha_i))} \tag{6-4}$$

Y_i 表示的是民间非正式金融借贷组织的具体类型，X_i 表示的是影响民间非正式金融组织借贷行为的因素，β_i 表示的是相应的系数参数。同时，在下文对影响民间非正式金融个人借贷供给行为、影响民间非正式金融借贷者需求行为的分析中，我们将同样基于式（6－4）进行实证分析，并运用 STATA15.0 软件估计模型参数。

二、变量选取和理论假设

本节以影响民间非正式金融组织机构的具体类型为被解释变量，将影响因素分为样本个体基本特征、借贷产品特征、信用要素认知、借贷行为要素及政府制度认知四个部分，详见表 6－1。

（一）个体特征与民间非正式金融组织借贷行为

民间非正式金融组织借贷行为受到企业主个体特征的约束。理论上，企业主

表 6－1 变量选取

变量名称	变量定义	作用方向
借贷组织类型	投资担保公司＝1，其他＝0；P2P 网贷公司＝1，其他＝0	
1. 个体基本特征		
性别	男＝1，女＝0	+
年龄	实际值	+
受教育程度	小学＝1，初中＝2，高中（技校/中专）＝3，本科（大专）＝4，硕士＝5，博士＝6	+
婚姻状况	已婚＝1，未婚＝0	−
公司年均收入	50 万元及以下＝1，51 万～100 万元＝2，101 万～150 万元＝3，151 万～200 万元＝4，201 万～250 万元＝5，251 万～300 万元＝6，301 万元及以上＝7	+
2. 借贷产品特征		
贷款的年利率	10%及以下＝1，11%～25%＝2，26%～40%＝3，41%～55%＝4，56%～70%＝5，71%以上＝6	+
5 万元以下审贷时间	1 天＝1，2 天＝2，3 天＝3，4 天及以上＝4	+
5 万元以下贷款是否需要抵押物	需要＝1，不需要＝0	−
最近一次您放贷申请人跑的次数	1 次＝1，2 次＝2，3 次＝3，4 次及以上＝4	−
3. 信用要素认知		
个人信用文化受教育程度	不知道＝1，未接受过＝2，部分接受过＝3，完全接受过＝4	+
民间借贷中信用要素重要性程度	不知道＝1，一般＝2，重要＝3，非常重要＝4	+
有无违约防控机制	有＝1，没有＝0	+
4. 借贷行为要素及制度认知		
建立民间借贷监管体制	1 分＝1，2 分＝2，3 分＝3，4 分＝4，5 分＝5	+
强化社会诚信体系建设	1 分＝1，2 分＝2，3 分＝3，4 分＝4，5 分＝5	+
增强对个人的信用教育	1 分＝1，2 分＝2，3 分＝3，4 分＝4，5 分＝5	+

的性别、年龄、受教育程度会影响投资者的投资偏好。相对于男性，女性对风险更加敏感，偏好规避风险（Daruvala，2007），女性会投资于相对稳健的借贷机构。年轻的企业主由于更能接受新的信息、技术，发现新事物的能力强于年长的企业主，相对偏好新兴的投资渠道，如互联网 P2P 借贷等。实际上，从事 P2P 借贷的企业主都是相对年轻的企业主。受教育程度越高的企业主，越偏好从全局的角度接受富有挑战性的工作，风险偏好相对高于受教育程度低的企业主（李烜等，2015）。婚姻状况上，大部分已婚人士由于考虑到家庭的稳健性发展，更加偏好于风险小的投资行为。公司年均收入是企业主投资决策的关键参考指标，一

般而言，年均收入越高的企业主由于风险承受能力较强，开拓精神好于收入低的企业主。因此，本节选取的个体基本特征因素包括：性别、年龄、受教育程度、婚姻状况及公司年均收入。

（二）借贷产品特征与民间非正式金融组织借贷行为

借贷产品特征是民间非正式金融组织借贷行为的关键表现形式和约束要素。理论上，投资担保公司、P2P网络贷款公司的趋利性更强，但是P2P网络借贷的利率市场化程度较高，市场利率相对偏低才能接近市场实际，因而，贷款的年利率越低，越是偏向于P2P网络借贷等借贷行为。贷款种类较多对借贷途径的影响不明显，民间非正式金融组织借贷方式的种类创新都比较多。实践中，合会（互助）、投资担保公司在熟人之间借贷的可能性较高，P2P网络借贷在非熟人之间借贷的可能性较高且最为直接与便捷，“5万元以下审贷时间”越短、“5万元以下贷款不需要抵押物”、最近一次您公司贷款申请人跑的次数越低的机构越偏向于P2P网络借贷机构，因此，本节选取的借贷产品特征因素包括：贷款的年利率、贷款产品的种类、5万元以下审贷时间、5万元以下贷款是否需要抵押物及最近一次您放贷申请人跑的次数。

（三）信用要素认知与民间非正式金融组织借贷行为

信用是民间非正式金融组织借贷行为中的关键要素之一。理论上，企业主个人信用文化受教育程度越高，在借贷行为中越重视信用要素，建立起违约防控机制，借贷行为会更加稳健。值得注意的是，实践中，很多民间投资担保公司主要的风险防控机制是“暴力催收”，本部分不考虑这种情况，将在后文的案例分析中进一步展开论述。因此，本节选取的信用建设认知的变量为个人信用文化受教育程度、民间借贷中信用要素重要性程度及有无违约防控机制。

（四）借贷行为要素及制度认知与民间非正式金融组织借贷行为

发挥民间非正式金融组织的借贷优势，弱化借贷劣势，认清导致当前民间借贷危机的关键要素，更加有利于机构自身的发展。结合调查问卷的样本实际，选择重要性认知打分多在4分及以上的因素作为此部分的实证变量，主要包括建立民间借贷监管体制、强化社会诚信体系建设及增强对个人的信用教育。

三、实证结果及分析

依据调查样本的实际情况，将被调查借贷企业的类型划分为投资担保公司、P2P借贷公司两种，并设定为二元定性因变量，设定个体特征、借贷产品特征、信用要素认知、借贷行为要素及政府制度认知因素为自变量，为了有效地分析自变量对因变量的影响情况，基于式（6－4），采取自变量逐步带入的方式来分析影响不同供给行为的因素，模型估计参数如表6－2、表6－3所示。从表6－2、表6－3可以看出，参数估计模型似然比值均在0.0000水平上通过检验，同时，伪拟合优度Pseudo调整 R^2 值均在1%的置信水平上显著小于0.1，表明不同因素对民间非正式金融组织借贷行为的预测结果与实际选择有较高的匹配度。

表6－2　个体特征和借贷产品要素的影响估计结果

变量名	模型（一）		模型（二）		模型（三）	
	投资担保公司	P2P网贷公司	投资担保公司	P2P网贷公司	投资担保公司	P2P网贷公司
性别	0.153 (0.48)	−0.884** (−2.42)	— —	— —	0.106 (0.32)	−0.874** (−2.33)
年龄	0.004 (0.22)	−0.0195* (−1.98)	— —	— —	0.001 (0.05)	−0.0109 (−0.50)
受教育程度	−0.203* (−1.70)	0.589*** (−4.40)	— —	— —	−0.178 (−1.44)	0.570*** (−4.14)
婚姻状况	0.0973 (−0.30)	−0.162 (−0.45)	— —	— —	0.0679 (−0.21)	−0.12 (−0.33)
年均收入	−0.0299 (−0.36)	0.139 (−1.44)	— —	— —	−0.0224 (−0.26)	0.139 (−1.38)
年贷款利率	— —	— —	0.0612 (−0.57)	−0.0344 (−0.30)	0.0513 (−0.47)	−0.0132 (−0.11)
5万元以下审贷时间	— —	— —	0.343 (−1.38)	−0.411 (−1.53)	0.322 (−1.28)	−0.374 (−1.29)
5万元以下审贷是否需要担保物	— —	— —	−0.521** (−2.11)	0.405* (−1.60)	−0.547** (−2.18)	0.480* (−1.77)
借贷办事次数	— —	— —	−0.322* (−1.62)	0.735*** (−3.16)	−0.179 (−0.77)	0.364 (−1.29)
常数项	−0.635 (−0.61)	0.812 (−0.72)	0.416 (−0.57)	−2.023** (−2.41)	−0.509 (−0.41)	0.406 (−0.30)
样本量	308	308	308	308	308	308
Pseudo R^2	0.0937***	0.0288***	0.0223***	0.0414***	0.0288***	0.0961***
极大似然值	−186.2061	−207.2432	−208.6169	−196.9644	−207.2432	−182.9497

注：*、**、***分别表示在10%、5%、1%的置信水平上显著，括号内为相应系数的Z值。

（一）个体特征和借贷产品要素的影响

为了有效地反映变量在不受其他要素控制的情况下对因变量的影响程度，模型（一）中仅包括个体特征要素，模型（二）中仅包括借贷产品特征。在控制个体特征的情况下，模型（三）分析了借贷产品特征要素的影响。

1. 个体特征的影响

性别对 P2P 网贷公司产生显著的负向影响。模型（一）中，变量性别的系数在 5% 的置信水平上显著为负，同时在模型（三）、模型（五）中均显著为负，表明男性企业主不偏向于设立 P2P 网贷公司。相比较于其他投资机构形态，P2P 网贷公司的设立简单、进入门槛低、专业性不强，投资担保公司的风险和经营难度相对高，更加符合女性投资者的偏好，因而，相对男性企业主，女性企业主偏好投资设立 P2P 网贷公司。性别对投资担保公司的设立影响不显著。

年龄对 P2P 网贷公司产生显著的负向影响。模型（一）与模型（五）中，变量性别的系数在 10% 的置信水平上显著为负，表明企业主年龄越低，越偏向于设立 P2P 网贷公司，这一点也与 P2P 网贷公司的发展实际相符。截至 2018 年 3 月，该机构采集的 32 家 P2P 网络借贷平台从业者年龄为 26 ~ 30 岁的比例达到 42. 13%，P2P 网贷公司经营年轻化成为该类型借贷机构的重要特征①。年龄对投资担保公司设立的影响不显著。

受教育程度对不同民间非正式金融组织的影响存在差异。受教育程度对 P2P 网贷公司产生显著的正向影响。模型（一）中，变量受教育程度的系数在 1% 的置信水平上显著为正，同时在模型（二）、模型（五）中均显著为正，表明企业主的受教育程度越高，越是偏向投资设立 P2P 网贷公司。作为借助互联网技术的新兴的借贷方式，网络借贷组织从发起之始就受到了年轻企业主的青睐。统计数据表明，大部分机构的从业者拥有本科及以上学历，其中，硕博以上高学历从业者人群已经占到 5. 36%，网络贷款机构的硕博比例高达 37. 50%②。受教育程度对投资担保公司的设立产生显著的负向影响。模型（一）中，受教育程度的系数在 1% 的置信水平上显著为负，表明企业主的受教育程度越低，越是偏向设立投资担保公司。相对 P2P 网贷公司的设立需要一定的进入门槛（网络技术、更加严格的政府风险监管等），年龄偏大的企业主更加容易接受传统的投资公司。变量婚姻状况、年均收入的影响不显著。

① 数据来源于网贷之家《2018 年中国 P2P 网贷平台百强榜》。

② 数据来源于网贷之家《2018 年 3 月网贷平台发展指数评级榜单》。

2. 借贷产品要素的影响

借贷产品“5 万元以下审贷是否需要担保物”对投资担保公司产生显著的负向影响。在模型（二）中，变量“5 万元以下审贷是否需要担保物”的系数在 5% 的置信水平上显著为负，在模型（三）、模型（五）中，分别在 5%、10% 的置信水平上显著为负，表明借贷产品 5 万元以下审贷越不需要担保物的机构，越偏向于投资担保公司。借贷产品“5 万元以下审贷是否需要担保物”对 P2P 网贷公司产生显著的正向影响。在模型（二）中，变量“5 万元以下审贷是否需要担保物”的系数在 10% 的置信水平上显著为正，在模型（三）、模型（四）中，分别在 10% 的置信水平上显著为正，表明借贷产品 5 万元以下审贷越需要担保物的机构，越偏向于 P2P 网贷公司。在调查中，发现对于 5 万元以下的借贷产品，投资担保公司一般采取的是信用贷款，较少使用担保；P2P 网贷公司往往需要借款者用房产及其他非正常方式提供担保。

借贷办事次数对不同民间非正式金融组织的影响不同。模型（二）中，变量借贷办事次数在 10% 的置信水平上对投资担保公司产生显著的负向影响，在 1% 的置信水平上对 P2P 网贷公司产生显著的正向影响，表明借贷办事次数越少的机构，越是偏向于投资 P2P 网贷公司，反之偏向投资担保公司。相对于传统的投资担保公司，P2P 网贷公司的最大优势在于利用互联网技术平台减少了借贷供需双方的信息障碍，使沟通更为直接、快捷，借款者仅需要提供相应的审核资料，即可在电脑、手机等终端平台上获得资金。变量年贷款利率、5 万元以下审贷时间的影响不显著。

（二）信用、借贷风险及政策认知的影响

在仅考虑信用、借贷及政策认知因素的情况下，得到了模型（四），进一步控制个体特征、借贷产品特征等因素的影响，得到模型（五）。

表 6-3 信用、借贷风险及政策认知的影响估计结果

变量名	模型（四）		模型（五）	
	投资担保公司	P2P 网贷公司	投资担保公司	P2P 网贷公司
性别	—	—	0.108	−1.096**
	—	—	(−0.31)	(−2.56)
年龄	—	—	0.0261	−0.0363*
	—	—	(−1.14)	(−1.93)

续表

变量名	模型（四）		模型（五）	
	投资担保公司	P2P 网贷公司	投资担保公司	P2P 网贷公司
受教育程度	— —	— —	-0.124 (-0.95)	0.468 *** (-3.24)
婚姻状况	— —	— —	0.134 (-0.38)	-0.149 (-0.39)
年均收入	— —	— —	-0.0264 (-0.27)	0.099 (-0.8)
年化贷款利率	— —	— —	0.0435 (-0.37)	0.0031 (-0.02)
5 万元以下审贷时间	— —	— —	0.317 (-1.16)	-0.483 (-1.57)
5 万元以下审贷是否需要担保物	— —	— —	-0.525 * (-1.90)	0.601 * (-1.91)
借贷办事次数	— —	— —	-0.0512 (-0.19)	-0.0074 (-0.02)
个人信用文化受教育程度	0.443 ** (-2.03)	-0.233 (-0.85)	0.432 * (-1.80)	-0.313 (-0.97)
民间借贷中信用要素重要性程度	-0.412 ** (-2.08)	1.035 *** (-3.48)	-0.501 ** (-2.00)	1.251 *** (-2.91)
有无违约防控机制	-0.888 *** (-2.94)	0.776 ** (-2.39)	-0.938 *** (-2.91)	0.801 ** (-2.26)
强化社会诚信体系建设	0.218 (-1.35)	-0.605 *** (-3.09)	0.295 (-1.58)	-0.664 *** (-2.60)
建立民间借贷监管体制	-0.341 (-1.48)	0.323 (-1.29)	-0.302 (-1.18)	0.254 (-0.85)
常数项	1.025 (-0.99)	-2.064 (-1.54)	-0.743 (-0.43)	2.143 (-1.03)
样本量	308	308	308	308
Pseudo R^2	0.0525	0.0791	0.0717	0.089
极大似然值	-202.1725	-183.2991	-198.0831	-170.3605

注：*、**、*** 分别表示在 10%、5%、1% 的置信水平上显著，括号内为相应系数的 Z 值。

1. 信用要素认知的影响

变量个人信用文化受教育程度对投资担保公司产生显著的负向影响。变量个人信用文化受教育程度在模型（四）、模型（五）中分别在5%、10%的置信水平上显著为负，表明企业主的信用文化教育程度越低，越是偏向于设立投资担保公司。一般而言，投资担保公司需要以信用为关键纽带，连接借贷供需双方，对信用要求相对较高。但是实践中，中小型投资担保公司设立门槛低，技术要求不高，并不要求投资者拥有较高的信用文化教育水平。变量个人信用文化受教育程度对P2P网贷公司的影响不显著。

变量民间借贷中的信用重要性认知对民间非正式金融组织的影响有所不同。模型（四）、模型（五）中，民间借贷中的信用重要性认知对投资担保公司的影响均在5%的置信水平上显著为负，对P2P网贷公司的影响在1%的置信水平上显著为正，表明企业主越是认为民间借贷中信用重要，越是偏向于P2P网贷公司，反之，偏向于投资担保公司。实践中，相对于投资担保公司，P2P网贷公司多是非熟人借贷，对供需双方的信息依赖性更强，更加需要供需双方的信用作为基础支撑要素。

2. 借贷风险控制的影响

变量有无违约防控机制对民间非正式金融组织机构的影响有所不同。模型（四）、模型（五）中，有无违约防控机制对投资担保公司的影响均在1%的置信水平上显著为负，对P2P网贷公司的影响在5%的置信水平上显著为正，表明越是有风险防控机制的机构，越是偏向P2P网贷公司；反之，偏向于投资担保公司。由于P2P网贷公司多以非熟人的借贷为主，且多以手机、电脑等互联网终端为交易平台，对风险防控的要求偏高，而建立在地缘关系的传统投资担保公司更易受到道德的约束，对风险防控的要求相对偏弱。实践中，受访的P2P网贷公司基本上都建立起了风险防控机制。

3. 借贷政策的影响

变量强化社会诚信体系建设的重要性对P2P网贷公司的影响为负。模型（四）、模型（五）中，变量强化社会诚信体系建设的重要性认知的系数均在1%的置信水平上显著为负，表明对于解决民间借贷危机，越是认为强化社会诚信体系建设不重要的企业主，越是偏向于设立P2P网贷公司。实践中，我们发现正是认为社会诚信体系不重要的企业主，他们更有可能忽视信用的重要性，充分利用P2P网络借贷平台进入门槛低、市场行情火爆、监管制度不健全等优势，以P2P网络借贷公司为“空壳”进行借贷欺诈“圈钱跑路”。

四、结论

基于308个民间非正式金融组织借贷行为的调查样本，利用Logist概率模型分析了个体特征、借贷产品、信用、借贷风险及政策认知对民间非正式金融组织借贷行为的影响，参数估计模型似然比值均在0.0000水平上通过检验，同时，伪拟合优度Pseudo调整R^2值均在1%的置信水平上显著小于0.1，表明不同因素对民间非正式金融组织借贷行为的预测结果与实际选择有较高的匹配度。

一是个体特征的影响。性别对P2P网贷公司产生显著的负向影响，对投资担保公司影响不显著。年龄对P2P网贷公司产生显著的负向影响，对投资担保公司影响不显著。受教育程度对P2P网贷公司产生显著的正向影响，对投资担保公司产生显著的负向影响。

二是借贷产品要素的影响。变量借贷产品“5万元以下审贷是否需要担保物”对投资担保公司产生显著正向影响，对P2P网贷公司产生显著正向影响。变量年贷款利率、5万元以下审贷时间的影响不显著。

三是信用要素认知的影响。变量个人信用文化受教育程度对投资担保公司产生显著负向影响，对P2P网贷公司的影响不显著。变量民间借贷中的信用重要性认知对民间非正式金融组织机构的影响有所不同。民间借贷中的信用重要性认知对投资担保公司的影响显著为负，对P2P网贷公司的影响显著为正。

四是借贷风险控制的影响。变量有无违约防控机制对投资担保公司产生显著的负向影响，对P2P网贷公司产生显著的正向影响。

五是借贷政策的影响。变量强化社会诚信体系建设的重要性对P2P网贷公司产生显著的负向影响。其他政策认知要素的影响不显著。

第二节　民间非正式金融组织个人借贷投资行为的影响因素分析

互联网金融的快速发展加速了陌生人之间贷款的有效进行。本节将以个人作为借贷资金出让人，通过不同个体投资者投资途径的选择来分析民间非正式金融组织中介平台的借贷行为，以及个人投资者借贷行为的特点。

一、变量选取与理论假设

本节研究方法与上文一致，将民间非正式金融组织个人借贷投资者的借贷途径作为被解释变量，将影响民间非正式金融组织个人投资者的借贷行为要素作为解释变量，来分析影响民间非正式金融组织个人借贷供给行为的因素。结合调查样本实际，将因变量分为个体基本特征、民间借贷要素认知特征、借贷产品特征、借贷违约情况特征四个部分，详见表6－4。

表6－4　实证分析变量选取

变量名称	变量定义	作用方向
借贷投资方向	投资担保公司＝1，其他＝0；P2P网贷公司＝1，其他＝0	
1. 个体基本特征		
性别	男＝1，女＝0	+
年龄	实际值（岁）	+
受教育程度	小学＝1，初中＝2，高中（技校/中专）＝3，本科（大专）＝4，硕士＝5，博士＝6	+
月均收入	1000元及以下＝1，1001～3000元＝2，3001～5000元＝3，5001～7000元＝4，7001～9000元＝5，9001～11000元＝6，11001元及以上＝7	+
婚姻状况	已婚＝1，未婚＝0	−
家庭总人数	实际值（人）	+
2. 民间借贷要素认知特征		
个人信用文化受教育程度	不知道＝1，未接受过＝2，部分接受过＝3，完全接受过＝4	+
民间借贷中信用要素重要性程度	不知道＝1，一般＝2，重要＝3，非常重要＝4	+
当前民间借贷潜在问题的重要性程度		
寻找放贷人困难	1分＝1，2分＝2，3分＝3，4分＝4，5分＝5，6分＝6	−
利率太高	1分＝1，2分＝2，3分＝3，4分＝4，5分＝5，6分＝6	−
不规范，容易引发纠纷	1分＝1，2分＝2，3分＝3，4分＝4，5分＝5，6分＝6	−
信用风险太高	1分＝1，2分＝2，3分＝3，4分＝4，5分＝5，6分＝6	−
缺乏有效的监管机制及措施	1分＝1，2分＝2，3分＝3，4分＝4，5分＝5，6分＝6	−
相关法律不够完善	1分＝1，2分＝2，3分＝3，4分＝4，5分＝5，6分＝6	−
扰乱了正规金融秩序	1分＝1，2分＝2，3分＝3，4分＝4，5分＝5，6分＝6	−

续表

变量名称	变量定义	作用方向
影响政府宏观经济调控	1 分 =1，2 分 =2，3 分 =3，4 分 =4，5 分 =5，6 分 =6	-
3. 借贷产品特征		
最近一次借贷的金额		+
贷款的年利率	10% 及以下 =1，11% ~25% =2，26% ~40% =3，41% ~55% =4，56% ~70% =5，71% 及以上 =6	+
最近一次借贷的期限	1 年及以下 =1，1 ~3 年 =2，3 ~5 年 =3，5 ~7 年 =4，7 年以上 =5	+
对机构（平台）服务评价	差 =1，一般 =2，好 =3，非常好 =4	+
最近一次您放贷申请人跑的次数	1 次 =1，2 次 =2，3 次 =3，4 次及以上 =4	-
是否了解机构（平台）资金处置方式	不知道 =1，部分了解 =2，知道 =3，非常清楚 =4	
4. 借贷违约情况特征		
所投机构（平台）是否有违约情况	有 =1，没有 =0	+
违约后，机构（平台）服务评价	差 =1，一般 =2，好 =3，非常好 =4	+
机构违约原因情况	“投资/生意出现亏损，资金周转困难” =1，其他 =0；“机构本身的欺骗性，老板‘跑路’” =1，其他 =0；“信贷市场压力传闻，导致兑现危机” =1，其他 =0	-

（一）个体特征与民间非正式金融组织个人投资行为

民间非正式金融组织个人投资行为受到个体特征的约束。理论上，个体的性别、年龄、受教育程度、婚姻状况、个人收入均影响投资者的投资偏好，与上文中作为企业投资者的企业主投资风险偏好基本类似，在此不再赘述。一般而言，家庭的总人数越多，投资越偏好于低风险型，以减少风险对家庭的冲击，因而，投资也趋于稳健型机构。因此，本节选取的个体基本特征因素包括性别、年龄、受教育程度、月均收入、婚姻状况及家庭总人数。

（二）借贷要素认知与民间非正式金融组织个人借贷投资行为

与上文企业主类似，个人信用文化受教育程度越高，在借贷行为中越重视信用要素，越偏好履约。同时，对当前民间借贷潜在问题的重要性认知程度的不同，也会对其自身借贷投资行为产生重要影响。因此，本节选取的借贷要素认知变量为：个人信用文化受教育程度、如何看待民间借贷中的信用问题及当前民间借贷潜在问题的重要性程度。

（三）借贷产品特征与民间非正式金融组织个人借贷投资行为

借贷产品特征是民间非正式金融组织个人投资行为的关键表现形式和约束要

素。实践中，P2P 网络借贷也主要以小额贷款为主，贷款的年利率相对较低、借贷的期限的周期更短、借贷更为便捷、信息透明度更高，投资担保公司则相对投资规模偏大、贷款利率波动大等。因此，本节选取的借贷产品特征变量为：最近一次借贷的金额、贷款的年利率、最近一次借贷的期限、对机构（组织）服务评价、最近一次您放贷申请人跑的次数、是否了解机构（组织）资金处置方式。

（四）借贷违约情况认知与民间非正式金融组织个人借贷投资行为

实践中，违约后，大部分借贷中介机构的服务态度会显著降低。在当前环境下，民间非正式金融组织借贷中介机构的违约的原因有很多，不同机构的违约的侧重点会有所不同。结合调查问卷的样本实际，借贷违约情况认知变量主要包括所投机构（组织）是否有违约情况、违约后机构（组织）服务评价、机构违约原因情况。

二、实证结果及分析

依据调查样本的实际情况，将个人投资的渠道划分为投资担保公司、P2P 借贷公司两种，并设定为二元定性因变量，设定个体特征、借贷要素认知、借贷产品特征以及借贷违约情况特征因素为自变量，为了有效地分析自变量对因变量的影响情况，基于式（6-4），采取自变量逐步带入的方式来分析影响不同供给行为的因素，模型估计参数如表 6-5、表 6-6 所示。从表 6-5 和表 6-6 可以看出，参数估计模型似然比值均在 0.0000 水平上通过检验，同时，伪拟合优度 Pseudo 调整 R^2 值均在 1% 的置信水平上显著小于 0.1，表明不同因素对个人投资不同于民间非正式金融借贷组织的预测结果与实际选择有较高的匹配度。

表 6-5　个体特征、借贷要素认知特征的影响估计结果

变量名	模型（一）		模型（二）	
	投资担保公司	P2P 网贷公司	投资担保公司	P2P 网贷公司
性别	0.293 (1.02)	-0.589** (-2.15)	0.399 (1.30)	-0.425 (-1.35)
年龄	0.103*** (6.52)	-0.157*** (-8.36)	0.112*** (6.44)	-0.194*** (-7.64)
受教育程度	-0.106 (-0.84)	0.446*** (3.31)	-0.0664 (-0.48)	0.441*** (2.83)

续表

变量名	模型（一）		模型（二）	
	投资担保公司	P2P 网贷公司	投资担保公司	P2P 网贷公司
月均收入	0.239 ** (2.33)	0.260 *** (2.62)	0.228 ** (2.01)	0.267 ** (2.24)
婚姻状况	-0.227 (-1.60)	0.122 (1.53)	-0.169 (-1.18)	0.0920 (0.90)
家庭总人数	-0.275 * (-1.66)	0.340 ** (2.11)	-0.296 (-1.63)	0.608 *** (2.88)
个人信用受教育程度	— —	— —	0.718 *** (3.39)	-0.410 * (-1.75)
民间借贷的信用重要性认知	— —	— —	-0.159 (-1.14)	0.813 *** (3.87)
寻找贷款人困难	— —	— —	0.104 (0.78)	-0.680 *** (-4.23)
贷款利率高	— —	— —	-0.0155 (-0.13)	0.352 *** (2.59)
不规范、容易引发纠纷	— —	— —	-0.197 * (-1.74)	0.0124 (0.09)
信用风险高	— —	— —	-0.367 *** (-2.76)	-0.209 (-1.46)
缺乏有效的监管机制及措施	— —	— —	-0.180 (-1.47)	-0.0583 (-0.40)
相关法律不够完善	— —	— —	-0.176 (-1.47)	0.0185 (0.12)
扰乱了正规金融秩序	— —	—	0.0195 (0.16)	-0.242 * (-1.73)
影响政府宏观经济调控	— —	— —	0.131 (1.00)	-0.0291 (-0.19)
常数项	-4.958 *** (-4.56)	4.643 *** (4.18)	-3.621 ** (-2.54)	4.841 *** (3.10)
样本量	448	448	448	448
Pseudo R^2	0.0801 ***	0.0933 ***	0.0631 ***	0.0938 ***
极大似然值	-225.4212	-217.9970	-247.2103	-201.8903

注：*、**、***分别表示在10%、5%、1%的置信水平上显著，括号内为相应系数的Z值。

（一）个体特征和借贷产品要素的影响

为了有效地反映变量在不受其他要素控制情况下对因变量的影响程度，模型（一）中仅包括个体特征要素。在控制个体特征的情况下，模型（二）分析了借贷产品特征要素的影响。

1. 个体特征的影响

性别对选择 P2P 网贷公司产生显著的负向影响。模型（一）中，变量性别的系数在 5% 的置信水平上显著为负，同时，在模型（四）中均显著为负，表明女性借贷投资者偏向于投资 P2P 网贷公司。与女性企业主的投资偏好相似，相对其他投资方式，P2P 网贷公司投资门槛低、操作简单、收益率预期高，更容易受到女性投资者的青睐。来自付融宝的统计报告显示，2017 年占投资总人数 43.00% 的女性投资者掌握了 48% 的投资金额，较 2016 年有显著提高，P2P 网贷公司成为女性投资者的重要投资渠道。性别对投资担保公司的设立影响不显著。

年龄对选择投资担保公司产生显著正向影响，对投资于 P2P 网贷公司产生显著的负向影响。在模型（一）、模型（二）及模型（四）中，选择投资担保公司的年龄系数均在 1% 的置信水平上显著为正，投资于 P2P 网贷公司的年龄系数则显著为负。来自网贷之家的统计数据显示，2017 年，80 后、90 年后的投资累计占比为 42.27%，仍旧是 P2P 网贷借贷的主体，网贷投资年轻化的特点并未明显变化。由于传统投资担保公司没有手机、互联网等技术门槛，交易更为便捷，更受年纪大的投资者青睐。

受教育程度对选择 P2P 网贷公司产生显著的正向影响。模型（二）、模型（三）中，受教育程度均在 1% 的置信水平上显著为正，模型（四）中在 10% 的置信水平上显著为正，表明受教育程度越高，个人借贷投资越偏向于 P2P 网贷公司。来自网贷之家的统计数据显示，2017 年，学历为本科的投资者占比为 41.35%，其次是大专 31.29%，大专及以下学历仅占 18.88%；来自付融宝的统计数据表明，P2P 的投资者中本科及以上学历超过 50%，高中及以下的用户仅占 20% 左右，高学历个体投资者青睐 P2P 网络投资。

月均收入对个体投资行为均产生显著的正向影响。模型（一）、模型（二）中，月均收入系数均在 5% 的置信水平上显著为正，表明月均收入越高，越偏向于投资担保公司以及 P2P 网贷公司，值得注意的是，P2P 网贷公司的月均收入影响系数略高于投资担保公司，可见，在同等条件下，随着月均收入的提高，投资者更加偏好于 P2P 网贷公司。

婚姻状况对个体选择投资担保公司产生显著的负向影响。在模型（四）中，变量婚姻状况的系数在5%的置信水平上显著为负，表明已婚的个体投资者不会偏好于投资担保公司。由于投资担保公司的投资风险相对较高，而已婚投资者在家庭各种要素的约束下一般偏好稳健的投资方式，因而，已婚投资者不会偏好选择投资担保公司。

家庭总人数对个体投资者选择投资担保公司的影响为负，对投资P2P网贷公司的影响为正。在模型（一）、模型（四）中，投资担保公司的家庭总人数系数在10%的置信水平上显著为负；在模型（一）、模型（二）中，P2P网贷公司的家庭总人数系数分别在5%、1%的置信水平上显著为正，家庭人数越多，需要个体投资者进行更加稳健的投资行为，与上文的影响相似，不再赘述。

2. 信用要素的影响

个人信用教育程度对选择投资担保公司的影响为正，对选择P2P网贷公司的影响为负。在模型（二）中，选择投资担保公司、P2P网贷公司的个人信用教育程度系数分别在1%、10%的置信水平上显著为正、为负，表明个人信用教育程度越高，越是偏向选择投资担保公司，越是不偏向于P2P网贷公司。这一点与实际投资者的选择略有不同，主要是由于统计误差导致的，不再展开分析。

民间借贷信用重要性对选择P2P网贷公司的影响为正。在模型（二）、模型（四）中，民间借贷的信用重要性认知系数均在1%的置信水平上显著为正，这表明个人投资者越是认为民间借贷中信用很重要，越是偏向于选择投资于P2P网贷公司。与上文分析一致，不再赘述。

3. 当前民间借贷潜在问题重要性程度的影响

变量寻找贷款人困难的重要性对选择P2P网贷公司的影响显著为负。在模型（二）、模型（四）中，寻找贷款人困难的系数分别在1%、10%的置信水平上显著为负，这表明越是认为寻找贷款人困难是民间借贷潜在问题的借贷投资者，越是不选择投资于P2P网贷公司。实践中，P2P网贷公司的最大优势就是拉近借贷投资者与需求者之间的时空距离，通过手机、电脑等终端通过互联网就能很快找到投资者，因而，寻找贷款人困难不是P2P网贷公司面临的问题。

变量贷款利率高的重要性对选择P2P网贷公司的影响显著为正。模型（二）中贷款利率高的系数在1%的置信水平上显著为正，表明个体借贷投资者越是认为贷款利率高是当前民间借贷的潜在重要问题，越是偏向于P2P网贷公司。在调研中，我们对比发现，P2P网贷公司的借贷利率比市场化利率高，尤其是通过网贷之家、付融宝等国内知名的网贷借贷平台，P2P网贷利率较为统一且明显低于投资担保公司的利率，为此，认为贷款利率高是当前民间借贷的潜在重要问题的投资者会选择投资利率相对较低的投资平台进行投资，规避因高利率产生的潜在风险，从而偏好选择利率相对较低的 P2P 网贷平台。

变量“不规范、容易引发纠纷”的重要性对选择投资担保公司产生显著的负向影响。模型（二）中“不规范、容易引发纠纷”的系数在 10% 的置信水平上显著为负，表明越是认为“不规范、容易引发纠纷”是当前民间借贷的潜在问题，越是不偏向于从投资担保公司处进行投资。当前，民间非正式的投资担保公司监管难、机构创新变化多样，经营的风险偏高，信用风险偏高。同样，模型（二）中变量信用风险高的系数在 1% 的置信水平上显著为负，表明越是认为信用风险高是当前民间借贷的潜在问题，越是不偏向于从投资担保公司处进行投资；模型（四）中变量缺乏有效的监管机制及措施、相关法律不够完善的系数分别在 5%、10% 的置信水平上显著为负，表明越是认为缺乏有效的监管机制及措施、相关法律不够完善是当前民间借贷的潜在问题，越是不偏向于从投资担保公司处进行投资。

变量扰乱了正式金融秩序对选择 P2P 网贷公司产生显著的负向影响。模型（二）中，扰乱了正式金融秩序的系数在 10% 的置信水平上显著为负，表明个体投资者认为扰乱了正式金融秩序是当前民间借贷潜在问题的重要性越高，越是不偏向于从 P2P 网贷公司处进行投资。2016 年以来，P2P 网贷公司持续“爆雷”，尤其是 2018 年 7 月集中“爆雷”，对正式金融机构造成了一定的冲击。

（二）借贷产品、违约情况特征的影响

模型（三）是借贷产品、违约情况要素对民间非正式金融组织个人借贷投资行为影响的估计结果。在控制个体特征、借贷认知要素的情况下，分析借贷产品、违约情况要素对民间非正式金融组织个人借贷投资行为的影响，得到模型（四）。

1. 借贷产品的影响

变量最近一次借出金额对选择投资担保公司的影响为正，对选择 P2P 网贷公司的影响为正。模型（三）、模型（四）中，选择投资担保公司的最近一次借出金额的系数分别在 1%、5% 的置信水平上显著为正，表明最近一次借出金额越高，越偏向于投资担保公司。在模型（三）中，选择 P2P 网贷公司最近一次借出金额的系数在 1% 的置信水平上显著为负，表明最近一次借出金额越低，越偏向于 P2P 网贷公司。实地调研发现，P2P 网贷公司主要是以小额贷款为主，贷款的金额相对较少。作为传统的借贷方式，投资担保公司的借贷金额相对较大，投资收益风险较高。

表6-6 借贷产品、违约情况特征的影响估计结果

变量名	模型（三）		模型（四）	
	投资担保公司	P2P 网贷公司	投资担保公司	P2P 网贷公司
性别	—	—	0.619	-0.919**
	—	—	(-1.59)	(-2.22)
年龄	—	—	0.157***	-0.193***
	—	—	(-6.41)	(-6.11)
受教育程度	—	—	0.328*	0.374*
	—	—	(-1.80)	(1.92)
月均收入	—	—	0.095	0.287*
	—	—	(-0.62)	(-1.67)
婚姻状况	—	—	-0.462**	0.129
	—	—	(-2.45)	(-0.88)
家庭总人数	—	—	-0.395*	0.604**
	—	—	(-1.70)	(-2.35)
接受个人信用受教育的程度	—	—	0.212	-0.194
	—	—	(-0.83)	(-0.62)
民间借贷的信用重要性认知	—	—	0.132	0.824***
	—	—	(-0.70)	(-3.01)
寻找贷款人困难	—	—	-0.0466	-0.347*
	—	—	(-0.26)	(-1.86)
贷款利率高	—	—	-0.114	(0.231)
	—	—	(-0.76)	(-1.36)
不规范、容易引发纠纷	—	—	-0.303*	-0.0657
	—	—	(-1.92)	(-0.34)
信用风险高	—	—	-0.252	-0.03
	—	—	(-1.49)	(-0.17)
缺乏有效的监管机制及措施	—	—	-0.350**	0.0222
	—	—	(-2.09)	(-0.12)
相关法律不够完善	—	—	-0.269*	0.0484
	—	—	(-1.72)	(-0.24)
扰乱了正规金融秩序	—	—	-0.054	-0.10
	—	—	(-0.34)	(-0.54)

续表

变量名	模型（三）		模型（四）	
	投资担保公司	P2P 网贷公司	投资担保公司	P2P 网贷公司
影响政府宏观经济调控	— —	— —	0. 378 (-1. 25)	-0. 146 (-0. 69)
最近一次借出金额	0. 281 *** (-4. 12)	-0. 292 *** (-3. 22)	0. 279 ** (-2. 52)	-0. 0748 (-0. 59)
年收益率	0. 904 *** (-7. 40)	0. 417 *** (-3. 31)	1. 638 *** (-7. 62)	0. 459 ** (-2. 36)
投资期限	0. 809 *** (-5. 42)	-1. 839 *** (-7. 75)	0. 627 *** (-3. 09)	-1. 792 *** (-5. 51)
是否了解资金去向	-0. 0888 (-0. 59)	0. 134 (-0. 78)	-0. 520 ** (-2. 38)	-0. 0007 (-0. 00)
所投机构是否违约	-0. 440 *** (-2. 82)	1. 288 *** (-6. 65)	-0. 752 *** (-3. 25)	1. 656 *** (-5. 44)
投资/生意出现亏损，资金周转困难	-0. 153 (-0. 50)	0. 921 *** (-2. 74)	-0. 097 (-0. 22)	1. 416 *** (-2. 66)
机构本身的欺骗性，老板“跑路”	1. 008 *** (-3. 43)	0. 141 (-0. 44)	1. 186 *** (-2. 92)	0. 15 (-0. 32)
常数项	-3. 556 *** (-5. 73)	-2. 063 *** (-2. 79)	-6. 868 *** (-3. 14)	0. 747 (-0. 31)
样本量	448	448	448	448
Pseudo R^2	0. 0045 ***	0. 0918 ***	0. 0927 ***	0. 0939 ***
极大似然值	-249. 4381	-199. 8888	-194. 1809	-113. 3852

注：*、**、*** 分别表示在 10%、5%、1% 的置信水平上显著，括号内为相应系数的 Z 值。

投资年收益对选择投资担保公司、P2P 网贷公司均产生显著的正向影响。在模型（三）、模型（四）中，投资年收益率在 1%、5% 的置信水平上显著为正，表明投资年收益越高，个体投资者越是偏好于投资担保公司和 P2P 网贷公司，值得注意的是，在模型（三）、模型（四）中，投资担保公司的年收益率系数高于 P2P 网贷公司，说明年收益率越高，投资者更加偏好于投资担保公司。主要原因在于投资担保公司的高收益产品主要建立在地缘关系上，受到一定道德的约束，如江浙一带的拆借贷、过桥贷等，而 P2P 网贷关系为陌生人借贷，借贷风险识别难，风险高。

变量投资期限对选择投资担保公司产生显著的正向影响，对选择 P2P 网贷公司产生显著的负向影响。在模型（三）、模型（四）中，投资担保公司的投资期限系数均在 1% 的置信水平上显著为正，表明投资期限越长，个体投资者越是选择投资担保公司；在模型（三）、模型（四）中，P2P 网贷公司的投资期限系数均在 1% 的置信水平上显著为负，表明投资期限越长，个体投资者越是不选择 P2P 网贷公司。与上文类似，P2P 网贷公司的产品主要是以短期为主，投资担保公司的产品长短均可。

变量是否了解资金去向对选择投资担保公司产生显著负向影响。在模型（四）中，是否了解资金去向的系数在 5% 的置信水平上显著为负，表明个体投资者越是了解投资资金去向，越是不选择投资担保公司。在调研过程中，我们发现部分投资担保公司会隐藏真实的资金去向，即使是中介平台公司，也会以自己的空壳公司进行资金的“对倒”，变相地吸储资金用于个人消费或者转移至国外，并未真正进行投资，且不会告知投资者资金的真实去向。

2. 借贷违约情况特征的影响

变量所投机构是否违约对选择投资担保公司产生显著的负向影响，对选择 P2P 网贷公司产生显著的负向影响。在模型（三）、模型（四）中，投资担保公司的所投机构是否违约系数均在 1% 的置信水平上显著为负，表明所投机构越是会违约，个体投资者越是不会选择投资担保公司；在模型（三）、模型（四）中，P2P 网贷公司的所投机构是否违约系数均在 1% 的置信水平上显著为正，表明所投机构越是会违约，个体投资者越是会选择 P2P 网贷公司。投资担保公司风险较高，个体投资者当然不会选择投资担保公司。所投机构越是会违约，个体投资者越是会选择 P2P 网贷公司，这种现象值得分析。在实际调研过程中，很多 P2P 网贷公司会选择社会名人、明星、政府官员来为公司“站台”，用“国资系”“国外某某上市公司子公司”等字眼对自身公司进行华丽包装，并以高利率来诱惑个体投资者，从而使很多个体投资者被公司的包装所迷惑，明知高利率存在风险，却仍要进行小额投资，再进行大规模投资，最终导致投资失败，如国内知名的“e 租宝”“泛亚稀有金属交易所”及“科迅网”等事件。

变量“投资/生意出现亏损，资金周转困难”对选择 P2P 网贷公司产生显著的正向影响。在模型（三）、模型（四）中，“投资/生意出现亏损，资金周转困难”的系数在 1% 的置信水平上显著为正，表明机构违约的原因越偏向于“投资/生意出现亏损，资金周转困难”，个体投资者越偏向于 P2P 网贷公司。依据网贷之家公布的数据，截至2018年7月，1806家正常运行的P2P网贷公司中有企业借贷业务的公司仅有342家，占比仅为18.94%，P2P网贷公司主要以个人小额贷款为主，投资生意亏损的可能性较小。变量“机构本身的欺骗性，老板‘跑路’”对选择投资担保公司产生显著的正向影响。在模型（三）、模型（四）中，“机构本身的欺骗性，老板‘跑路’”的系数在1%的置信水平上显著为正，表明机构违约的原因越偏向于“机构本身的欺骗性，老板‘跑路’”，个体投资者越偏向于选择投资担保公司。在实地调研过程中发现，很多地方投资担保公司惯用的手段是高利息诱惑、拉熟人关系、给老人送米送油洗脑、前期高额返息等来掩藏“空壳”的实质，通过伪装诱惑突破投资心理防线，目标多以老年人投资者为主，诱惑这些投资者进行投资。在调研样本中，选择投资担保公司的167个样本中有77个被调查者的年龄大于50岁，最高年龄达到68岁。

三、结论

基于448个民间非正式金融组织个人借贷投资行为的调查样本，利用Logist概率模型分析了个体特征、借贷要素认知特征、借贷产品、违约情况特征对民间非正式金融个人借贷供给行为的影响，参数估计模型似然比值均在0.0000水平上通过检验，同时，伪拟合优度Pseudo调整R^2值均在1%的置信水平上显著小于0.1，表明不同因素对民间非正式金融组织个人投资行为影响的预测结果与实际选择有较高的匹配度。

一是个体特征的影响。性别对选择P2P网贷公司产生显著的负向影响，对选择投资担保公司的影响不显著。年龄对选择投资担保公司产生显著的正向影响，对P2P网贷公司产生显著的负向影响。受教育程度对选择P2P网贷公司的影响显著为负，对选择投资担保公司的影响不显著。月均收入对个体投资行为均产生显著的正向影响，在同等条件下，随着月均收入的提高，投资者更加偏好于P2P网贷公司。婚姻状况对选择投资担保公司产生显著的负向影响，对选择P2P网贷公司的影响不显著。家庭总人数对选择投资担保公司的影响为负，对投资P2P网贷公司的影响为正。

二是信用要素的影响。个人信用受教育程度对选择投资担保公司的影响为正，对P2P网贷公司的影响为负。民间借贷的信用重要性对选择P2P网贷公司的影响为正，对投资担保公司的影响不显著。

三是当前民间借贷潜在问题重要性程度的影响。变量寻找贷款人困难的重要性对选择P2P网贷公司的影响显著为负，对投资担保公司的影响不显著。变量贷款利率高的重要性对选择 P2P 网贷公司的影响显著为正，对投资担保公司的影响不显著。变量不规范、容易引发纠纷，信用风险高，缺乏有效的监管机制及措施，相关法律不够完善的重要性对选择投资担保公司产生显著的负向影响，对 P2P 网贷公司的影响不显著；扰乱了正规金融秩序的重要性对选择 P2P 网贷公司产生显著的负向影响，对选择投资担保公司的影响不显著。

四是借贷产品的影响。变量最近一次借出金额对选择投资担保公司的影响为正，对 P2P 网贷公司的影响为正。投资年收益对选择投资担保公司、P2P 网贷公司均产生显著的正向影响，同等条件下，投资者偏好于投资担保公司。变量投资期限对选择投资担保公司产生显著的正向影响，对 P2P 网贷公司产生显著的负向影响。变量是否了解资金去向对选择投资担保公司产生显著的负向影响，对 P2P 网贷公司的影响不显著。

五是借贷违约情况特征的影响。变量所投机构是否违约对选择投资担保公司产生显著的负向影响，对 P2P 网贷公司产生显著的负向影响。变量“投资/生意出现亏损，资金周转困难”对选择 P2P 网贷公司产生显著的正向影响，对投资担保公司的影响不显著。变量“机构本身的欺骗性，老板‘跑路’”对选择投资担保公司产生显著的正向影响，对 P2P 网贷公司的影响不显著。

第三节　民间非正式金融组织借贷需求行为的影响因素分析

民间非正式金融组织是正式金融组织借贷的有效补充，成为小微企业、居民等被正式金融组织信贷配给挤出的群体的重要融资途径。基于调研问卷数据，本节将分析影响民间非正式金融组织借贷需求行为的因素。

一、变量选取与理论假设

本节研究方法与上文一致，将民间非正式金融组织借贷需求者的借贷途径作为被解释变量，将影响民间非正式金融组织借贷需求者的借贷行为要素作为解释变量，来分析影响民间非正式金融组织借贷需求行为的因素。结合调查样本实际，将因变量分为个体基本特征、民间借贷认知、借贷产品特征、违约情况特征四个部分，详见表 6－7。

表6-7 实证分析变量选取

变量名称	变量定义	作用方向
借贷途径	投资担保公司=1，其他=0；P2P网贷公司=1，其他=0；合会（互助）=1，其他=0	
1. 个体基本特征		
性别	男=1，女=0	+
年龄	实际值（岁）	+
受教育程度	小学=1，初中=2，高中（技校/中专）=3，本科（大专）=4，硕士=5，博士=6	+
月均收入	1000元及以下=1，1001~3000元=2，3001~5000元=3，5001~7000元=4，7001~9000元=5，9001~11000元=6，11001元及以上=7	+
婚姻状况	已婚=1，未婚=0	-
2. 借贷认知特征		
个人信用文化受教育程度	不知道=1，未接受过=2，部分接受过=3，完全接受过=4	
当前民间借贷潜在问题的重要性程度		
寻找放贷人困难	1分=1，2分=2，3分=3，4分=4，5分=5，6分=6	
利率太高	1分=1，2分=2，3分=3，4分=4，5分=5，6分=6	
信用风险太高	1分=1，2分=2，3分=3，4分=4，5分=5，6分=6	
缺乏有效的监管机制及措施	1分=1，2分=2，3分=3，4分=4，5分=5，6分=6	
3. 借贷产品特征		
最近一次借贷的金额	2万元及以下=1，2万~4万元=2，4万~6万元=3，6万~8万元=4，8万~10万元=5，10万~12万元=6，12万元及以上=7	
最近一次申贷去机构的次数	1次=1，2次=2，3次=3，4次=4	
贷款的年利率	10%及以下=1，11%~25%=2，26%~40%=3，41%~55%=4，56%~70%=5，71%及以上=6	+
最近一次借贷的期限	1年以下=1，1~3年=2，3~5年=3，5~7年=4，7年以上=5	
对机构（组织）服务评价	差=1，一般=2，好=3，非常好=4	
最近一次贷款是否有担保物	有=1，没有=0	-
4. 借贷违约认知特征		
导致违约的因素重要性认知		

续表

变量名称	变量定义	作用方向
投资/生意出现亏损	1分=1，2分=2，3分=3，4分=4，5分=5，6分=6	
出现较大的医疗债务	1分=1，2分=2，3分=3，4分=4，5分=5，6分=6	
加速还贷的因素重要性		
以后可能会要借款，保持个人信用	1分=1，2分=2，3分=3，4分=4，5分=5，6分=6	
不想被加收滞纳金或违约金	1分=1，2分=2，3分=3，4分=4，5分=5，6分=6	
怕抵押物被没收	1分=1，2分=2，3分=3，4分=4，5分=5，6分=6	
担心家人会因为自己违约受到伤害	1分=1，2分=2，3分=3，4分=4，5分=5，6分=6	

（一）个体特征与民间非正式金融组织借贷需求行为

民间非正式金融借贷需求行为受到个体特征的约束。理论上，依据莫迪利亚尼的生命周期理论，消费者根据一生的全部预期收入来安排自己的支出，年龄越小，消费欲望偏弱，对资金的需求偏弱；年龄越大，消费欲望越强，对资金的需求偏强。在前文中，我们已指出，女性的风险投资偏好偏向保守，借贷需求行为也相应偏向保守，男性则与之相反。随着受教育程度的提高，个体借贷的能力和信誉也相对提高，越是偏向于风险偏弱的相对正式的渠道获得资金，受教育程度偏低的个体，更加偏向于从非正式的渠道获得借贷资金。同样，已婚的个体由于家庭支出的约束，借贷行为也相对偏向保守。而个人收入越高，信誉越高，越是偏向于从相对正式途径获得借贷资金。因此，本节选取的个体基本特征因素包括：性别、年龄、受教育程度、月均收入及婚姻状况。

（二）借贷要素认知与民间非正式金融组织借贷需求行为

一般而言，受过良好的信用教育的个体，借贷的信誉越高，借贷的渠道更多。同时，与上文分析一致，对当前民间借贷潜在问题的重要性认知程度的不同，也会对其自身借贷需求行为产生重要影响。因此，本节选取的借贷要素认知的变量为：个人信用文化受教育程度及当前民间借贷潜在问题的重要性程度。

（三）借贷产品特征与民间非正式金融组织借贷需求行为

借贷产品特征是民间非正式金融组织借贷需求行为的关键表现形式和约束要素。实践中，P2P 网络借贷也主要是以小额贷款为主，贷款的年利率相对较低、借贷期限的周期更短、借贷更为便捷、信息透明度更高，投资担保公司则相对投资规模偏大、贷款利率波动大，不同借贷产品特征对借贷者的影响会有所不同。为此，本节选取的借贷产品特征的变量为：最近一次借贷的金额、最近一次申贷去机构的次数、贷款的年利率、最近一次借贷的期限、对机构（组织）服务评价及最近一次贷款是否有担保物。

（四）借贷违约情况认知与民间非正式金融组织借贷需求行为

实践中，不同借贷者对导致违约因素的认知会有很大差异，同时，对加速还款因素的认知也有不同。结合调查问卷的样本实际，借贷违约情况认知变量主要包括导致违约的因素重要性认知及加速还贷的因素重要性认知。

二、实证结果及分析

依据调查样本的实际情况，将借贷需求者的借贷渠道划分为合会（互助）、投资担保公司、P2P 网贷公司三种，并设定为二元定性因变量，设定个体特征、借贷要素认知、借贷产品特征以及借贷违约情况特征为自变量，为了有效地分析自变量对因变量的影响情况，基于式（6－4），采取自变量逐步带入的方式来分析影响不同供给行为的因素。在实证模拟过程中，由于估计结果显著性差异较大，最后在每个模型中（除了个体特征要素估计模型）仅控制个体特征中的性别及月均收入两个要素，模型估计参数如表 6－8、表 6－9、表 6－10、表 6－11 所示。参数估计模型似然比值均在 0.0000 水平上通过检验，同时，伪拟合优度 Pseudo 调整 R^2 值均在 1% 的置信水平上显著小于 0.1，表明不同因素对民间非正式金融组织借贷需求行为的预测结果与实际选择有较高的匹配度。

表 6－8　个体特征影响估计结果

变量名	模型（一）	模型（二）	模型（三）
	合会（互助）	投资担保公司	P2P 网贷公司
性别	－2.593**	0.699**	0.461
	(2.39)	(2.05)	(0.90)
年龄	0.911	1.639***	－1.781***
	(1.42)	(6.84)	(－4.62)
受教育程度	－1.864***	1.128***	0.348
	(－5.47)	(4.48)	(0.77)
月均收入	0.0971	0.280**	－0.475*
	(0.50)	(2.06)	(－1.94)
婚姻状况	1.667	1.240**	－2.078***
	(1.33)	(2.34)	(－3.24)

续表

变量名	模型（一）	模型（二）	模型（三）
	合会（互助）	投资担保公司	P2P 网贷公司
常数项	-4.617 (-1.40)	-9.739*** (-7.28)	4.644** (2.21)
样本量	335	335	335
Pseudo R^2	0.0880	0.0623	0.0935
极大似然值	-215.1182	-220.8119	-207.5549

注：*、**、***分别表示在10%、5%、1%的置信水平上显著，括号内为相应系数的Z值。

（一）个体特征要素的影响

模型（一）、模型（二）、模型（三）分别显示了以合会（互助）、投资担保公司、P2P 网贷公司为因变量的个体特征影响估计结果。

（1）性别因素的影响。变量性别对个体选择合会（互助）产生负向影响，对选择投资担保公司产生正向影响。模型（一）中，选择合会（互助）的性别系数在5%的置信水平上显著为负，表明女性借贷需求者偏向选择从合会（互助）处获得借贷资金。模型（二）中，选择投资担保公司的系数在5%的置信水平上显著为正，表明男性借贷需求者偏向于从投资担保公司处获得借贷资金。在上文中，我们已经指出女性借贷需求的风险偏好偏弱，习惯从风险偏小的地方获得借贷资金，男性习惯从风险偏高的地方获得资金，与之对应。性别对选择 P2P 网贷公司的影响不显著。

（2）年龄因素的影响。变量年龄对个体选择投资担保公司产生正向影响，对选择 P2P 网贷公司产生负向影响。模型（二）中，选择投资担保公司的年龄系数在1%的置信水平上显著为正，表明年龄越高，借贷需求者越是偏向于从投资担保公司处获得借贷资金。模型（三）中，选择 P2P 网贷公司的年龄系数在1%的置信水平上显著为负，表明年龄越低，借贷需求者越是偏向于从 P2P 网贷公司处获得借贷资金。在前文中，我们已经指出，相对投资担保公司，P2P 网贷公司更加拉近了借贷需求者与供给者之间的距离，P2P 网贷公司能为借贷需求者提供更为直接、便捷的资金支持，更受年轻人的青睐。年龄因素对个体选择合会（互助）的影响不显著。

（3）受教育程度因素的影响。变量受教育程度对个体选择合会（互助）产生负向影响，对选择投资担保公司产生正向影响。模型（一）中，选择合会（互助）的受教育程度系数在1%的置信水平上显著为负，表明受教育程度越低，借贷需求者越是偏向于从合会（互助）处获得借贷资金。模型（二）中，选择投资担保公司的受教育程度系数在1%的置信水平上显著为正，表明受教育程度越高，借贷需求者越是偏向于从投资担保公司处获得借贷资金。在实践中，合会（互助）主要是满足农村居民的借贷需求而设立的借贷组织，农村居民的受教育程度相对偏低，受教育程度偏低，自身的借贷信誉相对偏低，因而，个体偏向于从合会（互助）处获得借贷资金。受教育程度越高，越是偏向于从投资担保公司处获得借贷资金，由于所采集的样本主要是以小微企业主以及居民为主，这类群体往往受到正式金融组织的排斥。但是，在国家现有政策下，高学历的小微企业主或居民会由于学历较高而信誉度提升，因而，这个结论值得商榷，可能是由统计误差造成的。受教育程度因素对个体借贷途径选择影响不显著。

（4）月均收入因素的影响。变量月均收入对个体选择投资担保公司产生正向影响，对选择P2P网贷公司产生负向影响。模型（二）中，选择投资担保公司的月均收入系数在5%的置信水平上显著为正，表明月均收入越高，借贷需求者越是偏向于从投资担保公司处获得借贷资金。模型（三）中，选择P2P网贷公司的月均收入系数在10%的置信水平上显著为负，表明月均收入越低，借贷需求者越是偏向于从P2P网贷公司处获得借贷资金。一般月均收入越高，资信条件越好，越能够获得机构的授信，反之则较难获得授信。前文已指出P2P网贷公司的业务主要是以居民消费的小额贷款为主，而投资担保公司的业务则有大有小。调查样本中，月均收入偏高的群体主要是小微企业主，资金需求大，故而偏向投资担保公司。月均收入偏低的个体往往会受到各种借贷机构的信贷排斥，而P2P网贷公司往往会以“裸条贷”“现金贷”等纯信用借贷方式进行资金供给，以满足小额贷款需求，因而会受到他们的青睐。月均收入因素对个体选择合会（互助）的影响不显著。

（5）婚姻状况因素的影响。变量婚姻状况对个体选择投资担保公司产生正向影响，对选择P2P网贷公司产生负向影响。模型（二）中，选择投资担保公司的婚姻状况系数在5%的置信水平上显著为正，表明已婚的借贷需求者偏向于从投资担保公司处获得借贷资金。模型（三）中，选择P2P网贷公司的婚姻状况系数在10%的置信水平上显著为负，表明未婚的借贷需求者偏向于从P2P网贷公司处获得借贷资金。在实际调查中，我们发现未婚的群体多以年轻人为主，来自网贷之家的统计数据显示，借贷需求年轻人化已经成为P2P网贷消费者的主要群体，年轻人偏好从P2P网贷公司处获得借贷资金。样本中已婚借贷者年龄超过40岁的个体达到215个，占全部样本量的64.18%，因而，可能是由于已婚借贷者年龄偏大的原因导致偏向于从投资担保公司处获得借贷资金这一结果。婚姻状况因素对个体选择合会（互助）的影响不显著。

（二）借贷认知要素的影响

在控制个体特征变量的情况下，分别以合会（互助）、投资担保公司及P2P网贷公司为因变量，分析借贷认知要素对民间非正式金融组织借贷需求行为的影响程度，估计结果依次由模型（四）、模型（五）、模型（六）显示。

信用文化受教育程度的影响不显著，重点分析当前民间借贷潜在问题重要性程度的影响。

表6－9　个体借贷认知要素的影响估计结果

变量名	模型（四）	模型（五）	模型（六）
	合会（互助）	投资担保公司	P2P网贷公司
性别	1.544 (1.43)	0.278 (0.86)	－0.524 (－1.12)
月均收入	－0.274 (－1.37)	0.281** (2.56)	－0.0407 (－0.26)
婚姻状况	1.780 (1.55)	2.514*** (5.08)	－3.970*** (－6.84)
信用文化受教育程度	－0.761 (－1.36)	0.001 (0.00)	－0.330 (－0.73)
寻找放贷人困难	0.493** (2.40)	－0.120 (－0.96)	0.202 (0.87)
利率太高	1.036** (2.44)	－0.751*** (－3.14)	－0.890** (－2.37)
信用风险太高	0.807** (2.23)	0.0340 (0.15)	－1.052*** (－2.64)
缺乏有效的监管机制及措施	－2.258*** (－6.20)	0.249 (1.23)	3.300*** (6.26)
常数项	－4.033 (－1.51)	－1.015 (－0.76)	－2.474 (－1.32)
样本量	335	335	335
Pseudo R^2	0.0778***	0.0469***	0.0934***
极大似然值	－206.8171	－237.5243	－198.7592

注：*、**、***分别表示在10%、5%、1%的置信水平上显著，括号内为相应系数的Z值。

（1）寻找贷款人困难的重要性认知影响。变量寻找贷款人困难的重要性对选择合会（互助）产生正向影响。在模型（四）中，寻找贷款人困难的系数在5%的置信水平上显著为正，表明越是认为寻找贷款人困难是民间借贷潜在问题的借贷投资者，越是从合会（互助）处获得借贷资金。合会（互助）作为以血缘、人缘等地缘关系为主体的民间非正式金融借贷组织形式，借贷人能够容易地通过亲戚朋友获得借贷资金。变量寻找贷款人困难的重要性对选择投资担保公司、P2P网贷公司的影响不显著。

（2）利率太高的重要性认知影响。变量利率太高的重要性对选择合会（互助）产生正向影响，对选择投资担保公司、P2P网贷公司产生负向影响。在模型（四）中，利率太高的系数在5%的置信水平上显著为正，表明越是认为利率太高是民间借贷潜在问题的借贷投资者，越是会从合会（互助）处获得借贷资金。在模型（五）、模型（六）中，选择投资担保公司、P2P网贷公司的利率太高的系数分别在1%、5%的置信水平上显著为负，表明越是认为利率太高是民间借贷潜在问题的借贷投资者，越是不选择从投资担保公司、P2P网贷公司处获得借贷资金。相对于其他民间非正式金融借贷组织形式，合会（互助）主要以互助为主，借贷供需双方多以亲朋好友为主，因而借贷利率较低，投资担保公司、P2P网贷公司的借贷利率相对较高。

（3）信用风险太高的重要性认知影响。变量信用风险太高的重要性对选择合会（互助）产生正向影响，对选择P2P网贷公司产生负向影响。在模型（四）中，信用风险太高的系数在5%的置信水平上显著为正，表明越是认为信用风险太高是民间借贷潜在问题的借贷投资者，越是会从合会（互助）处获得借贷资金。在模型（六）中，信用风险太高的系数在1%的置信水平上显著为负，表明越是认为信用风险太高是民间借贷潜在问题的借贷投资者，越是不会从P2P网贷公司处获得借贷资金。前文已经提到互助性的合会资金的供需双方主要以亲朋好友为主，守约履约的信用度较高，因而互助性的合会信誉度高。近年来，P2P网贷公司的信誉度受到一定的影响，尤其是那些故意延期、故意不让消费者按时还款的以“催贷”为主要业务的公司，信用风险极大，同时“暴力催贷”已经造成了一定的社会负面影响。因而，越是认为民间借贷问题中信用风险高的借贷者，越是不会从信用风险高的P2P网贷公司处获得资金，而是选择互助性的合会。变量信用风险太高的重要性对选择投资担保公司的影响不显著。

（4）缺乏有效的监管机制及措施的重要性认知影响。变量缺乏有效的监管机制及措施的重要性对选择合会（互助）产生负向影响，对选择P2P网贷公司产生正向影响。在模型（四）中，缺乏有效的监管机制及措施的系数在1%的置信水平上显著为负，表明越是认为缺乏有效的监管机制及措施是民间借贷潜在问题的借贷需求者，越是不会从合会（互助）处获得借贷资金。在模型（六）中，缺乏有效的监管机制及措施的系数在1%的置信水平上显著为正，表明越是认为缺乏有效的监管机制及措施是民间借贷潜在问题的借贷需求者，越是会从P2P网贷公司处获得借贷资金。本身互助组的风险性较小，更多地依靠地缘、血缘等传统社会关系网络进行风险控制，对政府监管的依赖性弱；而P2P网络借贷为陌生人借款，不稳定性高，对政府监管的依赖性强。变量缺乏有效的监管机制及措施的重要性对选择投资担保公司的影响不显著。

（三）借贷产品特征的影响

在控制变量月均收入、信用文化受教育程度的情况下，分别以合会（互助）、投资担保公司、P2P网贷公司为因变量，分析借贷认知要素对民间非正式金融组织借贷需求行为的影响程度，估计结果依次如表6-10的模型（七）、模型（八）、模型（九）所示。

表6-10　借贷产品特征的影响估计结果

变量名	模型（七）	模型（八）	模型（九）
	合会（互助）	投资担保公司	P2P网贷公司
月均收入	-0.002 (-0.01)	0.285** (2.34)	-0.762*** (-3.11)
信用文化受教育程度	0.273 (0.29)	0.0845 (0.27)	0.837* (1.67)
最近一次借贷金额	-0.460 (-1.55)	0.107 (1.01)	-0.761*** (-5.00)
借贷成功赴机构的次数	3.447*** (4.88)	0.920*** (4.20)	0.310 (0.20)
借贷年利率	-2.294*** (-5.36)	-0.169 (-1.54)	3.322*** (5.66)
借贷期限	-0.607 (-0.85)	0.128 (0.48)	-2.276*** (-3.28)
借贷服务评价	1.620*** (4.08)	-0.980*** (-4.97)	1.968*** (3.77)

续表

变量名	模型（七）	模型（八）	模型（九）
	合会（互助）	投资担保公司	P2P 网贷公司
借贷有无担保	-1.818** (-2.44)	-0.168 (-0.51)	0.476 (0.86)
常数项	-3.248 (-1.27)	0.689 (0.57)	-12.67*** (-4.06)
样本量	335	335	335
Pseudo R^2	0.0922***	0.0713***	0.0747***
极大似然值	-196.1237	-206.1428	-203.4186

注：*、**、***分别表示在10%、5%、1%的置信水平上显著，括号内为相应系数的Z值。

（1）最近一次借贷金额因素的影响。变量最近一次借贷金额对选择P2P网贷公司产生负向影响。在模型（九）中，最近一次借贷金额的系数在1%的置信水平上显著为负，表明最近一次借贷金额越大，越是不会从P2P网贷公司处获得借贷资金。上文中，我们已经指出P2P网贷主要以小额贷款为主，大额业务相对较少。变量最近一次借贷金额对选择合会（互助）、投资担保公司的影响不显著。

（2）借贷成功赴机构的次数因素的影响。变量借贷成功赴机构的次数对选择合会（互助）、投资担保公司产生正向影响。在模型（七）、模型（八）中，借贷成功赴机构次数的系数均在1%的置信水平上显著为正，表明借贷成功赴机构的次数越多，越是会从合会（互助）、投资担保公司处获得借贷资金。在调研中发现，相对P2P网贷这样直接的借贷方式，失去传统的合会（互助）、投资担保公司借贷的次数普遍至少为两次，存在一定的“皮鞋成本”，但是这些民间非正式金融借贷组织的“皮鞋成本”还是要低于银行等正式金融组织。变量借贷成功赴机构的次数对选择P2P网贷公司的影响不显著。

（3）借贷年利率因素的影响。变量借贷年利率对选择合会（互助）产生负向影响，对选择P2P网贷公司产生正向影响。在模型（七）、模型（九）中，借贷年利率的系数在1%的置信水平上分别显著为负、为正，表明借贷年利率越高，越是不会从合会（互助）处获得借贷资金，越是会从P2P网贷公司处获得借贷资金。在前文中，我们已经指出合会（互助）的利率普遍偏低，P2P网贷公司等非熟人借贷组织形式的借贷利率偏高，在此不再赘述。变量借贷年利率对选择投资担保公司的影响不显著。

（4）借贷期限因素的影响。变量借贷期限对选择 P2P 网贷公司产生负向影响。在模型（九）中，借贷期限的系数在 1% 的置信水平上显著为负，表明借贷期限越短，越是会从 P2P 网贷公司处获得借贷资金。P2P 网贷公司的特点就是以短期的小额贷款为主，此类产品供给数量多、种类多，为此，借款期限越短，个体越是偏好于从 P2P 网贷公司处获得借贷资金。变量借贷期限对选择合会（互助）、投资担保公司的影响不显著。

（5）借贷服务评价因素的影响。变量借贷服务评价对选择合会（互助）、P2P 网贷公司产生正向影响，对选择投资担保公司产生负向影响。在模型（七）、模型（九）中，借贷服务评价的系数均在 1% 的置信水平上显著为正，表明借贷服务评价越高，个体越是会从合会（互助）、P2P 网贷公司处获得借贷资金。在模型（八）中，借贷服务评价的系数均在 1% 的置信水平上显著为负，表明借贷服务评价越高，个体越不会从投资担保公司处获得借贷资金。在调研过程中，我们发现合会（互助）、P2P 网贷公司的服务态度好、借贷时间短、借贷程序更为便捷，投资担保公司的服务相对较差，尤其是催款态度较差。

（6）借贷有无担保因素的影响。变量借贷有无担保对选择合会（互助）产生负向影响。在模型（七）中，借贷有无担保的系数在 5% 的置信水平上显著为负，表明借贷越是没有担保，越是会从合会（互助）处获得借贷资金。合会（互助）的会员多为彼此熟知的亲朋好友，且是以信誉作为担保的纯信用行为，大多不需要担保物，对担保物的要求较低。变量借贷期限对选择 P2P 网贷公司、投资担保公司的影响不显著。

（四）借贷违约情况特征的影响

由于在控制其他要素的情况下，借贷违约情况特征要素的影响估计结果显著性较差。为此，在不控制其他要素的情况下，分析借贷违约情况特征要素对个体借贷途径的选择，估计结果依次由表 6－11 中的模型（十）、模型（十一）、模型（十二）显示。

表 6－11　借贷违约要素的影响估计结果

变量名	模型（十）	模型（十一）	模型（十二）
	合会（互助）	投资担保公司	P2P 网贷公司
身边是否有违约事件	－4.064*	18.84***	－6.104***
	（－1.91）	（6.02）	（－3.62）

续表

变量名	模型（十）	模型（十一）	模型（十二）
	合会（互助）	投资担保公司	P2P 网贷公司
投资/生意出现亏损	-1.739***	2.206***	-0.610***
	(-4.59)	(4.75)	(-3.36)
出现较大的医疗债务	1.390***	1.285***	-1.041***
	(3.82)	(3.58)	(-4.23)
为以后借款保持信用	-0.240	-1.574***	0.793***
	(-0.90)	(-5.82)	(3.97)
不想被加收滞纳金或违约金	1.657***	-0.740**	-0.171
	(4.51)	(-2.31)	(-0.61)
怕抵押物被没收	-0.607***	0.697***	-0.336**
	(-3.21)	(3.53)	(-2.15)
担心家人会因违约受到伤害	0.0144	-0.285	0.171
	(0.07)	(-1.24)	(0.95)
常数项	1.919	-29.91***	9.358***
	(0.63)	(-5.48)	(3.91)
样本量	335	335	335
Pseudo R^2	0.0753***	0.0963***	0.0637***
极大似然值	-210.4680	-199.7957	-207.0358

注：*、**、*** 分别表示在10%、5%、1%的置信水平上显著，括号内为相应系数的Z值。

（1）是否违约情况影响。变量身边是否有违约事件对选择合会（互助）、P2P 网贷公司产生负向影响，对选择投资担保公司产生正向影响。这一点与实际不相符，主要是由统计误差导致的。

（2）导致违约的因素重要性认知影响。变量投资（生意）出现亏损对选择合会（互助）、P2P 网贷公司产生负向影响，对选择投资担保公司产生正向影响。在模型（十）、模型（十二）中，投资（生意）出现亏损的系数均在1%的置信水平上显著为负，表明认为投资（生意）出现亏损是导致借贷违约的因素重要性越高，越不会从合会（互助）、P2P 网贷公司处获得借贷资金。在模型（十一）中，投资（生意）出现亏损的系数分别在1%的置信水平上显著为正，表明认为投资（生意）出现亏损是导致借贷违约的因素重要性越高，越会从投资担保公司处获得借贷资金。在前文中，我们已经指出合会（互助）、P2P 网贷公司主要以小额贷款为主，企业借款的项目较少，而投资担保公司的业务范围较广。投资（生意）出现亏损主要是因企业的借贷行为，因而偏向从投资担保公司处获得借贷资金。变量出现较大的医疗债务对选择合会（互助）、投资担保公司产生正向影响，对选择 P2P 网贷公司产生负向影响。在模型（十）、模型（十一）中，出现较大的医疗债务的系数均在 1% 的置信水平上显著为正，表明认为出现较大的医疗债务是导致借贷违约的因素重要性越高，越会从合会（互助）、投资担保公司处获得借贷资金。在模型（十二）中，出现较大的医疗债务的系数在 1% 的置信水平上显著为负，表明认为出现较大的医疗债务是导致借贷违约的因素重要性越高，越不会从 P2P 网贷公司处获得借贷资金。在实地调研中，我们发现医疗债务由于资金的回收率较低，尤其是农村地区很多农民由于医疗债务致贫较为常见，因而，大多数借贷机构对此类借贷需求满足率偏低。但是，由于互助合会以互助为主，出于互相帮助的社会道德影响，会员之间会提供一定的借贷资金。投资担保公司则会有以高贷款利率作为条件开展借贷，也能够提供一定的借贷资金。目前，国内 P2P 网贷公司的业务范围还没有出现医疗债务借贷供给产品。

（3）加速还贷的因素重要性认知的影响。变量为以后借款保持信用对选择投资担保公司产生负向影响，对选择 P2P 网贷公司产生正向影响。在模型（十一）中，为以后借款保持信用的系数在 1% 的置信水平上显著为负，表明认为为以后借款保持信用是加速还贷的因素重要性越高，越不会从投资担保公司处获得借贷资金。在模型（十二）中，为以后借款保持信用的系数在 1% 的置信水平上显著为正，表明认为将为以后借款保持信用是加速还贷的因素重要性越高，越会从 P2P 网贷公司处获得借贷资金。在前文中，我们已经指出相对于其他借贷方式而言，在国家逐步加强对 P2P 网贷市场监管的背景下，P2P 网贷对信用的要求会更高，同时，P2P 网贷的服务便捷化以及服务态度要好于投资担保公司，因而，P2P 网贷的借贷连续性要强于投资担保公司。以后借款保持信用对选择合会（互助）的影响不显著。变量不想被加收滞纳金或违约金对选择合会（互助）产生正向影响，对选择投资担保公司产生负向影响。在模型（十）中，不想被加收滞纳金或违约金的系数在 1% 的置信水平上显著为正，表明认为不想被加收滞纳金或违约金是加速还贷的因素重要性越高，越会从合会（互助）处获得借贷资金。在模型（十一）中，不想被加收滞纳金或违约金的系数在 5% 的置信水平上显著为负，表明认为不想被加收滞纳金或违约金是加速还贷的因素重要性越高，越不会从投资担保公司处获得借贷资金。前文中，我们已经指出合会（互助）

主要以低息、小额贷款为主，会员之间履约信用度高，而以现金贷为主的投资担保行为存在故意不让借贷者还款的欺诈情况（如“套路贷”），因此，不想被加收滞纳金或违约金的借贷者不会选择投资担保公司，而选择合会（互助）。不想被加收滞纳金或违约金对选择P2P网贷公司的影响不显著。变量怕抵押物被没收对选择投资担保公司产生正向影响，对选择合会（互助）、P2P网贷公司产生正向影响，这一点与实际不太相符，主要由统计误差导致。变量担心家人会因违约受到伤害的影响不显著。

三、结论

基于335个民间非正式金融组织借贷需求行为的调查样本，利用Logist概率模型分析了个体特征、借贷认知特征、借贷产品、借贷违约情况特征因素对民间非正式金融组织借贷需求行为的影响，参数估计模型似然比值均在0.0000水平上通过检验，同时，伪拟合优度Pseudo调整R^2值均在1%的置信水平上显著小于0.1，表明不同因素对民间非正式金融组织借贷需求行为的预测结果与实际选择有较高的匹配度。

（1）个体特征要素的影响。变量性别对个体选择合会（互助）产生负向影响，对选择投资担保公司产生正向影响，对选择P2P网贷公司的影响不显著。变量年龄对个体选择投资担保公司产生正向影响，对选择P2P网贷公司产生负向影响，对个体选择合会（互助）的影响不显著。变量受教育程度对个体选择合会（互助）产生负向影响，对选择投资担保公司产生正向影响，对个体选择P2P网贷公司的影响不显著。变量月均收入对个体选择投资担保公司产生正向影响，对选择P2P网贷公司产生负向影响，对个体选择合会（互助）的影响不显著。变量婚姻状况对个体选择投资担保公司产生正向影响，对选择P2P网贷公司产生负向影响，对个体选择合会（互助）的影响不显著。

（2）借贷认知特征的影响。变量寻找贷款人困难的重要性对选择合会（互助）产生正向影响，对选择投资担保公司、P2P网贷公司的影响不显著。变量利率太高的重要性对选择合会（互助）产生正向影响，对选择投资担保公司、P2P网贷公司产生负向影响。变量信用风险太高的重要性对选择合会（互助）产生正向影响，对选择P2P网贷公司产生负向影响，对选择投资担保公司的影响不显著。变量缺乏有效的监管机制及措施的重要性对选择合会（互助）产生负向影响，对选择P2P网贷公司产生正向影响，对选择投资担保公司的影响不显著。对信用文化受教育程度的影响不显著。

（3）借贷产品特征的影响。变量最近一次借贷金额对选择 P2P 网贷公司产生负向影响，对选择合会（互助）、投资担保公司的影响不显著。变量借贷成功赴机构的次数对选择合会（互助）、投资担保公司产生正向影响，对选择 P2P 网贷公司的影响不显著。变量借贷年利率对选择合会（互助）产生负向影响，对选择 P2P 网贷公司产生正向影响，对选择投资担保公司的影响不显著。变量借贷期限对选择 P2P 网贷公司产生负向影响，对选择合会（互助）、投资担保公司的影响不显著。变量借贷服务评价对选择合会（互助）、P2P 网贷公司产生正向影响，对选择投资担保公司产生负向影响。变量借贷有无担保对选择合会（互助）产生负向影响，对选择 P2P 网贷公司、投资担保公司的影响不显著。

（4）借贷违约情况特征的影响。变量投资（生意）出现亏损对选择合会（互助）、P2P 网贷公司产生负向影响，对选择投资担保公司产生正向影响。变量出现较大的医疗债务对选择合会（互助）、投资担保公司产生正向影响，对选择 P2P 网贷公司产生负向影响。变量为以后借贷借款保持信用对选择投资担保公司产生负向影响，对选择 P2P 网贷公司产生正向影响，对选择合会（互助）的影响不显著。变量不想被加收滞纳金或违约金对选择合会（互助）产生正向影响，对选择投资担保公司产生负向影响，对选择 P2P 网贷公司的影响不显著。变量怕抵押物被没收对选择投资担保公司产生正向影响，对选择合会（互助）、P2P 网贷公司产生正向影响。变量担心家人会因违约受到伤害的影响不显著。

第七章　民间非正式金融组织借贷行为规范和风险监管的国际经验借鉴

长期以来，随着社会金融需求的增加以及信贷配给问题的加重，民间非正式金融组织借贷风险逐渐扩张，以高利贷为主的不公平借贷形式不断释放出较强的以暴力犯罪为代表的社会负面效应，成为世界各国民间金融借贷监管的主要对象。同时，借助互联网技术的快速发展，以 P2P 为代表的网络借贷也日益成为世界各国民间借贷的主要形式。无论是非网络民间非正式金融组织借贷行为，还是民间网络借贷行为，发达经济体普遍构建了较为完整的规范与监管体系，在一定程度上对民间非正式金融借贷进行了有效的行为规范和风险控制，对国内民间非正式金融组织借贷行为规范和风险监管具有重要的参考价值。

第一节　民间借贷行为规范的国际对比

一、美国民间借贷行为规范

美国民间借贷的主要组织形式包括信用合作社、金融公司以及贷款与储蓄协会。1968 年之前，美国对民间借贷并未严格区分正式与非正式金融组织，但随着敲诈性借贷的出现，美国加大了对民间借贷监管的力度。

（一）民间借贷统一性规定

无论是民间正式金融组织，还是民间非正式金融组织，美国对此均做出了统一性的规定。一是实行注册制度。所有在美国设立的民间借贷金融机构均必须在所在州或者联邦进行注册，不注册视为违法经营。二是利率管制。美国各州政府设定法定利率以及民间借贷最高利率“一般高利贷限制”来对民间借贷的利率进行限制，以此来约束民间借贷合同无明确利率规定的情况。美国佛罗里达州、哥伦比亚特区、纽约的利率分别为 12% ~18%（超过 50 万美元的利率上限为 25%）、6% ~24% 以及 9% ~16%。三是明确资金用途及借贷资金来源范围。其中，金融公司的资金主要来源于股票、债券、短期票据，且资金仅能用于商业及消费贷款；贷款和储蓄协会的资金主要来源于支票以及定期存款，且主要用于住房贷款。通过强制约束民间借贷注入机制、利率、资金来源及用途，划定了民间借贷组织运营的法律范围边界，有利于规范民间借贷金融组织的行为。

（二）敲诈性借贷的规定

随着美国部分州区民间非正式金融借贷组织发放高利率、违反国家民间借贷监管规定情况的增加，这种借贷行为的社会负面影响逐步加大，美国联邦国会于 1968 年颁布了旨在遏制黑恶势力、打击敲诈性借贷的《消费者信贷保护法》，通过该法案，美国民间非正式金融组织的敲诈性借贷行为得到了一定的遏制。一是明确界定敲诈性借贷的边界和适用范围。该法案将使用暴力威胁或其他敲诈性方式发放高利贷牟取高额利益的行为定义为“敲诈性信贷交易”，并明确了“敲诈性手段”和“敲诈性信贷”的边界，其中，“敲诈性手段”主要是债权人通过明示或暗示借贷债务当事人，通过威胁使用暴力或其他手段来获取本息，以此给债务当事人及其亲属财产权益及个人声誉造成极大损失的手段；“敲诈性信贷”主要是指借贷双方均知，逾期或始终不偿还债务义务，债权人将对债务人及其亲属财产、声誉及人身安全利用暴力手段造成损失的信贷，以区分正常高利贷的违法行为，注重发放行为的涉黑性，有效控制违法的手段和方式。该法案明确了适用范围，适用于自然人和非自然人，包括个人消费者以及小微企业等，涉及商业信贷、消费信贷等所有信贷范围。二是对敲诈性借贷行为课以重典。该法案将为敲诈性信贷提供资金、使用放贷及催收等暴力行为课以重典，对运营敲诈性借贷的人处以不超过 1 万美元的罚款或处以 20 年的监禁，数额较大将数罪并罚。用重典从根本上遏制了放贷人对借贷人可能存在的报复性非法行为。三是提高法案律法地位。《消费者信贷保护法》后被编入美国《法典》第 42 章，从《法典》的高度提升了《消费者信贷保护法》的法律地位，同时，执法机关由州级层面上升至联邦司法和执法机关，加强了消费者信贷保护的地位和力度。四是简化了举证环节。为了便于刑侦机关举证和庭审调查，调动犯罪嫌疑人揭发举证的积极性，该法规定“执法或检控机关可以申请法院强制传唤证人出庭作证或提交有关证据，被传唤的人不得以自证其罪为由拒绝作证”。而且，该法还规定，“如果证人主动出庭作证或提交的证据证明其犯罪，其犯罪可以得到豁免”。

二、日本民间借贷行为规范

受益于经济的快速发展，以“放款业”及“非银行”为代表的日本民间借贷市场逐渐壮大，涉及包括消费金融、保险代理、中小微企业短期融资以及金融服务等范围。随着民间借贷风险的加大，1983 年后日本也加大了对民间借贷风险监管与控制的力度，形成了一系列法案①。

（一）民间借贷的统一规定

与美国类似，日本并未对民间正式金融组织和非正式金融组织进行界定，但对民间借贷进行了统一规定。以日本典型的借贷形式“Mujin”为例，“Mujin”分为营利性和非营利性两种，分别制定了相应的法规。其中，对于营利性“Mujin”的规定包括成立和退出的行政许可制度、限定组织形式和资本家要求（强制为股份有限公司）、限定营业范围及营业区域、限定资金运用范围、规定高层管理者的责任和义务、主管机关有权采用监督检查权等举措。对于非营利性“Mujin”的规定包括成立和退出的行政许可制度、强制提交具有法律效力的会规契约书、约定会息 30% 的最高限等。与美国类似，日本对民间借贷金融组织也主要采用法律监管等举措进行约束，以提高监管效率。

（二）贷金业限制法修订

自 20 世纪 90 年代日本经济泡沫后，高利贷等民间非正式金融组织借贷行为引发了敲诈勒索、债务者自杀等一系列社会问题，由此，自 1999 年开始至 2010 年，日本加大了对贷金业限制法的修订，建立和修订地下金融对策法，初步建立了较为完善的民间借贷行为规范。一是限定民间借贷的最高利率。1999 年日本将民间借贷的最高利率由 40% 降至 2007 年的 29.2%，2010 年下调至 20%，并强制规定贷款金额不能超过年收入的 30%，避免奇高的利率行为加大债务人的债务负担。二是强化民间借贷的行政许可制度。该法规定登记民间借贷金融机构必须法人本人确认，严格注册条件以及登记审查，严格区分暴力团体等涉黑人员。并加大了对没有依法登记民间借贷组织及法人的惩罚力度，将贷款处罚年限从 2004 年的 5 年以下有期徒刑上升至 2007 年的 10 年以下有期徒刑，罚款年限保持在 1000 万日元以下，对于没有登记的民间借贷组织处以 1 亿日元罚款，该规定适用于贷款年利率超过 109.5% 的民间借贷行为。三是加大对民间借贷金融组织

① 朱军．日本贷金业法制度的变迁与效果分析——兼论其对中国民间借贷发展的借鉴意义［J］．现代日本经济，2014（1）：36－45.

高层管理者的资格审查和再教育工作。强制规定民间借贷从业者的最低净资产，并将最低净资产由2004年的个人300万日元及法人的500万日元全部提高至2000万日元，2010年法人最低净资产提高至5000万日元。同时，详细规定董事等高层管理者以及职员的从业资格及义务，并要求指定相关信用机构对上述人员进行信息审查，并建立贷款业务主任制及国家认可资格考试制度，且规定3年接受一次业务辅导。四是加大对过剩贷款的限制。强制放贷人有义务对借款人的还款能力进行信用调查，并指定信用机构进行个人客户或机构的信息调查。五是加大对贷金者的运营管理力度。依据《地下金融对策法》，强制约束贷款产品的广告频率，严厉处罚贷金者在产品上的劝诱和引导行为，禁止以低息等虚假广告夸大宣传、诱导借款者，尤其是加大对无偿还能力诱导的惩罚力度且禁止手机广告。同时，该法明确了贷金业者的登记要件、借款的催收行为，限制了民间金融借贷组织对借款的追缴行为，包括对债务人和保证人以外的第三者提出赔偿要求、采用暴力手段进行催收等行为，将贷金业者收取和索要超过国家法律规定的利息判定为违法行为。

通过《出资法》《利息限制法》《贷金业综合监管指针》以及《攒金业法》等一系列法律文件，日本基本建立了民间借贷的监管体系，尤其是强化了对民间非正式金融组织借贷行为的监管与处罚力度。

三、新加坡民间借贷行为规范

为适应民间借贷发展情况的需要，自1959年以来，新加坡三次修改了《放贷人法案》，逐步形成了较为完善的民间借贷监管体系。同美国、日本相似，新加坡对民间金融组织的形式也未有严格的界定，统一对正式和非正式金融组织进行监管。

（一）严格限定方案的适用范围

新加坡《放贷人法案》对放贷人进行了明确的界定。放贷人主要是指不能从事非借贷业务，以中介或者自己身份开展任何涉及贷款业务的个人，但不包括不被法律认可的借贷人①，不包括国家授权的企业、没有被法律明令禁止的放贷人、依规的信用机构与典当行等。

（二）严格放贷准入和退出制度

严格放贷准入制度。法案规定，民间借贷实行牌照制度（除获得授权牌照、

---

① 赵莹，雷兴虎．新加坡《放贷人法案》及其对我国民间借贷立法的启示［J］．江汉论坛，2014（6）：132－135.

免除及排除的放贷者外）。任何申请从事民间借贷的金融组织，无论是正式金融组织还是非正式金融组织都必须依法递交注册材料，进行登记领牌，每个牌照的期限为12个月且可以续期，国家监管机构有权随时取消放贷牌照。依据牌照制度规定，申领牌照的机构仅能在牌照监管所在地从事相关业务，拓展业务地区范围必须向监管当局申请。同时，强化牌照的处罚力度，规定无牌照的放贷行为不受法律保护，首次和续期牌照申请提交虚假材料视为违法构成犯罪，判处不超过12个月监禁或4万美元的处罚，且罚金和监禁可一同处罚。

严格放贷退出制度。依据新加坡《放贷人法案》规定，放贷人退出制度包括强制退出和自愿退出两种，其中，采取强制退出的情形包括：递交虚假申请材料、材料不完整及采用误导性、错误性词语等，违规发放贷款，跨区域开展贷款业务及其他潜在可能，注册部长依据情况给予放贷人出具书面退出通知，允许放贷人申辩并最终在21日内给出最终处罚结果。对于自愿退出行为，由放贷人提出申请并在进行财务审查后允许其自愿停牌。

（三）严格贷款运营管理

新加坡《放贷人法案》对利率、贷款合同、广告及催收等内容进行严格规定。贷款利率方面，明确使用有效利率，规定有担保、无担保的最高贷款利率限制分别为18%、12%，明确了贷款利率界限。贷款合同方面，法案要求合法的放贷人应在签订合同前预先告知借款人放贷产品及风险事项，违反此规定，放贷人将无法获得合同利息等权益，且处以不超过6个月的监禁或2万美元的处罚；规定任何放贷人将借款者的个人借款等隐私信息泄露或兜售，均构成犯罪。贷款广告方面，法案要求放款人必须在经营场所显著位置标识商业名称和所得执照，放贷人在其产品中不能故意发布虚假性、诱导性强的产品信息，违法将分别处以5000美元处罚、2万美元和不超过6个月监禁。贷款回收方面，与美国、日本催收方式相似，新加坡法案也明确要求放贷人不能强制回收贷款，规定任何人不能使用恐吓威胁、骚扰等暴力方式打扰借款者及其亲属，否则以犯罪处罚。此外，新加坡对放贷采取严格的监管制度，一方面允许政府主管机构协同管理职权，另一方面对放贷人不积极配合监管事宜施以重罚，判处不超过12个月监禁或不超过3万美元的处罚。

四、英国民间借贷行为规范

自1974年英国颁布《消费信贷法》以来，历经多次修订以适应民间借贷发展的实际需要。该法案分为12部分共190条，涉及消费信贷的审批、贷款合同、监管等多个方面，形成了较为完善的以消费信贷为主的民间借贷监管体系①。

（一）宽松的市场准入制度

英国《消费信贷法》对消费信贷的牌照申领条件制定了详细的标准，包括放贷主体是否涉及暴力、欺诈行为等，是否存在利益相关人的交易，是否导致性别、国籍、肤色、种族等的歧视。该法对消费信贷的准入牌照进行了“适应性”规定，2008 年颁布的《消费信贷审批法》同样没有增加准入标准，对适应性标准的规定更为详细，但是仍未设立硬性门槛指标，总体上，英国消费信贷市场的准入相对宽松。此外，为了对消费信贷市场进行监管，英国成立了公平交易局，专门负责消费信贷的市场准入，进行消费者权益保护和市场管理等。该局于 2018 年 12 月制定《负债管埋指导》，建立完备的债务管埋咨询服务体系，涵盖债务偿还、债务咨询、提前偿债等多项业务，不断挖掘和提高英国消费信贷企业的债务价值。

（二）完善的追债制度与权威的司法救济制度

英国公平贸易局于 2003 年、2006 年先后颁布和修订《追债指导——不公平商业行为的最终指导》，将不公平的商务行为确定为不公平的追债走访、成本、信息传播、方法以及欺诈等；于 2006 年 12 月颁布《追债合规性审查指南》，较为详细地规定了不公平商业行为的审查标准、角度、申请、程序等，最大限度地防止不公平导致的追债行为。为了对交易中的不公平行为实施行政制裁，《消费信贷法》专门制定了司法救济制度，明确了公平交易局的行政执法地位，对不公平行为采取救济制度，其要点包括：司法救济申请人范围广泛，借贷合同以及诉讼过程中的借款人、保证人等均是合法的申请人；明确举证责任倒置原则，在诉讼中，贷款人有义务作出与借款人、保证人关于借贷关系中的公平关系的证明，否则认定为不公平关系；多样化的司法裁定手段，法院有权力要求贷款人及相关人有是否偿还债务、减少或减免债务、返还财产、终止或撤销借贷协议等，以保证借贷关系中的公平关系。

（三）严格的信息披露制度

英国《消费信贷法》明确规定贷款人需要严格执行信息披露原则，否则将承担相应的法律责任，公平贸易局负债执行相关决议。依据该法案，贷款人需要承担借贷产品广告宣传、借贷合同缔约不同阶段的信息披露义务，其中，《消费

① 周晓松．英国《消费信贷法》对我国民间借贷规范化的启示［J］．华北金融，2011（9）：44－47.

信贷法》第48~51条详细规定了借贷产品推广阶段的信息披露内容以及各种违法犯罪的基本类型；针对借贷合同缔约不同阶段的信息披露，《消费信贷信息披露原则》《远程金融市场规则》分别就信息披露范围、方式及程序进行了详细的规定；《消费信贷法信息披露要求》（2008）进一步修正了信息披露的内容，将《消费信贷法》（1974）的违约通知、协议变更等信息披露范围扩大至欠款总量、事后利率、往来账户信息、企业信贷年报等。此外，公平贸易局有义务制定规范、可续的信息披露表格，有效规范贷款人的信息披露行为。

第二节　互联网金融风险监管的国际经验

一直以来，民间非正式金融组织借贷风险就受到国内外学者和政策实践者的关注，并在各国的实践中形成了一定的经验。由于当前国内互联网金融风险，尤其是网络借贷风险成为民间非正式金融组织借贷风险的重点，且在第一章中许多学者已经对非网络民间借贷风险进行了一定的分析，由此，本节将主要梳理国外发达金融国家互联网金融风险监管实践的经验，为国内民间非正式金融组织借贷风险监管提供有益参考。

一、美国互联网金融风险监管的经验

美国主要采用分业监管的模式对互联网金融风险进行监管。美国将第三方支付与货币转移业务深入融合，将P2P网贷等互联网金融业务融入证券监管体系中，持续发挥联邦存款保险公司、证券交易委员会对互联网金融风险的监管主体功能。2010年美国总统奥巴马签署了《多德－弗兰克法案》，旨在限制系统性风险，明确将非银行机构置于更加严厉的监管环境下。参考该法案，美国政府设立了消费金融保护局，各州设立了互联网金融监管机构，基本构建了分层的互联网金融监管体系。

（一）互联网金融风险穿透式监管

通过有效区分不同互联网金融发展模式，美国对互联网金融实现了功能监管与机构监管的统一。美国将互联网金融发展模式分为互联网金融借贷模型、互联网金融股权模式，依据借贷风险以及股权投资方式及风险类别的不同来实现不同监管，具体是互联网金融借贷风险由金融监管机构进行监管，股权风险由美国证券交易委员会进行监管，强化对互联网金融信息的披露以及消费者权益的保护。

同时，针对互联网金融股权模型，依据2012年颁布的《乔布斯法案》，美国建立了包含投资额度约束、投资者适当性、线上线下规则一致性、风险预警机制等一体化的监管制度体系，严厉禁止互联网金融股权平台与股权行为发起人发生利益关联，严格众筹融资平台的经纪商定位，坚决打击关联交易以及影子公司行为。针对互联网金融借贷业务，美国着重强调借贷机构的信息定期披露制度、经营行为风险预警制度，整体上对互联网金融借贷模型采取了较为宽松的监管模式。

（二）强力推进“监管沙盒”模式

“监管沙盒”主要是为了鼓励科技创新，突出表现在以保护金融消费者权益为基础，对金融科技创新的产品以及服务等进行有保留的测试，坚持预防为主，为金融科技创新提供全方位的政策环境，“监管沙盒”实现了金融科技创新与有效管控风险的双向协调发展。为了避免互联网金融创新对消费者可能存在的伤害，2016年美国消费者金融保护局颁布法令：如果美国、各州市现有法律法案以及相关政策法令中，没有对现有金融创新型产品的法律约束规定，消费者可以从这项金融创新中获得收益时，可以对此金融创新型产品采取无异议函政策。该项法令增强了对金融创新企业监管约束的确定性因素，减少科技型企业在初创或发展过程中由于游走法律边缘而增加触犯法律受到处罚的风险性，刺激了企业合规经营、持续创新。在实际操作中，美国消费金融保护局对于企业产品的申请、再审查企业合规性的同时，还会对申请产品的企业提出无异议声明：对于申请者的产品，本局并不打算采取强制性措施或采取监管行为。但是，无异议并不代表该局针对未来企业可能存在的违规行为不采取强制性措施，因而该法令具有较大的灵活性。

（三）建立互联网金融风险补偿机制

一是建立互联网平台风险准备金制度。美国虽无明确的风险准备金要求，但要求互联网信贷平台需在美国证券交易委员会（SEC）进行注册，并依据机构不同缴纳数额不等的注册保证金，类似于Lengding Club的网络借贷平台需缴纳400万美元的保证金。通过强制注册，并提交相应的实缴保证金，进一步提高了网络借贷平台机构的风险补偿能力。二是第三方存管制度。在联邦层面，美国各州普遍规定，从事货币转移业务的机构不能留存客户交易资金，类似于国内支付宝之类的网络支付平台必须将客户滞留资金存放在银行开设的无息账户中，联邦保险公司（FDIC）利用银行系统对这些滞留资金进行监管。在州层面，网络支付平台不能从事存储业务，且必须持有一定的担保债券或流动性强的资金，切实保证客户的流动性以及资金安全。

二、英国互联网金融风险监管的经验

英国主要采取综合监管机制对互联网金融风险进行监管。在 2008 年美国次贷危机后，英国加大了对金融监管的创新力度，不断完善金融风险监管体系，逐步形成了在英国央行管理下设置审视监管局、行为监管局以及金融政策委员会的“一行两局一会”的金融监管体制。随着互联网金融的发展，英国在传统的金融监管体系中逐步加入了互联网金融的要素，仍旧以传统的综合性金融监管为主，监管的范围包括 P2P 网贷、第三方支付以及网络众筹等业务。与美国相似，英国同样将互联网金融众筹业务视为证券行为，参照投资性众筹的特征，定义了不易变现证券的内涵，并将非上市的债券、股票纳入监管范围之内。

（一）注重审慎监管与行为监管的协同

一是以行为监管为主体。英国金融行为监管局规定：P2P 网络借贷平台需要将资金托管于银行机构，严格区分客户与客户之间、平台与客户之间的资金所有权问题，严格防止平台挪用、套用客户资金的现象。在 P2P 网络借贷平台出现破产的情况下，现有的借贷协议继续有效并且要继续履行责任，加大对破产平台资金的后续管理力度。在缺乏二级转让市场的情况下，投资者获得 14 天的静默期，在这期间投资者可以取消投资且不承担任何违约责任。通过行为监管促进互联网金融交易行为的公正、可靠、安全。二是以审慎监管为基础。通过导入限额管理等方式，对互联网金融风险进行审慎监管，有效控制风险的外部性作用。2014 年，英国金融行为监管局颁布了《关于网络众筹和通过其他方式发行不易变现证券的监管规则》，该标准与美国的《乔布斯法案》一样，强调对互联网金融股权众筹风险的监管，明确指明以互联网金融股权众筹为最低审慎资本标准，一方面可以有效地防止网络众筹投资平台规模的过大，另一方面也防止平台在倒闭时无法兑现的风险，从而有效地保障了平台的正常运营，同时对投资者的权益也进行了有益的保护。

（二）完善的消费者保护体系

英国建立了相对完善的互联网金融消费者权益保护体系，主要表现为四个方面：一是完善的《消费者信贷法》。为了充分保护互联网金融消费者的权益，英国进一步完善了《消费者信贷法》，对互联网金融消费者的选择权、隐私权以及知情权等多种合法权益进行了修订，突出交易行为的公平、合理性。二是突出对消费者的风险教育。英国金融监管机构明确要求互联网金融股权众筹平台对投资者进行相关知识的测试，消费者自身必须具备基本的金融法律法规知识、互联网金融风险判断及处置常识、不同投资项目合规性基础知识。三是完善的互联网金融信息披露制度。英国金融监管机构明确要求类似于P2P网络借贷的机构必须具备完善的机构信息披露制度，包括简单易懂的互联网金融产品、营销活动等的信息、投资项目的收益及风险提示、项目投资的风险预警等。四是健全的消费者信息保护机制。英国金融监管机构明确要求互联网金融机构必须拥有健全的消费者信息保护机制，对违背消费者隐私保护制度的平台给予严厉的惩罚。

（三）建立并逐步完善互联网金融风险的"监管沙盒"

2014年，英国金融监管机构开始了"创新项目"，旨在逐步完善金融行为监管，具体包括：一是建立政策咨询服务制度。对初创的金融企业进行政策咨询服务，使初创互联网金融企业能够在合规、合法的情况下获得相应牌照。二是建立经营合规性服务制度。从监管的角度出发，对获得牌照的企业，在遵守"非正式指导"原则的前提下，从企业所在行业的前景、企业创新发展的思路、企业具备的社会经济责任等方面明确指出持牌企业经营的合规性建议，逐步探索、修订现有法律法规的必要性、可行性、合法性。为进一步激发企业创新发展的积极性，健全创新发展的激励机制，2016年英国金融监管机构以"创新项目"实践为基础，启动了"监管沙盒"项目，稳步宽松企业创新发展的监管氛围。与美国"监管沙盒"项目类似，参与英国"监管沙盒"项目的企业也是初创且未获得金融牌照的科技型金融，介入的时间范围为3~6个月，测试的内容为企业的产品及服务以及商业运营模式的合理性。而对于那些已经获得金融牌照的企业，英国金融监管机构也采取与美国类似的"无异议函"，明确指出持牌企业与国家金融监管要求相契合已获得英国金融监管机构的认可，可以实施政策辅导行为。在创新产品的开发上，只有金融监管当局确定消费者已经知晓产品潜在风险且同意参与测试的情况下才能进行开发，并且要详细审查企业的消费者权益保护以及信息披露制度。同时，在沙盒测试阶段，企业需要对消费者存在的投资损失进行补偿，尤其是在倒闭时，消费者能够参照国家相关金融服务补偿规范获得一定的补偿金，这一点比美国的沙盒实践更为实际。

（四）建立互联网平台风险准备金制度

英国金融市场行为监管局（FCA）要求P2P平台必须设立风险准备基金，以便在发生破产或者停止运作时继续对已存续的款项进行合理服务，未到期的借贷项目仍旧在法律保护范围之内，直至双方法律上的债权关系清偿而终止。另外是第三方存管制度。英国FCA要求互联网金融平台必须将客户资金存放于银行，并承担对银行的尽职调查职责。

三、澳大利亚互联网金融监管的经验

与美国分业监管、英国综合监管不同，澳大利亚对互联网金融采取相对宽松的监管模式，并没有较为硬性的监管条例，但是，澳大利亚建立了专业化的金融服务申述公司、出台了完善的第三方争端解决方案、建立了相对完善的互联网金融"监管沙盒"，强化对市场的监督，对消费者的权益进行有效保护。2016 年 3 月，澳大利亚联邦政府批准澳大利亚证券和投资委员会成立并管理"监管沙盒"，旨在提高初创的金融科技公司的监管风险。同年 12 月，澳大利亚证券和投资委员会发布了一份指引文件，允许符合条件的金融科技公司在向澳大利亚证券和投资委员会备案后，无须持有金融服务或信贷许可证即可测试特定业务。

（一）实施"监管沙盒"政策

明确不持牌且符合"监管沙盒"条件的企业探索金融创新服务模式，与美国、英国不同，澳大利亚金融监管当局直接指出了探索服务的时间为 6 个月。符合"监管沙盒"条件的企业的服务内容主要包括互联网金融投资众筹以及互联网金融借贷行为两种，这一点与美国、英国基本相似。同时，要求企业具备以下条件：企业个人客户的数量必须大于等于一百个，单个客户的风险敞口为一万澳元，企业所有的风险敞口不能高于五百万澳元。此外，企业必须在澳大利亚金融监管法律法规要求下建立完善的金融创新风险损失补偿机制，不需要购买补偿保险。

（二）完善的信息披露制度

互联网金融企业必须建立一套完整的企业信息披露制度，遵守澳大利亚金融监管机构在解决外部争端时所需的信息披露要求，必须明确指出所投产品处于测试阶段，这一点与英国的制度基本相似。此外，对于参与"沙盒"计划的非营利性金融机构，该机构或企业的非营利性资质必须有澳大利亚金融监管委员会的认定，切实规避非营利性金融机构的不合规行为，有效保护消费者的合法权益。

（三）积极为借贷组织提供必要的服务

为创新型金融科技企业，尤其是互联网金融企业提供必要的协助，使其经营高管的资质能够与国家金融监管要求相吻合。明确指出了以互联网金融为代表的创新型金融科技企业高管的任职要求，金融监管机构有义务要求企业申报自身高管的材料，熟悉高管资质认定的流程，从而促使高管任职资质与金融监管机构的审批要求相符合。此外，赋予小微型金融创新企业额外的弹性空间，允许这些机构的高管仅具备金融服务的知识与技术，可以通过第三方背书的方式解决其他方面任职资质不够的问题，促进小微型金融科技企业的发展，这对于 P2P 网络借贷公司的发展是一个有利条件。

第三节　借鉴与启示

总体上，从美国、日本、新加坡以及英国等民间借贷行为规范及风险控制的实践来看，笔者认为强监管是世界发达金融国家对民间借贷行为及风险监管的主要趋向，民间借贷行为规范有松有紧，但是对市场准入、监管等方面又有共性举措，其中，普遍鼓励互联网金融的发展，对互联网金融风险采取审慎监管政策，对国内民间非正式金融组织行为规范及风险防控有一定的借鉴和启示。

一、民间金融借贷市场的严格准入

以美国、新加坡以及日本为代表的国家对于民间借贷金融组织，无论是正式金融组织，还是非正式金融组织均给予较为严格的市场准入条件，方式包括注册制（美国）、许可制（日本）、牌照制（新加坡）。目前，除中国香港、台湾地区分别实行牌照制、注册制外，中国大陆地区对民间借贷金融组织，包括非正式金融组织并未给予严格的市场准入条件。

二、民间借贷实行浮动的利率管制制度

美国等发达金融国家对国内民间金融借贷市场实行较为审慎的借贷利率管制，大部分国家对民间非正式金融组织的借贷利率（高利贷）的限定低于 20%，美国、日本、新加坡高利贷的最高限定分别为 25%（借贷金额超过 50 万美元）、20%、18%（无担保），其中，美国实行的是按借贷金额不同的等级制借贷利率空间。目前，依据 2015 年 6 月最高人民法院审判委员会通过的《最高人民法院关于审理民间借贷案件适用法律若干问题的规定》法令，国内对高利贷的最高限定利率为 24%、36%，明显高于发达金融国家的标准。

三、敲诈性民间借贷行为课以重典

包括美国在内的发达金融国家对敲诈性民间借贷，即类似于国内的民间非正式金融组织的欺骗性借贷行为，在监禁时限、处罚金额等方面给予严厉的制裁，同时，对于欺诈性借贷行为在举证时给予合规性的司法便利，其中，美国是处以

超过 20 年监禁或 1 万美元罚款，日本是处以 10 年监禁或 1 亿日元罚款，处罚较为严厉。目前，国内对欺诈性民间借贷行为并未做出详细的司法处罚解释。

四、混合型监管模式是互联网金融风险监管的主流

无论是美国的分业监管模式还是英国的综合监管模式，单一的监管模式已经难以满足互联网金融市场快速发展的现实需要，尤其是互联网金融业务范围的渗透性、穿插性难以被满足，互联网金融风险监管需要混合型金融监管模式。

五、构建互联网金融信息披露机制

美国、英国等发达国家普遍建立了完善的互联网金融信息披露机制，突出对经营信息、投资者信息、产品信息等互联网金融全过程的信息透明，降低交易过程中的信息不对称问题，减少由于信息不对称导致的互联网金融风险。

六、强化对民间借贷消费者法律权益的保护

美国、日本等发达国家均针对民间借贷出台了较为完整的法律法条，将消费者权益保护纳入宪法范围，其中，美国将《消费者信贷保护法》编入美国《法典》，英国出台《消费信贷法》，新加坡出台《放贷人法案》，日本出台《出资法》《利息限制法》《贷金业综合监管指针》以及《攒金业法》等一系列法律文件，增强对消费者权益的保护力度。同时，通过“监管沙盒”监管政策，坚持机构监管与功能监管的统一，设置互联网金融消费行为违约免责期、互联网金融机构的培育期，强力保护互联网金融消费者的权益。

七、加强对消费者金融风险的教育

英国等发达国家采取强制测试互联网金融消费者的方式，通过强制互联网金融借贷或者对投资者进行测试，巩固消费者对投资、借贷的基础知识，减弱消费者逐利的积极性，稳步提高互联网金融消费者的风险忧患意识，为国内互联网消费者行为规范提供了有益参考。

第八章　民间非正式金融组织借贷风险的监测与预警

2018年以来，国内P2P网贷平台持续集中“爆雷”，网络借贷风险已成为民间非正式金融借贷风险的主要表现形式。伴随大数据、云计算等现代科技在借贷风险挖掘、识别及预警等方面逐步释放出巨大的优势，构建“大数据+”的民间非正式金融风险监测与预警机制有一定的现实必要性。本书参考现有学者的研究成果，基于应急管理等现有理论，结合国内民间非正式金融组织借贷风险发生的实际，构建以中央、地方政府为主的民间非正式金融风险识别、评估及预警体系，为民间非正式金融组织借贷行为及风险防控提供科学参考。

第一节　民间非正式金融组织借贷风险的监测体系

大数据时代，构建民间非正式金融组织借贷风险监测体系，对于提高借贷风险的预警精准度，提升风险防控效率具有十分重要的现实意义。为此，需以系统性重大风险监测为核心，把握全局，又要考虑到地方个性特点，全面、科学地构建民间非正式金融组织借贷风险的监测体系。

一、民间非正式金融组织借贷风险监测指标体系

结合现有学者的研究成果，基于国内非正式金融组织借贷风险已发生的实际情况，我们构建了包含中央、地方两级的民间非正式金融组织借贷风险监测体系。

（一）中央民间非正式金融组织借贷风险监测指标体系

本着科学化、及时性、动态化的基本原则，结合国内民间非正式金融组织借

贷风险的发展实际，为突出问题导向，应构建区域借贷风险预警体系以及重大借贷事件风险预警双结合的中央层民间非正式金融组织借贷风险防控体系。其中，区域民间非正式金融组织借贷风险预警体系包括涉案企业数、涉案个人数、涉案资金规模、风险爆发速度、传染深度、区域经济金融化程度等指标，重大民间非正式金融组织借贷事件风险预警体系包括涉案金额、涉案群众规模、涉案地区集中度、风险传染程度及深度等指标，详见表 8－1。

表 8－1　民间非正式金融组织借贷风险预警指标体系

类别	一级指标	二级指标	三级指标
区域借贷风险评估	风险程度	区域风险规模	风险事件数量
			涉案企业（个人）数量
			风险资金规模
			涉案个人数量
		速度指标	平均风险爆发速度
	风险舆情	网络舆情发酵度	事件网络舆情发酵度
	风险处置	地方金融机构处理程度	风险事件处理进度
	金融化程度	金融经济化程度	金融存贷占 GDP 比重
重大借贷风险事件评估	风险源特征	风险资金规模	交易规模
			注册资本
		风险数量规模	受害个人数量
			受害企业数量
		风险生成速度	风险爆发速度
	风险扩散度	事件传染度	风险传播速度
		风险区域扩散度	区域覆盖速度
		网络舆情发酵度	事件舆情指数
	处置难度	担保物价值抵值度	涉案金额与涉案企业或个人不动产抵押物价值比值

注：事件网络舆情发酵度、事件舆情指数可由各地网信办舆情管理中心数据采集，也可由百度、新浪等国内知名网站舆情指数采集。风险事件处理进度指标可以由各地方金融监管部门进度申报度采集而得。

第一，区域民间非正式金融组织借贷风险评估指标体系。该指标体系主要反映区域民间非正式金融组织借贷风险发展的整体情况，包括风险程度、风险舆情、风险处置以及区域金融发展程度四个维度。一是风险程度指标。该指标主要反映区域民间非正式金融组织借贷风险发展的实际情况，包括风险规模和速度两个维度，其中，风险规模指标包括风险事件数量、涉案企业或个人数量、风险资金规模、涉案个人数量四个指标，风险速度主要反映区域金融风险爆发的速度，主要由区域借贷风险平均爆发速度来表示。二是风险舆情指标。该指标主要反映区域风险事件的舆情整体情况，可由百度、新浪微博等客户端的舆情管理指数来替代。三是风险处置进度。该指标反映的是地方金融监管机构对区域内风险事件处置的基本情况，由风险事件处理进度来表示。四是经济金融化发展程度。该指标反映的是区域经济、金融发展的程度，由金融深化度指标来表示。

第二，借贷风险事件评估指标体系。该指标主要反映具有影响范围广、受害者多等的重大借贷风险事件的发展程度，包括风险源特征、风险扩散程度、风险处置度三个部分。一是风险源特征指标。该指标反映的是借贷风险自身的基本特点，包含规模和速度两个维度，其中，规模指标包括风险资金规模（交易规模、注册资本）和风险数量规模（受害企业及个人数量）；速度指标包括风险爆发速度。二是风险扩散度指标。该指标主要是反映风险事件传染传播速度，包括事件传染度、区域扩散度、舆情发酵度三个维度，分别由风险传播速度、区域覆盖速度以及事件舆情指数三个指标反映。三是风险处置难度。该指标主要反映的是风险事件本身的处置难度，由涉案金额与涉案企业或个人不动产抵押物价值比值指标来反映。

（二）地方民间非正式金融组织借贷风险监测指标体系

基于科学性、结构优化、可操作性原则，结合现有研究成果以及上文中中央级民间非正式金融组织借贷重大风险防控体系的研究，地方政府民间非正式金融组织借贷监测体系可以分为宏观经济环境、借贷机构基本特征、运行状况及风险防控特征四部分共 27 项指标，详见表 8－2。

表 8－2　地方政府民间非正式金融组织借贷风险预警指标体系

一级指标	二级指标	三级指标
宏观经济环境	经济状况	GDP 增速
	金融市场	银根松紧度
	小微企业融资状况	小微企业融资难度系数
民间非正式金融组织基本特征	个体特征	注册资本
		员工数量
		企业主受教育程度

续表

一级指标	二级指标	三级指标
民间非正式金融组织基本特征	经营形式	企业注册形式
		主营业务范围
		交易金额
		交易用户数
民间非正式金融组织运行状况	产品特征	产品种类
		年化预期利率
		借贷周期
		程序简化度
	担保抵押状况	是否有抵押物
		抵押物形式
		是否以个人信息抵押
民间非正式金融组织风险防控状况	信息中介排查	资金来源
		机构关联度
	风险防控	管理资质审查
		风控体系健全度
	信息安全	载体平台形式
		信息保护健全度
		技术安全度
	网络舆情发酵度	机构舆情指数
	群体性事件度	爆发次数
		事件人数规模

一是宏观经济环境指标。该指标反映民间非正式金融组织借贷风险的宏观环境，包括 GDP 增速、银根松紧度、小微企业融资难度系数 3 个指标。其中，GDP 增速以国家统计局统计标准为准；银根松紧度以中国人民银行关于流动性便利指标的设定而定，主要是以国家货币政策紧缩度来表示，由隔夜拆解利率、短期借贷利率综合加权而得；小微企业融资难度系数由各省市获得贷款的小微企业数占地区全部小微企业数的比重来表示。

二是民间非正式金融组织基本特征指标。该指标反映民间非正式金融组织的基本特征，包括个体特征和经营形式两个部分共 7 项指标，其中，企业注册形式主要是为了区分网络借贷和非网络借贷机构。

三是民间非正式金融组织运行状况指标。该指标反映民间非正式金融组织经营运行特征，包括产品特征和担保抵押状况两个部分7项指标，其中，突出了是否以个人信息抵押等潜在非法行为。

四是民间非正式金融组织风险防控状况指标。该指标反映民间非正式金融组织借贷风险防控的基本特征，包括信息中介排查、风险防控、信息安全、网络舆情发酵度以及群体性事件度五个部分10个指标。其中，机构关联度主要是为了观察借贷机构是否存在自融行为；群体性事件度主要是为了观察地方借贷风险群体性事件的发展程度，由借贷风险群体性事件爆发次数以及事件人数规模两个量化指标表示。

二、民间非正式金融组织借贷风险大数据监测机制

在充分借鉴现有学者研究成果，以及国内大多数互联网金融企业平台实践的基础上，本书搭建了民间非正式金融组织借贷风险大数据监测逻辑体系，包括信息共享平台、信息监测体系以及数据处置平台三个部分，对中央级、地方级借贷风险监测均适用，如图8－1所示。

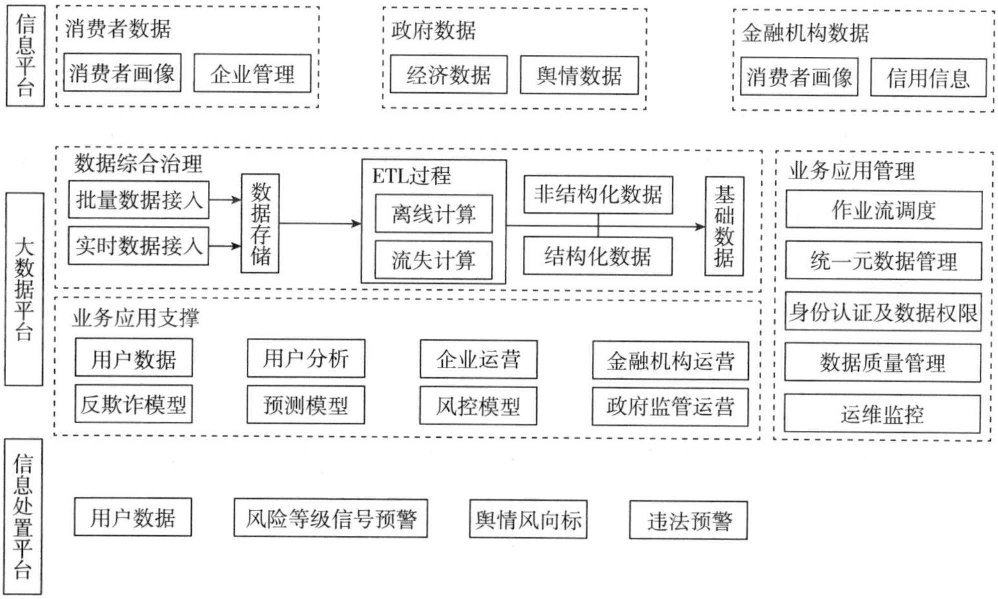

图8－1　互联网金融风险大数据信息监测平台

（一）民间非正式金融借贷信用信息共享平台

以信息化技术实现互联网金融数据信息集中化管理。目前，国内大部分金融数据分布在政府、金融机构以及互联网企业中，这些主体之间彼此孤立，数据交集较低，割裂状态明显，而数据割裂正是金融风险显现、演化的源头之一。为此，可在现有法律监管体系之内，以中国人民银行、银保监会、证监会为主，地方由地方金融监管局牵头，有效整合政府、金融机构以及企业之间的金融数据，建立民间非正式金融借贷信用数据共享平台，实现在法律范围内各金融行为主体的数据共享，降低冗余数据，提高监管效率，为市场主体提供准确、快捷、安全的信息验证渠道，防范欺诈等风险。

（二）民间非正式金融组织借贷风险大数据集成平台

结合现有研究成果，民间非正式金融组织借贷大数据集成平台主要包括数据综合治理、业务应用支撑以及业务应用管理三个部分。一是数据综合治理。该部分是大数据平台的基础，包括批量和实时数据录入，经过 ETL 过程，形成基础数据。二是业务应用支撑。该部分是大数据平台的实际应用，包括用户数据、用户分布、企业运营、金融机构运营、反欺诈模型、预测模式、风控模型与政府监管运营部分。三是业务应用管理。该部分主要是对大数据平台的管理，包括作业流调度、统一元数据管理、身份认证及数据权限、数据质量管理以及运维监控。

（三）民间非正式金融借贷风险信息监测体系

基于金融风险产生、嬗变以及演化的全过程，逐步构建事前防控、事中监管、事后监督的风险监控体系。设置民间非正式借贷活动监测预警系统，可识别非法集资、非法证券、非法期货、跑路等风险情况的形成路径，实现提前预警。构建具备金融活动监测预警、现场监管、网络舆情监测、金融业务数据报送、重点风险态势感知、第三方电子合同存证等信息监管系统和资金统一清算系统，实现过程监控。通过目标管理、对标管理，实现事后监督。

第二节　民间非正式金融组织借贷风险的五级预警体系

民间非正式金融组织借贷风险预警体系对于化解借贷风险具有十分重要的现实作用。基于上节对民间非正式金融组织借贷风险监测体系的介绍，本着科学、有效、精准的原则，本部分将分中央、地方两级，科学构建民间非正式金融组织借贷风险预警体系。

一、民间非正式金融组织借贷风险评估方法

为了避免主观赋权导致的随意性，本部分采用熵值法等客观赋权法来进行风险指数的测算。而 KLR 信号分析法最大的优势在于信号在危机发生前一到两年内发出，便于监管当局提前做好准备，能够有效地预测指标在不同区间产生风险的概率，是区分不同事件险情的有效方式。因此，基于该法来构建重大借贷风险预警信号体系。

参考 PSG 集团国际国别风险指南（International Country Risk Guide，ICRG）中对国家（区域）风险的测算方式，区域互联网金融风险的具体计算公式为：

$$Z_i = w_1 \times RM_i + w_2 \times RR_i \tag{8-1}$$

式（8-1）中，RM_i 表示地区第 i 个指标的标准化值，w_1，w_2，…，w_n 表示相应指标的权重。为了规避赋权的主观性，运用熵值法来测算地区指标权重，有：

$$\begin{cases} x'_i = \dfrac{x_i - \min\{x_1, \cdots, x_n\}}{\max\{x_1, \cdots, x_n\} - \min\{x_1, \cdots, x_n\}} \\ p_i = (1 + x'_i) / \sum\limits_{i=1}^{n} (1 + x'_i) \\ e_j = -k \sum\limits_{i=1}^{n} p_i \times \ln(p_i), k = 1/\ln(n) \end{cases} \tag{8-2}$$

其中，x'_i 表示标准化后的 x_i 值，负向标准化 x_i 只需将 x'_i 的分子变为（$\max\{x_1, \cdots, x_n\} - x_i$），$p_i$ 表示样本指标权重，e_j 是第 j 个指标的信息熵，n 为样本数量，从而得到不同样本的权重 w_j，有：

$$w_j = d_j / \sum_{j=1}^{m} d_j, d_j = 1 - e_j \tag{8-3}$$

其中，d_j 为第 j 个指标的效用值。依据 ICRG 的标准，风险指标为百分制，并依据分值将风险等级划分为极高风险、高风险、中度风险、低风险、极低风险五级，且评分值越高，风险越低，风险等级越低，对应红灯、橙灯、黄灯、绿灯、蓝灯五个信号标识，对应 E、D、C、B、A 五个等级，如表 8-3 所示。

表8－3 区域民间非正式金融组织借贷风险预警信号体系

信号灯	分值	风险等级	预警区间
红灯	$0 \leq Z < 50$	E	一级预警
橙灯	$50 \leq Z < 60$	D	二级预警
黄灯	$60 \leq Z < 70$	C	三级预警
绿灯	$70 \leq Z < 85$	B	四级预警
蓝灯	$85 \leq Z \leq 100$	A	无预警

二、中央民间非正式金融组织借贷风险预警机制

依据借贷风险指标评估体系，将借贷风险预警体系分为区域民间非正式金融组织借贷风险预警机制和借贷风险事件预警机制两种。其中，借贷风险事件预警机制采用报告制度，由地方金融监管部门直接向中央金融部委上报；区域民间非正式金融组织借贷风险预警机制采用评估制，预警分级如表8－3所示。

（一）一级预警：红灯（极高风险区）

红灯信号是一级预警，是民间非正式金融组织借贷的极高风险区，表明该地区的民间非正式金融组织借贷风险十分大，有出现系统性金融风险的可能。信号灯处于红色情况的主要判定依据是民间非正式金融组织借贷风险事件爆发数量多、涉案范围广等，已经形成区域借贷风险且有扩散的迹象。

（二）二级预警：橙灯（高风险区）

橙灯信号是二级预警，是民间非正式金融组织借贷的高风险区，表明该地区的民间非正式金融组织借贷风险大，有出现区域借贷风险的可能。信号灯处于橙色情况的主要判定依据是区域借贷风险事件开始增加、网络舆情开始发酵等，已经有形成区域借贷风险的迹象。

（三）三级预警：黄灯（中度风险区）

黄灯信号是三级预警，是民间非正式金融组织借贷的中度风险区，表明该区域已经出现了民间非正式金融组织借贷风险重大事件，重大风险事件有增多趋势。信号灯处于黄色情况的主要判定依据是民间非正式金融组织借贷出现重大风险事件。

（四）四级预警：绿灯（低风险区）

绿灯信号是四级预警，是民间非正式金融组织借贷的低风险区，表明该区域已经开始出现小范围的民间非正式金融组织借贷风险事件，信号灯处于绿色情况

的主要判定依据是尚未出现民间非正式金融组织借贷风险重大事件但已经出现小型借贷风险事件，民间非正式金融组织借贷风险小型事件已经开始出现并小范围扩大。

（五）五级预警：蓝灯（极低风险区）

蓝灯信号是五级预警，表明区域尚未出现民间非正式金融组织借贷风险，民间非正式金融组织借贷行为处于安全区间。信号灯处于蓝灯情况的主要判定依据是区域尚未出现民间非正式金融组织借贷风险事件，尚未有风险舆情报告。

三、地方民间非正式金融组织借贷风险预警机制

与中央民间非正式金融组织借贷风险预警体系的评估方法一致，地方民间非正式金融组织借贷风险预警的评估也采用熵值法进行风险指数评估，并运用 KLR 信号分析法以及 ICRG 区域风险评估标准进行预警示意，并依据分值将风险等级划分为极高风险、高风险、中度风险、低风险、极低风险五级，对应红灯、橙灯、黄灯、绿灯、蓝灯五个信号标识，如表 8－3 所示。

（一）一级预警：红灯（极高风险区）

红灯信号是一级预警，是民间非正式金融组织借贷的极高风险区，表明地方民间非正式金融组织借贷风险极高，极易出现局部性系统性金融风险。参考第三章国内互联网金融 P2P 网络借贷风险的发生实际，信号灯处于红色情况的主要判定依据是民间非正式金融组织借贷风险爆发数量多、区域集中度高、涉案金额高、涉案群众多，出现较为普遍的挤兑、跑路以及大规模的群众上访现象，有演变为区域金融风险的趋势。在这种情况下，需要政府对民间非正式金融借贷市场进行管制，尽量降低风险损失，保护投资者、消费者权益。2018 年，国内以 P2P 为代表的民间非正式金融组织借贷风险就有演变为区域性金融风险的可能，上海等地民间网络 P2P 借贷风险就处于红灯信号区。

（二）二级预警：橙灯（高风险区）

橙灯信号是二级预警，是民间非正式金融组织借贷的高风险区，表明地方民间非正式金融组织风险较高，风险事件开始出现集中爆发迹象。信号灯处于橙色情况的主要判定依据是金融市场银根普遍紧缩，地方上已经开始出现重大风险事件且群众上访次数开始增加等。在这种情况下，需要加大对民间非正式金融组织借贷风险的审慎监管力度，强化民间非正式金融组织经营合规性自律检查，加大对群体性事件的重视程度并强化对群众诉求的疏解，深化民间非正式金融组织借贷风险知识的教育、宣传普及力度，提高民众的风险防范意识。

（三）三级预警：黄灯（中度风险区）

黄灯信号是三级预警，是民间非正式金融组织借贷的中度风险区，表明民间非正式金融组织借贷风险高，已经开始出现重大风险事件。信号灯处于黄色情况的主要判定依据是地方开始出现跑路、停止营业、经侦以及小规模上访等事件，但数量较少，在这种情况下，政府需要加大对民间非正式金融组织合规经营的检查力度，督促建立健全风险防控体系，提高借贷机构的风险处置能力，尤其是强化对群体性受损群众的利益疏解。

（四）四级预警：绿灯（低风险区）

绿灯信号是四级预警，是民间非正式金融组织借贷的低风险区，表明民间非正式金融组织借贷风险不高，民间非正式金融组织借贷风险已经出现相关迹象。信号灯处于绿色情况的主要判定依据是借贷的网络舆情开始出现，部分借贷机构已经开始出现困难等迹象。在此种情况下，政府需要强化对民间非正式金融借贷组织风险的警示关注，向社会公众提示相关风险，加大对风险防范的宣传、教育。

（五）五级预警：蓝灯（极低风险区）

蓝灯信号是五级预警，表明地方民间非正式金融组织借贷市场处于安全区间。信号灯处于蓝灯情况的主要判定依据是地方民间非正式金融组织借贷风险涉案资金规模及群众规模小、风险事件少以及无风险事件的状态。在这种情况下，民间非正式金融组织应该在合规经营的前提下，加大产品、服务创新力度，不断提高服务小微企业、满足居民投资需求的能力。

四、民间非正式金融组织借贷风险预警保障机制

一是建立民间借贷风险季度警情申报制度。可要求地方政府每季度向银保监会等中央部委上报典型案例报告，汇报内容包括案情类型、案情要点、案情处置情况等重大借贷风险事件指标。同时，结合中央金融监管部委等自身监控的数据，形成民间非正式金融组织借贷系统性重大风险数据库，为中央相关部委进行区域民间非正式金融组织借贷风险重大案情科学决策提供依据。

二是建立民间借贷风险预警定期发布制度。可在银保监会专设民间借贷研究院，由其负责对全国重大金融风险事件以及区域民间非正式金融组织借贷风险进行综合分析和评估，定期发布民间非正式金融组织借贷风险区域指数，形成季度重大风险预警报告，内容包括风险预警等级、建议解决级别、风险描述、风险成因、风险态势分析、风险管理对策和解决建议等，并依据研究内容，分密级向中

央、地方各部委以及社会定期发布。

三是建立民间借贷风险预警责任考核机制。依据不同区域民间非正式金融组织重大风险的发生及处置情况，将其列入省市地区主要领导及责任领导干部年度考核体系，并视风险发生的实际情况进行相应追责。

四是建立民间借贷风险预警指标动态优化机制。依据国内民间非正式金融组织重大借贷风险发生的实际，参考民间借贷的国际风向，适时优化民间非正式金融组织重大借贷风险评估指标体系，以不断适应风险实际发生的需要。

第三节 民间非正式金融组织借贷风险的多级响应机制

依据民间非正式金融组织借贷重大风险预警实际，分类分级构建重大风险处置响应机制。结合上文分析，民间非正式金融组织重大风险响应机制包括民间非正式金融组织重大借贷风险事件一级响应机制等四类响应机制。

一、民间非正式金融组织重大借贷风险事件一级响应机制

由于民间非正式金融组织借贷风险事件属于地方政府处理的关键事件，民间借贷风险事件直接采用备案制。地方政府严格依据中央部委金融监测体系的数据汇报要求，向中央金融相关监管部委汇报民间借贷风险事件进程，由中央金融监管部委进行事件备案，并视情况向国务院金融稳定发展委员会以及中央领导汇报。

二、中央民间非正式金融组织借贷风险三级响应机制

依据表 8－3 民间非正式金融组织借贷风险预警体系，结合应急管理相关研究成果，将民间非正式金融组织借贷风险分为三级，详见表 8－4。

表 8－4 中央民间非正式金融组织借贷风险三级响应体系

信号灯	响应责任主体	时间	预警处理
红灯	国务院金融稳定发展委员会	一周内	审议部委联席会议借贷风险报告，研究区域借贷风险特点、主因以及相应处置方案，颁布相关法律法规条文，启动相关宪法修订建议

续表

信号灯	响应责任主体	时间	预警处理
橙灯	中央部委联席会	两周内	审议银保监会提交风险报告，研究主要风险事件的特点、成因，提出相应处置方案
黄灯	银保监会	一个月内	与第三方委托机构审议地方政府风险报告，对相关重大风险借贷事件进行备案、跟踪、录入区域风险数据库，不定期向地方政府进行督察

（一）红灯响应机制

红灯是区域民间非正式金融组织借贷风险的最高预警等级。处于该等级时，由国务院金融稳定发展委员会作为响应责任主体，由于风险形势较为危急，响应时间宜在一周内，专门审议由部委联席会议提交的民间非正式金融组织重大借贷风险预警报告，研究区域借贷风险的特点、主因，并提出相应处置方案，主要包括对民间非正式金融组织借贷重大风险处置的相关金融法律法规修订，以及相关宪法的修订建议，重在从全国法律层面提出相应处置方案。

依据民间非正式金融组织借贷风险发生的实际，以及民间非正式金融组织借贷对正式借贷行为补充的有益性，国务院金融稳定发展委员会作为国家金融稳定发展的权力机构，可专设民间借贷风险常规性议题，专门对全国各省市民间非正式金融组织借贷风险状况进行审定，就区域风险发展趋势以及风险生成的共性因素进行研究，出台全国性、全局性的借贷风险法律法规，向全国人大负责。

（二）橙灯响应机制

橙灯是区域民间非正式金融组织借贷风险的高预警等级。处于该等级时，由中央部委联席会作为响应责任主体，由于风险形势较为严峻，响应时间宜在两周内，专门审议银保监会的民间非正式金融组织重大借贷风险预警报告，研究区域借贷风险的特点、成因，并提出相应处置方案供国务院金融稳定发展委员会审议。

中央部委联席会由银保监会为召集人，响应主体为银保监会、证监会、中国人民银行、公安部、工业与信息化部以及科技部等部委。银保监会部委联席会实行常规制，负责定期审议银保监会关于民间非正式金融组织借贷的重大风险报告，对国务院金融稳定发展委员会负责。

（三）黄灯响应机制

黄灯是区域民间非正式金融组织借贷风险的中度预警等级。处于该等级时，由银保监会为响应责任主体，由于风险形势较为紧张，响应时间宜在一个月内，由银保监会与第三方委托机构审议地方政府借贷风险报告，对相关重大风险借贷事件进行备案、跟踪。同时，与第三方机构一起对区域借贷风险状态进行评估，不定期对地方政府借贷风险监管行为进行督察，并视情况启动中央金融相关部委联席会议。

银保监会与第三方公共评估机构构建、优化民间非正式金融组织借贷风险防控体系，构建民间非正式金融组织重大风险区域数据库，评估区域民间借贷风险程度。负责对民间非正式金融组织借贷重大风险事件进行备案、跟踪，对地方金融借贷风险进行监管。同时，负责对中央各部委金融借贷重大风险联席会议的协调及管理。

三、地方民间非正式金融组织借贷风险四级响应机制

依据表 8－3 民间非正式金融组织借贷风险预警信号体系，结合应急管理相关研究成果，将民间非正式金融组织借贷风险分为四级，详见表 8－5。

表 8－5　地方级民间非正式金融组织借贷风险四级响应体系

信号灯	响应责任主体	时间	预警处理
红灯	省委常委会	一周内	审议部委联席会议的借贷风险报告，研究本省民间非正式金融组织借贷风险的特点、成因及相应处置方案，并呈送至中央部委联席会
橙灯	省局级联席会	两周内	审议地方金融监管局提交的风险报告，研究主要风险事件的特点、成因，提出相应处置方案
黄灯	地方金融监管局	一个月内	与第三方委托机构评估辖区内借贷风险形势，形成风险形势报告，呈送至省局金融风险联席会
蓝灯	地方金融监管局	实时	对借贷风险事件进行备案、跟踪，并将相关事件数据录入地方借贷风险数据库，及时向社会发布警情通报

（一）红灯响应机制

红灯是地方民间非正式金融组织借贷风险的最高预警等级。处于该等级时，由省委常委会作为响应责任主体，由于风险形势较为危急，响应时间宜在一周内，专门审议省局级联席会议的民间非正式金融组织借贷风险形势报告，突出对辖区内重大风险事件的分析，确定辖区内借贷风险的特点、主因，并提出相应处

置方案，尤其是符合辖内实际的金融法令条例的修订，并将最终结果呈送至中央部委联席会。

(二) 橙灯响应机制

橙灯是地方民间非正式金融组织借贷风险的高预警等级。处于该等级时，由省局级联席会作为响应责任主体，由于风险形势较为严峻，响应时间宜在两周内，专门审议地方金融监管局提交的民间非正式金融组织借贷风险形势报告，研究区域借贷风险的特点、成因，尤其是强化对辖区内重大风险的分析，并提出相应处置方案供省委常委会审议。其他地方金融省局级联席会成员包括地方金融监管局、银保监局、证监局、公安厅、司法厅及大数据局等相关厅局，由地方金融监管局召集。

(三) 黄灯响应机制

黄灯是地方民间非正式金融组织借贷风险的中度预警等级。处于该等级时，由地方金融监管局为响应责任主体，由于风险形势较为紧张，响应时间宜在一个月内，由地方金融监管局与第三方委托机构形成辖区内民间非正式金融组织借贷风险报告，突出重大风险事件的趋势，以及对全国民间借贷风险进行基本形势判断，并将报告结果呈送至省局金融风险联席会。

(四) 蓝灯响应机制

蓝灯是地方民间非正式金融组织借贷风险的低预警等级。处于该等级时，由地方金融监管局为响应责任主体，由于刚出现民间非正式金融组织借贷风险苗头，应随时将借贷风险事件进行备案、跟踪，并将相关事件数据录入地方借贷风险数据库。地方金融监管局实时依据借贷监测结果向社会发布警情情况，向社会公众提示相关风险，加大对风险防范的宣传教育。

四、民间非正式金融组织借贷风险响应保障机制

民间非正式金融组织借贷风险的响应不仅需要中央和地方金融政府机构，还需要构建包括金融机构、非金融政府管理机构以及其他资源性机构的保障机制，从而为实现快速响应提供有力保障。

(一) 建立源头响应机制

充分发挥银行、保险等金融机构以及微信、支付宝等支付机构在数据挖掘、舆情监控、信息搜集等方面的先天优势，将其纳入各级民间非正式金融借贷风险的响应主体体系，省级民间借贷风险监管机构在法律允许的范围内，建立权责明确、主体清晰、标准统一的金融经营性机构的法律权限体系，赋予相关金融机构

在预警金融风险上的公共社会责任以及应急处置权限，实现金融风险在源头响应。

（二）建立多部门协同响应组织机制

坚持源头防控，重点依托公安部网络信息安全监测中心的实时数据报告，结合群众举报、媒介监管等多监测主体的举报行为，建立以金融监管机构为主体，包含公安、网信、工商、司法等多部门的一体化的借贷风险响应组织体系。明确突发事件分类标准，对各类金融突发事件进行早期识别、及时预警、动态跟踪和科学评估，一旦发生金融突发事件，及时研判、提出响应分类分级意见，为进入相应决策程序及决策调整提供科学依据。从而逐步形成有主体、有计划、有组织、符合地方金融发展实际的多部门协同响应机制，及时发现那些风险因素高、演变能力强、社会负面效应大的金融行为，以最低的成本、最快的速度、最准的计划掐断金融风险苗头。

（三）构建一体化协同的金融风险快速响应资源保障机制

突出大数据、云计算在互联网金融风险预警方面的突出作用，本着迅速、准确、简明、连续的原则，综合评判金融风险等级，依据金融风险防控等级预案及时制订相应的应急响应方案，在各级金融监管领导机构的主导下，快速处理金融风险，将金融风险的社会危害最小化。同时，建立包含通信、技术、文电、新闻的资源保障体系，构建演练评估、应急方案预演、公众金融风险提示与教育的综合性教育培训机制，划拨金融风险防控财政专项资金，确保应急响应方案高效落实。

第九章　民间非正式金融组织借贷行为规范及风险防范

与美国、新加坡、日本等发达金融国家相比，国内民间非正式金融组织借贷行为规范及风险防范的力度仍有一定差距。本章将基于国内民间非正式金融组织借贷风险的发生实际，充分借鉴国外发达国家或地区的实践经验，提出民间非正式金融组织借贷行为及风险防范的对策建议。

第一节　以牌照制监管民间非正式金融组织借贷行为

随着国家机构改革的深入，通过职能整合优化，能够打通过去跨部门、跨行业之间的政策壁垒，给牌照制提供了良好的发展时机。参考国外发达金融国家注册制、牌照制、许可制等监管实践经验，国内既有实践基础又有技术基础，因此，可以通过牌照制强化民间非正式金融组织借贷行为监管。

一、明确借贷牌照申领机构

银保监会、中国人民银行部级联席会为牌照制监管主体，地方金融主管部门负责牌照运营监管的事前、事中、事后具体监管，向联席委员会负责。下设组建牌照运营的组织协调机构——金融创新监管中心——金融创新监管实体，负责构建牌照制运行体制机制以及监督、管理、运行工作，且有义务为民间非正式金融组织获得借贷牌照提供必要的辅助，包括熟悉进入条件、进入流程等。

借鉴美国注册申领制度，将民间非正式金融组织借贷牌照申领纳入地方金融监管体系，与小额贷款牌照申领机制相似。对于注册资本过亿的企业申请借贷牌照，在地方金融监管部门取得牌照后，需在银保监会地方金融监管系统备案。所有从事民间非正式金融组织借贷行为的企业或个人，必须向地方金融监管机构申请牌照，如果想拓展业务范围，则需向业务范围所在地的地方金融监管机构申请牌照，强化民间非正式金融组织的正规化、阳光化，视任何未领取牌照的民间借贷行为为违法行为，开展相关业务将受到严重的法律处罚。无牌照的借贷行为将不受法律保护。

二、明确借贷牌照适应范围

在第二章中，我们已对民间非正式金融组织的边界进行了界定，实际上，国内民间非正式金融组织并未纳入政府借贷行为的监管范畴，主要以民事诉讼解决为主。参考第八章新加坡《放贷人法案》以及日本等国的行为规范，明确民间非正式金融组织借贷牌照的适用范围，可将民间非正式金融借贷组织界定为：以本人或中介身份从事放贷或放贷相关业务的个人或企业法人，不包括未被国家授权、法律禁止不宜开展民间非正式金融借贷行为的个人或企业法人。以此作为民间非正式金融组织借贷牌照的适应范围。其中，区分为营利性借贷组织和非营利性借贷组织两种。考虑到市场风险需要，借贷牌照实行不限额制度且不允许交易。

三、明确牌照申领条件

严格区分营利性和非营利性民间非正式金融组织牌照的申请差异，鼓励非营利性自主合作借贷的发展。参考英国、日本等国借贷行为规范的经验，营利性民间非正式金融借贷组织的申领条件包括组织形式、业务及营业范围、经营者自律、必要的行政许可制以及风险防控机制等常规性条件，以及法人及员工是否涉及暴力犯罪以及欺诈性行为等软性条件。非营利性借贷组织的申领条件包括具有法律效力的会规契约书、资金运用范围及比例、会员真实性个人与交易信息等。总体上，考虑到中国民间非正式金融组织借贷对正式金融借贷的有益补充，建议以负面清单制、以宽松条件制定借贷牌照申领制度。

四、确定牌照运营时限

参考金融发达国家科技金融“沙盒监管”模式的实践经验，处于“沙盒监管”阶段的牌照运行时限主要有 3 ~ 6 个月（英国）、6 ~ 12 个月（澳大利亚）等，风险培育期大多控制在 1 年以内，由此，结合第三章对中国以 P2P 为代表的网络借贷风险爆发速度的分析，建议将民间非正式金融组织借贷牌照运营时限限定为6~12个月。在6~12个月内投资者有权取消交易契约并无偿获得投资资金，借款者有权取消借贷交易并按定期利率缴纳违约金。同时，对最终不符合条件的民间非正式金融组织，尤其是互联网金融企业纳入“黑名单”，启动强制退出机制，不予运营。

五、严格牌照退出机制

参考英国放贷人行为规范经验，国内民间非正式金融组织借贷行为宜采取严格的市场退出制度。借贷组织退出借贷市场行为分为自愿退出和强制退出两种方式。一是自愿退出行为。对于借贷组织自愿退出行为，由借贷组织法人依法提出申请，经地方金融监管部门审定，并由地方监管当局允以注销停牌后退出，注重对借贷主体财务的审查。二是强制性退出行为。借贷牌照强制退出的条件包括以暴力、欺诈方式进行借贷，违规跨区域借贷，开展虚假产品营销活动以及递交虚假申牌材料等，对于强制退出行为，由地方金融监管局在两周内出具书面警示通知，经借贷组织依法申辩后一周内给予处罚结果，并依法销牌退出。通过严格的市场退出制度，降低借贷风险发生概率。

第二节 严惩民间非正式金融组织借贷违规行为

从第七章主要金融发达国家对民间借贷违规行为的处置来看，绝大多数国家采取重典举措，尤其是对民间非正式金融组织的敲诈性借贷行为严加惩治。而目前国家对民间非正式金融组织借贷违规行为处罚的力度明显不足，结合以高利贷、非法集资等国内借贷违规行为高发的事实，严惩民间非正式金融组织借贷行为具有现实必要性。

一、严惩无照经营行为

将无照经营的民间非正式金融组织视为非法行为，强化对民间非正式经营借贷牌照的处置力度。参考日本、新加坡等发达金融国家的实践经验，对于无照经营的民间非正式金融组织可从监禁时限和金额处罚两种方式进行综合计量。对于无照经营的民间非正式金融组织，建议判处10个月以下有期徒刑，处以100万元以下罚款，对于年利率高于50%的无牌照借贷组织罚款提高至1000万元，监禁和罚款视情节可以一并处罚，并且任何无照经营的经济案件，各级涉法机关不予立案，应以民事纠纷处理，鼓励个人、企业与有借贷牌照的民间非正式金融组织开展借贷业务。

二、严惩虚假材料（合同）行为

强化对牌照申领材料真实性的审查力度，将递交虚假材料，尤其是虚报高管资质、借贷从业资格以及企业（组织或机构）借贷资质、借贷员工无涉黑情形等行为视为违法行为。参考新加坡等国材料审查处罚力度，结合国内实际，对于虚假材料申报行为，判处不超过 24 个月或 50 万元的处罚，且视情节严重程度加重处罚力度。同时，加大对贷款合同合规性的检查力度。明确要求民间借贷非正式金融组织借贷者明确贷款合同的特点及相应风险，强化对借贷合同的合规性审查。对于隐瞒借贷合同信息的人，放贷者将无权获得相应利息权益，并且给予 20 万元的处罚或不超过半年的监禁。

三、严厉处罚暴力等催债行为

2018 年 5 月中国银保监会等部门联合印发的《关于规范民间借贷行为　维护经济金融秩序有关事项的通知》明确要求，严厉打击以故意伤害、非法拘禁、侮辱、恐吓、威胁、骚扰等非法手段催收贷款行为，但并未对具体惩罚标准进行界定。结合美国、新加坡等国对暴力等非法方式催收贷款的处罚标准，建议对非法催收贷款行为予以重典，处于 20 年以上监禁或不超过 10 万元的罚款，且以监禁处罚为主。

四、加大对虚假广告的惩罚力度

实践中，虚假广告通过诱导方式俘获消费者，导致很多消费者上当受骗，社会负面效应较大。因此，需要加大对虚假广告的惩罚力度，重点强化对年化预期利率及期限结构、还款方式、担保抵押物以及借贷敏感性、带有欺骗性广告词汇等条件的审查力度，并且强制要求放贷者公开明确借贷产品信息及公司相应资质，违规行为将视为犯罪，视情节严重程度处以相应惩罚。

五、强化借贷利率自律性检查

高利贷行为严重加剧了社会的不稳定因素，因此，可将超过国家及各地区规定的最高民间借贷利率发放贷款的行为视为犯罪，并视超过利率产品的数量、涉案借款者的数量及交易规模，给予放贷者不同程度的惩处。另外，通过不定期抽样检查，加大对借款者借贷利率的自律性检查机制，引导借贷者有序、稳定地进行合理借贷。

第三节 差异化管理民间非正式金融借贷利率

利率差是民间非正式金融组织借贷行为发生的动力性因素，强化利率管制对于推进民间非正式金融组织借贷市场健康起到重要作用。充分借鉴美国等金融发达国家民间借贷的实践经验，建议构建贷款利率门限紧缩制、民间借贷利率区域浮动制以及贷款利率金额关联制的借贷利率管制机制。

一、民间借贷利率门限紧缩制

在第七章中，我们已经指出世界主要金融发达国家民间借贷利率的最高限分别为25%（美国，借贷金额超过50万美元）、20%（日本）、18%（新加坡，无担保），规定最高利率门限是世界各国普遍的做法，且各国的民间借贷贷款利率普遍偏低，位于20%左右，而依据2016年中国最高院法令规定的民间借贷的最高限是36%，明显高于国际同行标准。同时，日本、新加坡在修订放贷人条例时均采用了民间借贷利率紧缩式举措，不断调低民间借贷利率。由此，建议采取民间借贷利率门限紧缩制，逐步调低民间借贷最高限利率，参考国际同行，保持在20%左右。

二、民间借贷利率区域浮动制

与日本、新加坡等国民间借贷管制利率一刀切不同，美国各州对民间借贷利率的管制水平不一，能够较好地适应每个地区社会经济发展的实际，因此，建议构建与各地社会经济发展实际相适应的贷款利率浮动管制机制，即在东部发达地区，以国家民间借贷最高限为最高限，中部地区以民间借贷最高限的90%为最高限，西部地区以民间借贷利率的80%为最高限，不设最低限。

三、贷款利率金额关联制

在考虑民间借贷金额大小的情况下，美国民间借贷利率依据借贷金额大小采取相应浮动机制。第七章中已经指出，美国佛罗里达州、哥伦比亚特区、纽约等地的利率区间为12%～18%，其中超过50万美金的利率上限为25%。因而，为阻止盲目借贷，对于高于一定数额的借贷资金采用借贷利率向上浮动机制，也可参考美国标准，以借贷金额400万元为向上浮动门限。

第四节　提高借贷消费者权益保护的法律地位

当前，民间非正式金融借贷消费者权益保护在立法层次和实际内容上均存在诸多不足，造成了较大的社会负向效应。为此，需要提高民间借贷消费者权益保护的法律地位。

一、将民间借贷消费者权益保护纳入《消费者权益保护法》

上文我们已经分析得出，加快消费信贷立法是世界主要金融发达国家的普遍做法，也是适应国内民间借贷消费者权益保护的现实需要，因此，需要将民间非正式金融借贷消费者权益纳入《消费者权益保护法》的范畴，提升对民间借贷，尤其是民间非正式金融组织借贷行为规范的法律保护力度，补充国内民间借贷涉事依据不足的现实。

二、强化互联网金融消费者权益保护

可将互联网金融消费者权益纳入《消费者权益保护法》《中国人民银行金融监管条例》等法律法规中，明确消费者权益保护的范围和保护举措，坚决打击互联网金融机构利用消费者金融法律权益漏洞进行的风险经营行为，切实保护互联网金融消费者权益。

三、加大对民间借贷消费者权益保护研究的力度

参考美国、日本、新加坡等国家消费信贷、放贷人法案内容，以2016年、2018年国家多部委关于民间借贷的相关法律为基准，围绕借贷交易事前、事中、事后等生命周期，逐步加大对民间借贷消费者权益保护的研究力度，尤其是明确消费者借贷资质审查、借贷行为约束等规范性法规实施细则，为构建民间非正式金融借贷消费者权益保护体系提供参考依据。

第五节　严格约束民间非正式金融借贷消费者行为

民间非正式金融借贷消费者自身的行为对借贷风险的产生具有重要影响，因而，需要加大对借贷消费者行为约束的力度，严格借贷行为自律，将借贷风险最小化。

一、加大对借贷者的负债审查

任何提交民间非正式金融借贷的借款人，必须严格执行国家借贷法律规定，如实提交负债记录，包括各类小额贷款公司、P2P 网络贷款平台等借贷记录。同时，对有抵押担保的借贷，严格审查借款者的不动产（房和车等）以及动产的真实性、抵押价值的合理性。

二、约束借贷额度和期限

严格依据借款者的收入状况、借贷记录以及担保抵押物的价值等参数，划定民间非正式金融借款者的借贷额度和借贷期限。对于收入高、抵押物价值高、借贷信誉度好的借款者，在借款额度、借款期限以及借款利率等方面给予便利；对于借贷资质不好的借款者，严格限定贷款金额、压缩贷款期限，比如纯现金贷，必须为月收入的 20% ~50%，且还款期限最高为 3 ~12 个月，或者参考支付宝“蚂蚁贷”采用评分制授予现金额度。

三、防止冲动借贷

为有效防止借贷者盲目借贷，尤其是“校园贷”等纯现金贷的发放，需要严格防止冲动借贷。参考美国经验，对于连续有三次以上借款记录，且借款期限少于 3 个月的借款者，设定为此 2 个月的贷款“冻结期”，严禁向上述群体发放贷款，任何借贷机构向上述群体发放贷款将不会得到法律认可，有大额洗钱嫌疑的案例除外。

四、强制互联网金融借贷知识测试

参考美国、英国等发达金融国家对民间借贷者行为的约束经验，强制要求对互联网 P2P 网络借贷者以及个人投资者进行测试，测试内容包括借贷行为规范、借贷风险意识以及防范等内容。由银保监会等部委提出测试大纲，由各省（市）地方金融监管局负责测试内容，搭建并维护互联网测试平台，切实提高借贷消费者，尤其是 P2P 网络借款者以及个人投资者借贷行为的规范意识。

第六节　建立和完善网络借贷消费者权益补偿机制

在第三章中，我们提出"跑路"等是网络借贷金融组织借贷风险的主要表现形式，由此导致的消费者权益，尤其是 P2P 网络借贷消费者权益难以得到有效保护，成为民间非正式金融组织借贷舆情不断发酵、民间借贷社会负面效应不断上升的关键原因。而以美英等主要金融发达国家普遍建立的互联网金融风险补偿机制，对于切实保护网络借贷消费者权益起到了积极作用。为此，需要建立和完善民间非正式金融组织借贷消费者权益补偿机制。

一、建立网络借贷风险补偿金制度

目前，国内仅把平台当作信息中介，不允许计提风险准备金（避免保本付息），对投资者的实际投资价值（标的物）资金也未能实现 100% 兑付。参考英国 P2P 网贷公司的实践经验，可强制要求民间非正式金融组织，尤其是 P2P 网络借贷公司在借贷项目利润中提出一定比例的资金作为平台风险的补偿基金，以便在发生破产或者停止运作时继续对已存续的款项进行合理服务，未到期的借贷项目仍有效并可得到有序的管理，直至借贷双方资金结清为止。同时，依据美国的注册牌照制度，要求不同注册规模的借贷组织向当地金融监管当局实缴不同比例的保证金，不断提高网络借贷金融组织借贷风险的承受能力，阻止"不怀好意"的机构加入民间非正式金融借贷市场。

二、强化第三方管存制度

2017 年颁布的《中国银监会办公厅关于印发网络借贷资金存管业务指引的通知》没有对管存资金比例进行规定。针对网贷监管标准，上海的整改条例较多（168 条），但是也未对具体比例进行标识。参考美国、英国等国第三方机构的管存实践经验，可对民间非正式网络借贷机构 100% 由第三方存管、实缴资本高于注册资产等进行严厉监管，同时，对托管银行进行半年不定期的审计，避免托管银行与借贷机构之间的非法“合谋”行为。

第七节　加大个人信用体系建设力度

个人信用体系建设对于提升借贷风险控制能力具有十分重要的现实作用。大数据时代，需要强化数据在个人信用体系中的突出作用，不断壮大征信主体，扩大征信组织范围。

一、构建“大数据+”的个人信用体系

基于民间非正式金融借贷消费者借贷的生命周期特点，以中国人民银行个人征信系统为基准，以公安部、工业和信息化部等多部委的大数据平台，以及支付宝、微信支付等民间信用评级平台为支撑，搭建国家个人信用体系大数据平台。在充分保障消费者信息数据的前提下，重在打穿不同部门、不同行业之间的数据壁垒，通过“大数据+”、云计算等多种方式挖掘数据，打造评估方式更科学性、评估内容更全面的“大数据+”个人信用体系。

二、鼓励发展个人信用评估组织机构

目前，国内的个人信用评估主要以人行征信、支付宝、微信等主要官方、民办征信体系为主，涉及面窄，且难以有效适应互联网时代借贷方式多样化、隐蔽化的实际需要。而美国、英国等发达金融国家在个人征信方面普遍建立了“S+N”的个人征信体系，以美国为例，其中，S是国内主要的个人征信机构，数量较少（美国3家）；N是国内涉及不同方面的小型个人信用评估组织，数量较多（美国400家）。因而，可以参考发达国家的发展经验，鼓励具有相关资质的企业积极开展个人信用评估业务，在财税、土地等方面给予这些企业一定的鼓励措施，逐步构建具有“葫芦型”的个人信用评估体系，以适应互联网时代借贷模式创新的现实需要。

三、将个人借贷行为纳入个人信用征信范围

2019年1月中国人民银行发布公告，表示将担保业务纳入个人征信，形成以信用卡、贷款、担保业务为主的新版个人征信系统，并于2019年5月施行。其

中的贷款业务也主要是以正式金融机构贷款为主，未将民间非正式金融组织借贷行为纳入监控范围。结合上文提出的民间非正式金融组织实行牌照制，建议扩大征信范围，将个人民间非正式金融组织借贷行为，尤其是P2P网络借贷行为以及现金贷等纳入征信范畴。

第八节 强化民间借贷消费者信息的保护

当前，由于民间非正式金融组织借贷消费者信息保护力度不足，导致了“跑路”等多种借贷案件的发生，强化借贷信息保护力度具有十分重要的现实意义。

一、提升借贷消费者信息保护力度

可将民间非正式金融借贷信息，尤其是P2P网络借贷消费者的隐私信息保护纳入《保密法》《刑法》《网络信息安全法》等法律法规体系中，一方面强化对民间非正式金融借贷组织，尤其是P2P网络借贷金融组织机构本身信息安全及数据保密工作的监督，另一方面强化民间非正式金融借贷，尤其是P2P网络借贷机构从业者自身保密素质的提高。同时，对于民间非正式金融借贷消费者信息保护，需要构建中央、地方纵向一体化与职能部门横向一体化的信息安全风险协调监管机制，严密防控民间非正式金融组织信息安全，尤其是互联网金融信息安全风险。

二、强化民间借贷的消费者知情权保护力度

一方面，加大对民间非正式金融组织隐瞒借贷犯罪行为的处罚力度，促使借贷组织严格自律。另一方面，积极鼓励民间非正式金融借贷消费者审核借贷产品的真实性，尤其是P2P网络借贷、房地产投资融资等借贷交易中的投资方，对借款者标的价值的真实性进行实地考察、财务审计等要求，借款方需无条件予以配合，对不配合行为可以向法院进行检举，法院应予以支持。实践中，支持的理由在于大多数不配合的企业在很大程度上存在骗贷的可能性。

三、加大对互联网信息辅助机构的审查力度

加大对网络供应商、计算机辅助系统等在互联网硬件设备、通信设备防灾防

患以及涉密信息安全、网络安全等方面的监管力度，坚决打击信息辅助机构违规违法行为。

第九节　推进民间借贷金融知识的教育普及

缺乏普遍性的金融知识是当前民间非正式金融借贷中消费者普遍面临的突出问题，需要调整金融教育资源的分配，补齐金融普及性知识教育的短板，推进层次清晰、覆盖面广的民间金融普惠性知识教育具有较强的现实必要性。

一、强化农村地区金融知识教育普及

通过举办“金融知识大讲堂”“金融知识下乡宣讲团”等多种宣讲活动，邀请县市级金融干部以及金融机构业务骨干组织宣讲，强化农村地区金融普及性知识的教育力度，突出对民间借贷的法律法规、自身自律性检查等内容的宣讲。同时，在区域分布上，强化对老少边穷地区以及城镇地区城乡结合部农村居民普惠性金融知识的宣讲，不断提高农村地区居民民间借贷金融知识水平。

二、强化老年人等特殊群体金融知识教育普及

充分利用村级、街道办事处等行政力量，发挥好银行、保险、证券等正式金融机构的自身优势，通过定期开展金融知识讲座等方式，发挥出微信、微博、电视、网络、报刊等媒介的现实作用，搭建企业、居民的金融普及体系，突出对存贷款、家庭理财、互联网金融产品、投资等内容的解读，以幽默有趣的宣传方式强化对老年群体、学历层次低等特殊群体的民间投资行为再教育，加大对非法集资、投资理财等的案例分析，不断对老年群体借贷及投资行为进行规范，尤其是提高 65 岁以上老年群体的金融意识和知识水平。

三、强化校园金融知识教育普及

充分利用大专院校的正规金融资源，将金融知识纳入大学“社会风险”公共必修课。组织相关大学专业老师，开设金融行为规范、金融风险案例学习等社会风险防范公共课，随社会经济形势的变化逐步更新教案，建议将公共课作为校园公共必修课，强化对“校园贷”等的案例分析，拓宽大专院校学生的金融知识面，提升大专院校学生的金融常识水平，提高学生的金融忧患意识，自觉规范

借贷行为。

此外，将金融常识以漫画等多种载体形式通过课外集体活动等多种形式进行知识普及，强化知识启蒙，培养中小学生的金融意识。其中，小学阶段以启蒙式为主，突出风险案例宣传；初中、高中阶段，可开展利率、借贷展期等相对专业的普及性教育，这些均可纳入社会实践考核指标。

参考文献

［1］ Allen F, Qian M, Xie J. Understanding Informal Financing ［J］. Journal of Financial Intermediation, 2018: S1042957318300408.

［2］ Ambrosius C, Cuecuecha A. Remittances and the Use of Formal and Informal Financial Services ［J］. World Development, 2016 (77): 80 – 98.

［3］ Arellano M, Bover O. Another look at the Instrumental Variable Estimation of Error – components Models ［J］. Journal of Econometrics, 2004, 68 (1): 29 – 51.

［4］ Bauer M, Chytilová, Julie, Morduch J. Behavioral Foundations of Microcredit: Experimental and Survey Evidence From Rural India ［J］. American Economic Review, 2012, 102 (2): 1118 – 1139.

［5］ Baydas M M, Bahloul Z. Informal Finance in Egypt: "Banks" Within Banks ［J］. World Development, 1995, 23 (4): 651 – 661.

［6］ Daruvala D. Gender, Risk and Stereotypes ［J］. Journal of Risk & Uncertainty, 2007, 35 (3): 265 – 283.

［7］ Degryse H, Lu L, Ongena S. Informal or Formal Financing? Evidence on the Co – Funding of Chinese Firms ［J］. Journal of Financial Intermediation, 2016 (27): 31 – 50.

［8］ Freedman S, Jin G Z. The Information Value of Online Social Networks: Lessons from Peer – to – Peer Lending ［J］. International Journal of Industrial Organization, 2017 (51): 185 – 222.

［9］ Herzenstein M, Dholakia U M, Andrews R L. Strategic Herding Behavior in Peer – to – Peer Loan Auctions ［J］. Journal of Interactive Marketing, 2011, 25 (1): 27 – 36.

［10］ Huang B, Wu B, Barry M. Geographically and Temporally Weighted Regression for Modeling Spatio – temporal Variation in House Prices [J]. International Journal of Geographical Information Science, 2010, 24 (3): 383 – 401.

[11] Karaivanov A, Kessler A. (Dis) Advantages of Informal Loans – Theory and Evidence [J]. European Economic Review, 2018 (102): 100 – 128.

[12] Käfer Benjamin. Peer – to – Peer Lending – A (Financial Stability) Risk Perspective [J]. Review of Economics, 2018, 69 (1): 1 – 25.

[13] Liu H, Qiao H, Wang S, et al. Platform Competition in Peer – to – Peer Lending Considering Risk Control Ability [J]. European Journal of Operational Research, 2019, 274 (1): 280 – 290.

[14] Madestam, Andreas. Informal Finance: A Theory of Moneylenders [J]. Journal of Development Economics, 2014 (107): 157 – 174.

[15] Pellegrina L D. Microfinance and Investment: A Comparison with Bank and Informal Lending [J]. World Development, 2011, 39 (6): 882 – 897.

[16] Steel W F, Aryeetey E, Hettige H, Nissanke M. Informal Financial Markets Under Liberalization in Four African Countries [J]. World Development, 1997, 25 (5): 817 – 830.

[17] Travis W T. Selmier IISelmier. The China Business Model (Originality and Limits) [M]. Elsevier Ltd., 2017: 169 – 193.

[18] Turvey C G, Kong R. Informal Lending Amongst Friends and Relatives: Can Microcredit Compete in Rural China? [J]. China Economic Review, 2010, 21 (4): 556.

[19] Yuelei L, Aiting H, Xiaotao Z, et al. Network Topology and Systemic Risk in Peer – to – Peer Lending Market [J]. Physica A: Statistical Mechanics and its Applications, 2018 (508): 118 – 130.

[20] Zongyuan Zhu. Safety Promise, Moral Hazard and Financial Supervision: Evidence from Peer – to – peer Lending [J]. Finance Research Letters, 2018 (27): 1 – 5.

[21] 安菁蔚，任大鹏．我国农村非正规金融的法律思考 [J]．中国农村观察，2005 (4): 60 – 64, 80.

[22] 安起雷．构建多层次民间借贷监管体系 [J]．中国金融，2011 (24): 70 – 71.

[23] 白乙辰．信任视角下的鄂尔多斯民间借贷危机研究 [J]．社会学评

论，2016（3）：73－84.

［24］曹洪军，窦娜娜，王乙伊．信息不对称、非正规金融与中小企业融资［J］．中国海洋大学学报（社会科学版），2005（5）：31，36－40.

［25］陈经伟．小企业民间借贷行为与制度安排［J］．财贸经济，2005（10）：10－16，96.

［26］陈亮，顾乃康．社会资本、文化习俗与农户民间借贷行为研究——基于广东省的微观调查数据［J］．金融经济学研究，2016（6）：115－126.

［27］陈明明．基层央行民间借贷监测工作存在的问题及建议［J］．广西金融研究，2008（10）：65.

［28］陈霄，丁晓裕，王贝芬．民间借贷逾期行为研究——基于P2P网络借贷的实证分析［J］．金融论坛，2013（11）：65－72.

［29］陈晓红，靳馥境，林永会．基于实验研究法的P2P投资行为分析［J］．科研管理，2016，37（11）：71－79.

［30］陈兴霞，李淑芬．对新农村建设中民间借贷的思考［J］．农业经济，2008（4）：88－89.

［31］陈艳杰．基于财务视角下中小企业民间借贷融资的风险管理研究［J］．商业经济，2018（2）：90－91，145.

［32］仇晓光．网络民意规范化研究——推动民间借贷立法进程为视角［J］．社会科学研究，2014（3）：73－78.

［33］董雪梅，李妃养．基于结构洞理论的农村民间借贷监管研究［J］．南方金融，2011（8）：40－43.

［34］窦影．结构洞：东北农村民间借贷行为研究［J］．社科纵横，2009（7）：40－42.

［35］杜朝运．民间非正规金融的成因及治理思路［J］．统计与预测，2003（3）：19－20.

［36］方先明，孙利，吴越洋．江苏民间金融风险及其形成机理［J］．河海大学学报（哲学社会科学版），2014，16（3）：55－62，92.

［37］费艳颖，赵夏青．中小企业民间借贷监管及其完善［J］．大连大学学报，2018，39（1）：102－106.

［38］高铭，江嘉骏，陈佳，刘玉珍．谁说女子不如儿郎？——P2P投资行为与过度自信［J］．金融研究，2017（11）：96－111.

［39］耿志民，朱亚辉，赵兴盼，乔恩红．民间借贷与非法集资的演化困境

及其破解研究［J］．福建论坛（人文社会科学版），2016（11）：35－42.

［40］顾海峰，蔡四平．我国民间非正规金融发展的制约因素［J］．经济研究参考，2014（30）：23.

［41］顾海峰．新常态下中国民间非正规金融发展的创新路径研究［J］．经济界，2017（6）：14－22.

［42］郭峰．中国式 P2P 网络借贷的形式与实质［J］．当代金融研究，2017（3）：1－12.

［43］郭沛．中国农村非正规金融规模估算［J］．中国农村观察，2004（2）：21－25.

［44］郭新芳．民间借贷风险的防范与控制［J］．经济研究导刊，2013（34）：129－132.

［45］何宏庆．我国西部资源富集地区民间借贷的现状、风险与防范［J］．学术交流，2013（2）：113－115.

［46］何军，宁满秀，史清华．农户民间借贷需求及影响因素实证研究——基于江苏省 390 户农户调查数据分析［J］．南京农业大学学报（社会科学版），2005（4）：20－24.

［47］何亚玲．农村非正规金融发展现状分析——基于甘肃省 465 户农户和 69 户农村中小企业的调查［J］．长春理工大学学报（社会科学版），2012（1）：48－50.

［48］贺莎莎．农户借贷行为及其影响因素分析——以湖南省花岩溪村为例［J］．中国农村观察，2008（1）：39－50，80－81.

［49］候俊东，肖人彬．网络群体性事件中政府公信力的演变：一个多案例的研究发现［J］．管理评论，2017，29（10）：258－272.

［50］胡朝举．中小企业民间借贷调查及行为特征分析——以潮汕地区为例［J］．财会通讯，2012（26）：14－16.

［51］胡枫，陈玉宇．社会网络与农户借贷行为——来自中国家庭动态跟踪调查（CFPS）的证据［J］．金融研究，2012（12）：178－192.

［52］胡金焱，张乐．非正规金融与小额信贷：一个理论述评［J］．金融研究，2004（7）：123－131.

［53］胡宗义，马文丽，刘亦文．农村非正规金融发展对地区农民收入差异影响分析［J］．统计与决策，2016（16）：86－89.

［54］黄建新．论非正规金融之于农村反贫困的作用机制与制度安排［J］．

现代财经（天津财经大学学报），2008（5）：9－13，74.

［55］黄颖．对我国乡镇企业民间借贷行为的分析及对策探讨［J］．中国总会计师，2009（4）：62－65.

［56］黄月冬，赵静芳．当前民间借贷的特点、风险及对策［J］．金融发展研究，2008（3）：41－42.

［57］黄越．民间借贷危机的成因及治理对策——以温州民间借贷为例［J］．常州大学学报（社会科学版），2012（1）：42－45.

［58］霍伯晓，焦闯．民间借贷监测方法及监管体系研究［J］．西部金融，2016（10）：61－64.

［59］霍学喜，屈小博．西部传统农业区域农户资金借贷需求与供给分析——对陕西渭北地区农户资金借贷的调查与思考［J］．中国农村经济，2005（8）：58－67.

［60］江曙霞，秦国楼．现代民间金融的政策与思考［J］．决策借鉴，2000（4）：16－18.

［61］江耘，刘莹，姜睿清．基于风险与信任的P2P网贷平台用户持续投资意愿实证研究［J］．企业经济，2017，36（2）：156－160.

［62］孔文硕，李佳音，于昊．民间借贷中遏制债务人逆向选择的博弈策略分析［J］．商业经济，2017（6）：157－158，176.

［63］雷鹏，孙国茂．中国非正规金融的庞氏融资特征［J］．社会科学，2012（5）：69－76.

［64］雷新途，林素燕，祝锡萍．民间借贷缓解了中小微企业融资约束吗？——来自温州的证据［J］．审计与经济研究，2015（6）：97－105.

［65］李春．农户借贷行为演变趋势比较研究——以1986—2002年浙江10村固定跟踪观察农户为例［J］．农业经济问题，2005（9）：16－22，79.

［66］李宏朝．农村非正规金融组织的困境与出路［J］．山西农经，2018（1）：83－84.

［67］李梦娜．贫困农户借贷选择及金融创新——以世界银行一贫困项目监测区为例［J］．生产力研究，2008（9）：42－44，48.

［68］李晓玲．东北农村借贷行为中的人际关系研究——以吉林省Y市G村的借贷情况为个案［J］．学术交流，2010（9）：120－124.

［69］李晓明，何宗干．传统农区农户借贷行为的实证分析——基于安徽省农户借贷行为的调查［J］．农业经济问题，2006（6）：36－38，80.

［70］李鑫．金融监管与中国 P2P 网贷的发展及异化［J］．财经科学，2016（5）：32－40.

［71］李烜，阳镇，张雅倩．为什么投资者的主客观风险偏好存在差异——来自 CHFS 的微观证据［J］．南方经济，2015（11）：16－35.

［72］李焰，高弋君，李珍妮，才子豪，王冰婷，杨宇轩．借款人描述性信息对投资人决策的影响——基于 P2P 网络借贷平台的分析［J］．经济研究，2014，49（S1）：143－155.

［73］李祎雯，张兵．非正规金融与农村家庭创业成效：影响效应及作用机理［J］．农业技术经济，2018（12）：4－17.

［74］李玉锋．试论防范和化解民间借贷风险的有效途径［J］．时代金融，2011（21）：148，168.

［75］林江鹏，石涛，吴少新，汤力．信用认知、信用制度和借贷行为——对温州等三地 450 个中小企业的实证分析［J］．财贸经济，2013（2）：49－58.

［76］林丽琼，吴敬伟，刘松涛．什么导致了中国涉众型民间债务违约事件频发？——以 354 个网络媒体报道为例［J］．东南学术，2016（3）：130－138.

［77］林丽琼．地理距离、关系与民间借贷违约风险——基于 240 个法院纠纷案件调查数据的分析［J］．亚太经济，2017（2）：128－134.

［78］林毅夫，孙希芳．信息、非正规金融与中小企业融资［J］．经济研究，2005（7）：35－44.

［79］刘丹，王翌秋，沈晖．农村正规金融与非正规金融的相互关系及其区域变动［J］．农村经济，2017（6）：86－93.

［80］刘国昆．民间借贷“阳光化”后的税收征管途径探析：会昌个案［J］．武汉金融，2008（12）：51－52.

［81］刘海应，蒲舟军，王含笑．基于登记制度的民间借贷阳光化路径探析［J］．浙江金融，2012（3）：73－75.

［82］刘景东．农村民间金融组织的稳定性和脆弱性研究——基于社会网络的研究视角［J］．金融经济学研究，2016，31（4）：118－128.

［83］刘静，郑震龙．制度变迁中的民间金融［J］．金融与经济，1999（7）：18－20.

［84］刘孔男．从温州“老板跑路”谈现阶段民间借贷的风险隐患及对策［J］．金融经济，2011（22）：20－21.

［85］刘民权，徐忠，俞建拖．信贷市场中的非正规金融［J］．世界经济，

2003 (7): 61 - 73, 80.

[86] 刘巧莉, 温浩宇, Hong Qin. P2P 网络信贷中投资行为影响因素研究——基于拍拍贷平台交易的证据 [J]. 管理评论, 2017, 29 (6): 13 - 22, 52.

[87] 刘少华, 张赛萍. 民间借贷效应分析与地方政府监管途径选择——以温州"民间借贷危机"为例 [J]. 财经理论与实践, 2013 (1): 11 - 15.

[88] 刘洋, 王会战. 互联网视角下我国民间借贷的风险评价与控制——以 P2P 平台为例 [J]. 宏观经济研究, 2017 (3): 146 - 157.

[89] 刘志伟. 民间借贷风险的法律规制——以风险的类型化为视角 [J]. 四川师范大学学报 (社会科学版), 2014 (1): 45 - 53.

[90] 柳松, 程昆. 中国农村非正规金融: 绩效、缺陷与治理 [J]. 新疆财经学院学报, 2005 (3): 33 - 36, 41.

[91] 卢山, 江可申. 农户金融服务认知、融资需求与借贷行为研究——基于连云港市农村金融的多维分析 [J]. 农村金融研究, 2010 (4): 74 - 78.

[92] 陆松新, 兰虹. 风险投资、第三方资金托管与中国 P2P 网络借贷平台成交量——基于 P2P 网络借贷投资者的视角 [J]. 西南金融, 2015 (11): 50 - 57.

[93] 马光荣, 杨恩艳. 社会网络、非正规金融与创业 [J]. 经济研究, 2011, 46 (3): 83 - 94.

[94] 蒙丹. 信息不对称条件下的农村金融供给不足及农村非正规金融的发展 [J]. 经济研究导刊, 2010 (7): 45 - 46.

[95] 牛洁. 我国 P2P 网贷市场投资人的羊群行为研究——基于拍拍贷平台的实证分析 [J]. 财会通讯, 2016 (18): 119 - 123.

[96] 潘朝顺, 程昆, 程秀丽. 浅议农村非正规金融 [J]. 统计与决策, 2008 (6): 189.

[97] 潘朝顺, 程昆. 中国农户民间借贷规模实证研究 [J]. 农村经济, 2005 (7): 62 - 65.

[98] 彭红枫, 杨柳明, 谭小玉. 地域差异如何影响 P2P 平台借贷的行为——基于"人人贷"的经验证据 [J]. 当代经济科学, 2016, 38 (5): 21 - 34, 124 - 125.

[99] 彭红枫, 杨柳明. 抱团是否可以取暖? ——群组制度对 P2P 借贷行为的影响研究 [J]. 外国经济与管理, 2017, 39 (5): 85 - 99.

［100］彭红枫，赵海燕，周洋．借款陈述会影响借款成本和借款成功率吗？——基于网络借贷陈述的文本分析［J］．金融研究，2016（4）：158－173.

［101］彭进，杨峥嵘．小微企业民间融资法律风险及其防范——基于P2P网络借贷模式［J］．湖南商学院学报，2014（2）：94－97.

［102］彭倩，秦进．P2P网络借贷中历史投资经验对投资人决策的影响［J］．金融论坛，2018，23（5）：24－39，80.

［103］彭文平，肖继辉．非正规金融的成长：社会转型角度的分析［J］．财经研究，2008（10）：87－98.

［104］齐香真．试论民间借贷中借出方权益的自我保护［J］．现代财经（天津财经大学学报），2008（6）：81－84.

［105］钱金叶，杨飞．中国P2P网络借贷的发展现状及前景［J］．金融论坛，2012（1）：46－51.

［106］乔立娟，赵桂玲，王文青，杜英娜．农村非正规金融存续与发展的博弈分析［J］．中国农学通报，2011（29）：199－203.

［107］秦琴．解构与续造：我国网络借贷风险防控的路径简论［J］．河北法学，2016（1）：182－190.

［108］任芃兴，陈东平．农村民间借贷行为中农户社会资本匹配研究——关系嵌入视角［J］．现代财经（天津财经大学学报），2014（9）：78－88.

［109］阮素梅．P2P平台不确定情境下的投资决策行为研究［J］．经济理论与经济管理，2018（6）：28－38.

［110］邵传林，徐立新．农村非正规金融的私人治理：一个理论模型［J］．西安电子科技大学学报（社会科学版），2014，24（2）：40－49.

［111］邵传林，赵明霄，王莹莹．农村非正规金融的兴起逻辑、现实困局与合法化难题［J］．经济体制改革，2012（6）：88－92.

［112］邵传林．农村非正规金融的微观机理与政策测度：国外文献评述［J］．经济评论，2011（4）：150－160.

［113］石涛．影响返乡农民工创业融资渠道选择的金融供给因素分析——基于中部地区782户返乡农民工的调查数据［J］．金融理论与实践，2016（3）：75－79.

［114］时辰宙．信任半径、声誉效应与民间金融组织的演化和发展［J］．上海金融学院学报，2009（2）：72－77.

［115］史清华，万广华，黄珺．沿海与内地农户家庭储蓄借贷行为比较研

究——以晋浙两省 1986—2000 年固定跟踪观察的农户为例［J］．中国农村观察，2004（2）：26－33，80.

［116］史清华．农户借贷行为演变趋势比较研究——以 1986～2002 年浙江 10 村固定跟踪观察农户为例［J］．中国经济问题，2006（3）：40－48.

［117］苏静，胡宗义，唐李伟，肖攀．农村非正规金融发展减贫效应的门槛特征与地区差异——基于面板平滑转换模型的分析［J］．中国农村经济，2013（7）：58－71.

［118］谭燕芝，丁浩，黄向阳．金融排斥视角下的中国农户正规借贷行为研究［J］．区域经济评论，2013（3）：86－94.

［119］谭燕芝，张子豪，眭张媛．非正规金融能否促进农户脱贫——基于 CFPS 2012 年微观数据的实证分析［J］．农业技术经济，2017（2）：41－50.

［120］陶表益．民间金融机构的自组织演化理论与实证研究［J］．经济论坛，2016（1）：38－44.

［121］陶表益．民间金融组织演化历程综述［J］．经济论坛，2014（2）：70－75.

［122］万江红，侯利文．社会资本视角下农村民间金融组织的乡土运行［J］．统计与决策，2010（4）：151－153.

［123］万江红，徐小霞．民间借贷过程中的农户行为倾向分析——基于温州瑞安市 T 镇的个案调查［J］．学习与实践，2006（11）：114－117.

［124］汪静，陈晓红，杨立．P2P 网贷平台信息披露水平、投资人信任与投资风险［J］．中国经济问题，2018（3）：106－121.

［125］汪婉莉，杨林娟．甘肃省农户借贷行为的实证研究［J］．甘肃农业大学学报，2008（3）：148－152.

［126］王德彬，黄瑾，陈夏．我国民间借贷三方策略的探讨——合作博弈理论的视角［J］．时代金融，2012（18）：180－181，183.

［127］王国红．湖北省农村非正规金融调查研究［J］．湖北社会科学，2007（9）：82－84.

［128］王会娟，何琳．借款描述对 P2P 网络借贷行为影响的实证研究［J］．金融经济学研究，2015，30（1）：77－85.

［129］王会娟，廖理．中国 P2P 网络借贷平台信用认证机制研究——来自“人人贷”的经验证据［J］．中国工业经济，2014（4）：136－147.

［130］王会娟．P2P 网络借贷中出借人的投资策略［J］．金融论坛，2014，

19（10）：29－36.

［131］王静，吕罡，周宗放．信贷配给突变分析——破解信贷配给难题的理论模型［J］．金融研究，2011（8）：178－191.

［132］王丽萍，霍学喜．西部地区农户借贷行为及其制约因素分析［J］．商业研究，2007（1）：25－30.

［133］王楠．农户借贷行为分析——以辽宁农村固定观察户为例［J］．贵州大学学报（自然科学版），2012（6）：135－140.

［134］王伟，田俊领，谢东军．试论民间借贷法律监管问题及建议［J］．金融发展研究，2013（6）：86－88.

［135］王位洲，王彬彬，刘源．非正规金融视阈下的民间金融监管对策研究［J］．经济研究导刊，2018（1）：61，102.

［136］吴庆田，卢香，潘彬．P2P网贷出借人投资决策行为的影响因素及其监管要点——基于借款人信息的视角［J］．中南大学学报（社会科学版），2016，22（2）：107－115.

［137］夏秀渊．以小额贷款公司引导民间借贷的思考［J］．浙江金融，2011（5）：32－34.

［138］向静林．市场纠纷与政府介入——一个风险转化的解释框架［J］．社会学研究，2016（4）：27－51，242－243.

［139］肖楠，魏洋．国家工作人员利用职权进行民间借贷的行为定性［J］．中国检察官，2014（16）：45－46.

［140］谢仲庆，郑立君，何雪韵．金改背景下民间融资管理：制度困境与制度创新［J］．福建金融，2016（6）：9－13.

［141］徐慧贤．鄂尔多斯民间借贷利率定价及社会运行机制分析［J］．财经理论研究，2015（1）：70－78.

［142］徐军辉．非正规金融的非理性繁荣［J］．广西社会科学，2012（9）：55－58.

［143］徐俊．浅谈民间借贷中的欺诈及其刑法评价［J］．犯罪研究，2011（3）：10－11，14.

［144］徐菱潞，季钰姗，周榆扬．温州民间借贷状况及违约风险影响因素分析［J］．金融经济，2015（10）：32－35.

［145］宣烨．我国民营中小企业为什么偏好非正规金融融资［J］．经济纵横，2005（2）：54－57.

［146］杨福明，黄筱伟．非正规金融与正规金融协同性的实证分析：温州案例［J］．上海金融，2009（4）：84－88.

［147］杨福明．金融生态环境视角的非正规金融生态状况研究［J］．经济学家，2008（5）：81－88.

［148］杨乐，解莹，王尚银．民间借贷的互动关系网络及其风险——基于温州民间借贷案例的分析［J］．南方论刊，2014（6）：12，24－26.

［149］杨农．非正规金融：根源、运行及演进［M］．北京师范大学出版社，2012：11－12.

［150］杨鹏．民间借贷的风险及防范［J］．甘肃金融，2012（2）：69.

［151］杨青，马超，刘维忠．健康冲击对农户民间借贷参与的影响——来自于 CHARLS 数据的经验证据［J］．贵州财经大学学报，2016（2）：80－89.

［152］杨汝岱，陈斌开，朱诗娥．基于社会网络视角的农户民间借贷需求行为研究［J］．经济研究，2011，46（11）：116－129.

［153］杨一帆，刘原．农村金融困境与非正规金融体系重构［J］．重庆社会科学，2010（9）：64－70.

［154］姚耀军．非正规金融市场：反应性还是自主性？——基于温州民间利率的经验研究［J］．财经研究，2009，35（4）：38－48，71.

［155］姚耀军．转轨经济中的农村非正规金融：一种分析视角［J］．金融理论与实践，2010（7）：31－35.

［156］易承志．催化效应还是替代效应：互联网使用对农民参与突发群体性事件的影响——基于全国性数据的实证分析［J］．华中师范大学学报（人文社会科学版），2018，57（1）：34－46.

［157］殷浩栋，汪三贵，王彩玲．农户非正规金融信贷与正规金融信贷的替代效应——基于资本禀赋和交易成本的再审视［J］．经济与管理研究，2017，38（9）：64－73.

［158］于建嵘．当前我国群体性事件的主要类型及其基本特征［J］．中国政法大学学报，2009（6）：114－120，160.

［159］余秀江，潘朝顺，陈润华．非正规金融：形式、根源与运行机制［J］．经济问题，2007（6）：95－97.

［160］俞伯阳，沈庆劼．金融自由化条件下我国非正规金融问题研究——兼论二元金融之间关系及其经济影响［J］．财经问题研究，2012（4）：45－49.

［161］俞罡．民间借贷向银行体系传递的四类风险［J］．中国金融，2012

(14): 68 – 69.

［162］袁翔珠．广西民间金融互助组织研究［J］．广西社会科学，2014（5）：22 – 27.

［163］袁兴超，尹同昊．非正规金融发展的影响因素及现实选择［J］．重庆社会科学，2008（6）：123 – 128.

［164］岳彩申，袁林，陈蓉．民间借贷制度创新的思路和要点［J］．经济法论丛，2009（1）：185 – 214.

［165］岳彩申．民间借贷的激励性法律规制［J］．中国社会科学，2013（10）：121 – 139，207.

［166］岳彩申．民间借贷风险治理的转型及法律机制的创新［J］．政法论丛，2018（1）：3 – 13.

［167］岳彩申．民间借贷监管制度的创新与完善——以农村金融制度改革为中心的研究［J］．经济法论坛，2009，6（1）：189 – 204.

［168］曾志敏，叶岚．社会网络、结构洞与民间借贷风险——基于吴英案的案例研究［J］．公共管理评论，2012（2）：33 – 48.

［169］张斌，周莉，黎东升．农户家庭借贷行为实证研究——基于湖北省竹山县 172 户农户的调查［J］．长江大学学报（社会科学版），2012（10）：49 – 51.

［170］张成虎，牛浩远．基于不完全信息动态博弈的 P2P 网络借贷行为研究［J］．河南师范大学学报（自然科学版），2015，43（3）：16 – 20.

［171］张恒，张萌．我国农村非正规金融组织的生存与发展［J］．西南金融，2010（5）：24 – 26.

［172］张建军．正规金融机构退出后的信贷市场研究：广东省恩平市个案分析［J］．金融研究，2003（7）：129 – 136.

［173］张杰，支晓津，刘东．我国农村金融结构与制度的二元分离和融合：经济发展视角的一个解释［J］．贵州社会科学，2006（3）：17 – 21.

［174］张军，杨林娟．甘肃省农户资金借贷现状实证分析［J］．农业技术经济，2008（4）：65 – 70.

［175］张润莲，兰月新，王彩华，高秋菊．网络群体性事件演化博弈分析及对策研究［J］．图书与情报，2016（4）：24 – 30.

［176］张胜林，李英民，王银光．交易成本与自发激励：对传统农业区民间借贷的调查［J］．金融研究，2002（2）：125 – 134.

［177］张燕，永春芳，汪晶晶，陈治国，辛冲冲．果农民间借贷行为影响因素的实证研究——基于新疆阿克苏地区的调查［J］．新疆农垦经济，2016（8）：15－21.

［178］张应良，高静，张建峰．创业农户正规金融信贷约束研究——基于939份农户创业调查的实证分析［J］．农业技术经济，2015（1）：64－74.

［179］赵丙奇，金彬．社会资本视角的农户民间借贷行为分析［J］．宁波大学学报（人文科学版），2013（6）：91－94.

［180］赵丙奇．基于弱关系的民间借贷声誉形成机制和担保机制研究［J］．社会科学战线，2013（10）：63－68.

［181］赵丹，屈锡华．P2P网络信贷投资意愿形成机制实证研究［J］．西南民族大学学报（人文社科版），2016，37（3）：121－127.

［182］赵婉辰．放宽民间投资限制 解决中小企业融资困境［J］．商业经济，2012（6）：55－57，72.

［183］赵志华．如何规范党员干部参与民间借贷行为［J］．中国监察，2014（7）：50－51.

［184］郑兰，杨梅．论民间借贷融资的风险控制——以合法借贷与非法集资之界限探讨为视角［J］．企业研究，2010（10）：48－50.

［185］中国人民银行长沙中心支行课题组．民间借贷中介亟待引导和规范——对湖南省民间借贷中介的调查［J］．武汉金融，2008（1）：49－50.

［186］中央党校第12期中青二班二支部调研组，李国俭，文学国．地方政府怎样规制民间借贷？——来自鄂尔多斯市的调研报告［J］．中国社会科学院研究生院学报，2012（6）：23－31.

［187］钟红．论非对称信息条件下的农村民间借贷问题［J］．长沙铁道学院学报（社会科学版），2010（1）：47－49.

［188］钟立新，徐文娟．信息不对称性环境下的民间借贷风险研究［J］．广义虚拟经济研究，2017（2）：66－73.

［189］周晨，余皓洁．社会网络视角下我国农户家庭借贷行为研究［J］．湘潭大学学报（哲学社会科学版），2017（5）：77－82，161.

［190］周雄伟，朱恒先，李世刚．“平台参与投资”与P2P筹资效率——基于拍拍贷平台“拍活宝”数据的经验研究［J］．中国工业经济，2017（4）：155－175.

［191］朱力．中国社会风险解析——群体性事件的社会冲突性质［J］．学

海，2009（1）：69－78.

［192］朱蓉，曹丽卿．城乡居民个体特征、社会网络与借贷途径［J］．金融发展研究，2018（3）：68－74.

［193］卓凯．非正规金融契约治理的微观理论［J］．财经研究，2006（8）：112－123.

［194］邹辉霞，刘义．P2P网络借贷模式下的小微企业融资问题研究［J］．商业研究，2015（2）：1－7.